AWS 공인 솔루션스 아키텍트
연습문제 - 어소시에이트

AWS 공인 솔루션스 아키텍트
연습문제 - 어소시에이트

브렛 맥러플린 지음   홍순태 옮김

i!i
에이콘

지은이 소개

브렛 맥러플린 Brett McLaughlin

가르치는 것으로 평생의 경력을 쌓아왔다. 초등학교에 입학한 4살 때 글을 읽기 시작했고, 읽기 설명서를 썼다. 5학년 때 루빅스 매직을 맞추는 그림 안내서를 섬세하게 만들었던 것도 기억한다.

고등학교에서는 프로그래밍을 독학했다(터보 파스칼 Turbo Pascal 은 베이직 Basic 다음으로 배운 첫 번째 프로그래밍 언어였다. 표지에 포르쉐가 그려진 책으로 공부했었다). 얼마 후, 나는 친구들에게 프로그래밍을 가르치게 됐다. 졸업 전에 두 과정의 컴퓨터 수업을 진행했는데, 담당 선생님이 점심에 술을 마시고 오후 내내 취해 있었기 때문이다.

대학교에서 컴퓨터 과학을 전공하고, 주로 통신 분야의 엔지니어로 일했었다. 그러나 내가 가장 좋아하는 일은 프로그래머와 시스템 관리자라기보다는 고객 요구사항을 사용자의 이야기로 풀어내는 것이었다. 나는 이야기할 줄 아는 사람이었고, 항상 이야기했다. 글을 통해 대화할 수 있다는 사실도 알게 됐다. 『Java and XML』(O'Reilly)이라는 베스트셀러를 저술했고, 그 뒤에 오라일리 미디어 O'Reilly Media에서 몇 권의 책을 더 출판했다. 결국 그 회사에 합류했다.

최근에는 개발자로 돌아와 나사 NASA의 지구 과학 그룹과 거의 8년을 함께 보냈다. 가르치고, 통역하고, 설명하는 데 시간을 보내기보다는 나사의 대표 웹사이트와 조직 전체의 클라우드 플랫폼을 통해 이야기를 전달하는 작업을 했다. AWS, EC2, Lambda에 대한 이해의 정도를 떠나서, 대부분이 흥미로운 이야깃거리가 됐다. 대부분의 사람들이 흥미를 느낄 수 있는 주제였고, 그들이 이해할 수 있는 방식으로 전달할 수 있었다. 결과적으로 좋은 경험으로 남았다.

현재는 가르치고 전달하는 데 모든 시간을 투자하고 있다. AWS 자격 과정 비디오를 촬영하고, 시험 준비서를 저술해서 시험 합격에 실질적인 도움이 되고자 한다. 고객을 위해 웹사이트와 애플리케이션도 구축해서 사용자들과 상호작용하게 한다. 배운 내용을 내가 이해하는 방식대로 이야기를 구성해서 책을 쓰고 있다.

감사의 글

책을 쓸 때는 고독과 흐름, 이 두 가지가 필요하다. 적어도 내게는 그렇다. 책을 쓰면서 이 두 가지로 가족 모두에게 큰 빚을 지게 됐다. 글쓰기가 일정 흐름에 돌입하면서 구체적인 문제와 까다로운 보기를 찾아내느라 몰입해야 했고, 딸 애디를 서재에서 내보내거나 아내 리에게 무심했었다. AWS 정보에 대해 다른 사람과 논의를 하고 있는데, 위층에서 〈Call of Duty〉와 〈Red Dead Redemption 2〉를 하느라 떠들썩한 아들, 딘과 로비에게 그만하라고 고함을 치기도 했다.

아마도 가족들은 이 책을 절대로 펼쳐보지 않을 것이다. 그럼에도 이 책의 몇몇 문구를 고민하는 나 때문에 희생해야 했던 그들에게 감사한 마음뿐이다(아마도 로비는 볼 수도 있을 것 같다. 가족 중에서 유일하게 엔지니어 기질이 있다).

와일리^{Wiley}의 많은 분들에게 감사의 말을 전한다. 켄 브라운, 에이미 셸은 작업을 시작할 수 있게 도왔고, 인내심 많은 데이비드 클라크, 놀라운 기술 편집자인 사라 페롯에게 감사한다. 그리고 이 추가 프로젝트를 위해 이 저술이 완료되기를 기다려왔던 제임스 슐츠와 아도비 툴튼에게도 고마움을 전한다.

내게 일거리를 계속 던져주는 나의 에이전트 캐롤 젤렌에게 감사한다. 그녀는 감당할 수 있다고 생각하는 양보다 일을 조금 더 안겨줘서 나를 행복하게 만든다. 기술 분야에서 에이전트가 필요하다면 그녀에게 전화해보라. 그녀는 최고다.

마지막으로, 이 책을 쓰기 전에 함께 일했던 나사^{NASA}의 친구들에게 감사를 전한다. 앤드루 팔로스키, 존 크로마티, 네이선 클라크, 피터 플로프찬, 데이나 슙, 마크 맥키너니, 앤디 미첼, 그리고 다른 많은 이들과 함께 AWS를 아주 힘겹게 배웠다. 자격증이 만능은 아니겠지만 이 책의 내용이 여러 번 도움이 됐다.

끝으로, 하지만 순서로는 맨 끝이 아닌 댄 필로네와 트레이시 필로네에게 감사드린다. 나에게 소중한 기회를 주었는데 보답도 못하고 있다. 트레이시에게 체리 콜라라도 사야겠다.

옮긴이 소개

홍순태

삼성전자, 마이크로소프트, 시만텍, 베리타스 등에서 20년간 공공 기관, 기업을 대상으로 사업 개발, 기술 영업을 수행해왔다. 클라우드는 대규모 설비에 기반한 대자본 중심 사업이지만, 새로운 분야에 도전하는 혁신 사업가와 자기 분야에서 경쟁력을 가진 중소 기업이 막대한 자본을 투자하지 않고서도 거대 기업과 경쟁할 수 있는 정보기술 환경을 확보할 수 있다는 가치에 매료돼 클라우드 사업을 시작했다. 현재는 더클라우드디스트를 공동 창업해서 다양한 고객을 대상으로 클라우드 컨설팅, 구축, 운영 관리 서비스를 제공하고 있다. AWS Solutions Architect Professional, Microsoft MCSA, Arcitura Cloud Architect 등의 다양한 클라우드 자격을 보유했고, 대학교에서 겸임 교수, 강사로도 활동하고 있다.

- 이메일: ars4mundus@gmail.com
- 웹사이트: http://cafe.daum.net/ars4mundus

 에이콘출판의 기틀을 마련하신 故 정완재 선생님 (1935-2004)

차례

들어가며

『AWS Certified Solutions Architect Practice Tests』를 구입해주신 분들께 감사드린다. 이 책은 AWS 공인 솔루션스 아키텍트 – 어소시에이트 시험을 준비하고, AWS 솔루션스 아키텍트로서 경력을 개발하는 데 도움이 된다.

이 책에 나오는 용어와 기술을 익히면 AWS 공인 솔루션스 아키텍트 – 어소시에이트 시험을 준비할 수 있으며, 이 책의 중점 항목을 잘 따라가면 시험에 합격하는 데 도움이 될 것이다. 이러한 중점 항목 때문에 AWS 기술의 모든 측면을 다루지 못하고 일반적이지 않은 특정 사례나 세부 사항이 강조되는 경우가 있다. 시험 준비에 필요한 사항이 현실 세계에서 클라우드 아키텍트가 하는 일과 일치하는 것만은 아니다.

특이한 세부 사항과 특정 사례들을 익히면 경력에 도움이 될 것이다. 시험은 대부분 사용 사례를 기반으로 출제되며, 문제 은행은 다수의 가능한 보기 중에서 단 하나의 최상의 답을 요구한다. 이러한 보기 중에는 맞지 않거나 만들어낸 용어도 있다. AWS의 특정 세부 사항을 익히면 부정확한 보기를 걸러내는 데 도움이 될 것이다.

자격증의 보상

AWS는 직업 시장에서 가장 일반적인 자격 요건이 됐다. 그러나 많은 조직이 AWS를 시도하거나 처음 AWS 클라우드 엔지니어 또는 솔루션스 아키텍트를 고용하게 되면서, 값비싼 급여로 어떤 사람을 채용할지 알아내는 일은 쉽지 않다. 이력서, 지원서, 경력에 AWS 자격증이 있으면, 경쟁력 있는 자격을 갖게 되는 것이 사실이다. 인터뷰를 할 때나 경영진에게 평가를 받을 때 자격증은 좋은 기준을 제공한다.

자격증을 취득하면 일반적으로 경쟁력을 얻고 취업에도 도움이 된다. 연구에 따르면 기술을 배운 사람이 더 잘 채용된다고 한다. 신입 사원 채용에서 IT 과정을 이수한 고졸 또는 대졸 취업자가 더 높은 연봉을 받고 더 잘 취업하는 경향이 있다.

자격증 취득 및 유지 절차

시험 개요 및 목표를 검토한다. AWS는 시험과 관련한 자세한 정보를 제공하며, 시험 응시자에게 필요한 자격은 다음 사이트에서 확인할 수 있다.

> https://aws.amazon.com/certification/certified-solutions-architect-associate/

시험 안내서를 검토한다. AWS는 시험이 출제되는 영역과 세부 항목을 제공한다.

> https://d1.awsstatic.com/training-and-certification/docs-sa-assoc/AWS_Certified_Solutions_Architect_Associate_Feb_2018_%20Exam_Guide_v1.5.2.pdf

> | **주의** | 이 URL은 자주 변경된다. 위의 시험 개요 사이트에서 최신 시험 안내서를 찾을 수 있다.

시험에 대한 연습을 한다. 시험 준비를 마친 뒤에는 가능한 한 많은 문제를 풀어서 시험을 대비한다.

시험을 예약한다. 준비를 마치면, 시험을 예약하고, 결제한다.

> https://www.aws.training/certification?src=arc-assoc

시험을 치른다! 전문 테스트 센터에서 시험을 치르게 된다.

바로 결과를 확인한다. 시험을 마치고 나면 합격 여부를 확인할 수 있다. 합격/불합격만 확인할 수 있다.

공식 결과를 기다린다. 며칠 내로 이메일을 통해 결과가 발송된다. 영역별로 어떤 점수를 받았는지 알 수 있다. 그러나 어떤 문제를 틀렸는지는 확인할 수 없다.

직업을 구한다(자격을 유지한다). 합격하면 인증 및 디지털 배지를 받으며, 이력서에 자격을 기재할 수 있다. AWS에서 자격증 사본을 다운로드할 수 있다. 2년마다 시험을 다시 치러야 하지만, 자격에 더해 충분히 실무를 추가할 수 있어야 한다.

시험 응시

시험 준비가 끝나면, AWS 자격증 사이트에서 시험을 예약하고 결제한다.

https://www.aws.training/certification?src=arc-assoc

AWS는 Pearson VUE, PSI(https://candidate.psiexams.com/)와 자격 시험 파트너 관계를 맺고 있으며, 시험을 예약할 때 시험, 시험 시간, 테스트 센터를 확인할 수 있다.

시험은 일반적으로 2시간이 걸리므로 그에 따른 계획을 세워야 한다. 시험 당일 10분 일찍 도착해서, 지체될 수 있는 상황을 피해야 한다. 두 가지 형태의 신분증이 필요하며, 메모지, 스마트폰이나 시계 등의 전자 장치, 기타 자료 등은 시험을 치를 때 소지할 수 없다.

테스트 센터에서 백지가 제공되며, 필요한 경우 헤드폰 또는 귀마개를 제공한다. 컴퓨터에서 테스트를 치른다.

자리에서 일어나기 전에 시험이 완료됐는지 확인한다. 긴장해서 마지막으로 필요한 사항에 완료를 클릭하지 않고 자리를 떠나는 경우도 있으니, 조심하자.

이 책과 인터랙티브 온라인 학습 환경 및 문제 은행 사용법

이 책에는 공인 솔루션스 아키텍트 - 어소시에이트 시험을 준비하기 위한 1,000개의 연습문제가 있다. 공인 솔루션스 아키텍트 - 어소시에이트 연습 시험과 함께 인터랙티브 온라인 학습 환경이 제공되며, 자격 시험을 준비해서 한 번에 합격할 확률을 높일 수 있는 다양한 문제 은행이 제공된다. 가능한 한 자주 연습문제를 풀어 실제 시험에 대비할 수 있다. 먼저 실습하기도 전에 문제를 이해할 수 있을지 걱정할 필요도 없다. 이 책에서는 자료를 익히고 기억해두기만 하면 된다.

문제 은행에는 종합 시험도 포함돼 있다. 실제 시험처럼 모의 시험을 치른다. 일반적으로 시험 전에 85% 이상은 유지돼야 시험 통과를 예상할 수 있다.

시험 목표

AWS 공인 솔루션스 아키텍트 - 어소시에이트 시험은 두 핵심 영역에서 기술 전문성을 검증한다.

- AWS 설계 원칙을 사용해 아키텍처 수준에서 고객 요구사항을 충족하고 적절한 솔루션을 정의한다.
- 문제 해결, 최적화, 비용 고려사항을 해결해서 기존 설계를 개선하는 모범 사례를 기반으로 구현 지침을 제공한다.

시험 안내서에는 1년 이상의 AWS 실무 경험이 필요하다고 하지만, AWS 콘솔에서 다양하게 작업해보고, 특히 컴퓨팅(EC2), 스토리지(RDS, DynamoDB, S3), 네트워킹(VPC) 등으로 인프라를 새로 설정해보는 것이 좋다.

시험은 5개의 영역에서 출제되며, 각 영역은 중점 목표와 세부 목표로 구성되어 있다.

1장, 영역 1: 복원력을 갖춘 아키텍처 설계 안정성과 복원력 있는 스토리지를 선택한다. AWS 서비스를 사용해 결합 해제 메커니즘을 설계하는 방법을 결정한다. 멀티 티어 아키텍처 솔루션을 설계하는 방법을 결정한다. 고가용성/내결함성 아키텍처를 설계하는 방법을 결정한다.

2장, 영역 2: 성능이 뛰어난 아키텍처 정의 성능이 뛰어난 스토리지와 데이터베이스를 선택한다. 캐싱을 적용해서 성능을 향상한다. 탄력성과 확장성 있는 솔루션을 설계한다.

3장, 영역 3: 안전한 애플리케이션 및 아키텍처 설명 애플리케이션 계층을 보호하는 방법을 결정한다. 데이터 보안 방법을 결정한다. 단일 VPC 애플리케이션을 위한 네트워크 인프라를 정의한다.

4장, 영역 4: 비용에 최적화된 아키텍처 설계 비용에 최적화된 스토리지 설계 방법을 결정한다. 비용에 최적화된 컴퓨팅 설계 방법을 결정한다.

5장, 영역 5: 운영 면에서 탁월한 아키텍처 정의 운영 면에서 탁월한 솔루션 설계를 선택한다.

목표 맵

다음 표는 SAA-C01의 시험 영역과 각 영역의 비중 및 세부 항목을 표시하고 있다. 이 책의 각 장은 SAA-C01의 특정 시험 영역에 중점을 뒀으며, 비교하기 쉽게 구성했다. 영역 1은 1장이고, 영역 2는 2장을 참조하면 된다.

영역	출제 비율	장
영역 1: 복원력을 갖춘 아키텍처 설계	34%	1
1.1 안정적이고/복원력을 갖춘 스토리지를 선택한다.		
1.2 어떻게 AWS 서비스를 사용해 결합 해제 메커니즘을 설계할지 결정한다.		
1.3 어떻게 멀티 티어 아키텍처 솔루션을 설계할지 결정한다.		
1.4 어떻게 고가용성 및/또는 내결함성을 갖춘 아키텍처를 설계할지 결정한다.		
영역 2: 성능이 뛰어난 아키텍처 정의	24%	2
2.1 성능이 뛰어난 스토리지 및 데이터베이스를 선택한다.		
2.2 캐싱을 적용해 성능을 개선한다.		
2.3 탄력성과 확장성을 갖춘 솔루션을 설계한다.		
영역 3: 안전한 애플리케이션 및 아키텍처 설명	26%	3
3.1 어떻게 애플리케이션 티어를 보호할지 결정한다.		
3.2 어떻게 데이터를 보호할지 결정한다.		
3.3 단일 VPC 애플리케이션을 위한 네트워킹 인프라를 정의한다.		
영역 4: 비용에 최적화된 아키텍처 설계	10%	4
4.1 어떻게 비용에 최적화된 스토리지를 설계할지 결정한다.		
4.2 어떻게 비용에 최적화된 컴퓨팅을 설계할지 결정한다.		
영역 5: 운영 면에서 탁월한 아키텍처 정의	6%	5
5.1 솔루션에서 운영 우수성을 지원할 수 있는 설계 기능을 선택한다.		

영역 1: 복원력을 갖춘 아키텍처 설계

✓ **1.1** 안정적이고 복원력을 갖춘 스토리지를 선택한다.

✓ **1.2** 어떻게 AWS 서비스를 사용해 결합 해제 메커니즘을 설계할지 결정한다.

✓ **1.3** 어떻게 멀티 티어 아키텍처 솔루션을 설계할지 결정한다.

✓ **1.4** 어떻게 고가용성/내결함성을 갖춘 아키텍처를 설계할지 결정한다.

연습문제

1. 다음 중 S3 스토리지 클래스에 대한 설명으로 옳은 것은 무엇입니까?

   A. S3와 S3-IA의 가용성은 같다.

   B. S3와 S3-IA의 내구성은 같다.

   C. S3와 Glacier의 지연 시간은 같다.

   D. S3의 지연 시간이 Glacier보다 더 길다.

2. 비디오 처리를 전문으로 하는 중소기업에서 비용 절감을 위해 클라우드 스토리지를 검토하고 있습니다. 경영진은 고객의 파일을 온프레미스에서 클라우드로 완전히 옮기는 것을 우려하고 있지만, 현재는 비용에 중점을 두고 클라우드를 시험해보려 합니다. 중소기업이 AWS를 시험해보기에 가장 좋은 방법은 무엇입니까?

   A. VPN을 설치하고, 한 달 이내 파일은 S3 버킷에 저장하고 더 오래된 파일은 S3-IA 버킷에 저장하도록 설정한다. S3에서 수명주기 정책을 생성해 30일이 지난 파일은 야간에 S3-IA 버킷으로 옮긴다.

   B. 저장 볼륨 Storage Gateway를 설치한다.

   C. Direct Connect를 설정하고 로컬의 하드 디스크를 야간에 Direct Connect를 통해 S3에 백업한다.

   D. 캐싱 볼륨 Storage Gateway를 설치한다.

3. 웹 디자인 팀에서는 5GB가 넘는 큰 압축 이미지 파일을 S3에 자주 업로드합니다. 최근 팀원이 '업로드가 허용되는 최대 객체 크기를 초과합니다'라는 오류 메시지를 받았습니다. 이 업로드 문제를 해결하려면 어떤 조치를 취해야 합니까?

   A. 웹 디자이너가 업로드하는 대상 S3 버킷에서 객체의 최대 크기 설정을 늘린다.

   B. 웹 디자이너가 객체를 업로드할 때 애플리케이션 또는 클라이언트에서 멀티 파트 업로드 API를 활용하게 한다.

   C. 기본 S3 버킷 크기를 올리도록 AWS에 요청한다. 웹 디자이너가 업로드하는 대상 버킷에 적용됐는지 확인한다.

D. AWS Management Console에 로그인해서 S3 서비스를 선택하고, 대상 버킷에서 최대 객체의 크기를 50GB로 늘리도록 버킷 속성을 편집한다.

4. 다음 중 S3에서 최종 일관성이 있는 HTTP 메소드는 무엇입니까? (2개 선택)

A. 새 객체 PUT

B. UPDATE

C. DELETE

D. 기존 객체 덮어쓰기 PUT

5. S3 Standard 클래스에 저장할 수 있는 가장 작은 파일 크기는 다음 중 무엇입니까?

A. 1바이트

B. 1MB

C. 0바이트

D. 1KB

6. us-east-2 리전에 ytmProfilePictures 이름으로 S3 버킷을 새로 만들었습니다. 프로그래밍적 액세스를 위한 버킷 URL이 필요합니다. 다음 중 버킷 URL로 올바른 것은 무엇입니까?

A. https://s3-us-east-2.amazonaws.com/ytmProfilePictures

B. https://s3-east-2.amazonaws.com/ytmProfilePictures

C. https://s3-us-east-2-ytmProfilePictures.amazonaws.com/

D. https://amazonaws.s3-us-east-2.com/ytmProfilePictures

7. us-east-2 리전에 ytmProfilePictures라는 이름의 S3 버킷을 새로 만들고, 버킷의 루트에 images/라는 이름의 폴더를 만들었습니다. 웹사이트 호스팅을 활성화했으며, 콘텐츠 팀이 images/ 폴더에 이미지를 업로드하도록 요청했습니다. 다음 중 어떤 URL을 사용해야 웹 브라우저에서 이미지를 볼 수 있습니까?

A. https://s3-us-east-2.amazonaws.com/ytmProfilePictures/images

B. https://s3-website-us-east-2.amazonaws.com/ytmProfilePictures/images

C. https://ytmProfilePictures.s3-website-us-east-2.amazonaws.com/ images

D. https://ytmProfilePictures.s3-website.us-east-2.amazonaws.com/ images

8. 다음 중 옳은 것을 선택하십시오.

   A. S3와 S3-IA의 내구성은 같다.

   B. S3와 S3-IA의 가용성은 같다.

   C. S3의 내구성은 Glacier보다 높다.

   D. S3의 내구성은 S3-IA보다 높다.

9. 다음 중 옳지 않은 것을 선택하십시오.

   A. S3 Standard, S3-IA, S3 One Zone-IA는 모두 내구성이 같다.

   B. S3-IA와 S3 One Zone-IA의 가용성은 같다.

   C. S3 Standard, S3-IA, S4 One Zone-IA의 가용성은 다르다.

   D. S3 One Zone-IA와 S3 Standard의 내구성은 같다.

10. 다음 중 AWS Management Console에서 모든 리전(글로벌)으로 보이는 서비스는 무엇입니까? (2개 선택)

    A. S3

    B. EC2

    C. IAM

    D. RDS

11. 다음 중 Amazon EBS에 대한 설명으로 옳은 것은 무엇입니까? (2개 선택)

    A. 블록 기반 스토리지다.

    B. 객체 기반 스토리지다.

    C. 기본적으로 마그네틱 디스크를 이용한다.

    D. 다양한 SSD와 마그네틱을 선택할 수 있다.

12. 애플리케이션을 실행할 인스턴스의 AMI를 만드는 DevOps 작업을 하고 있습니다. 애플리케이션을 여러 리전에 배포하고, 여러 S3 버킷과 연결해야 합니

다. 또한 us-east-1에서 만들었던 AMI를 us-east-2, us-west-2에서도 사용해야 합니다. us-east-2와 us-west-2에서 새로운 AMI를 사용하려면 어떻게 해야 합니까?

A. AMI를 us-east-1에서 us-east-2와 us-west-2로 복사한다. 복사한 AMI를 사용해 새로운 인스턴스를 시작한다.

B. 모든 애플리케이션 인스턴스가 하나의 보안 그룹을 공유하게 한다. AMI가 생성된 리전과 관계없이 보안 그룹 내의 모든 인스턴스에 AMI를 사용한다.

C. AWS Console에서 모든 리전에서 AMI를 확인할 수 있으며, 즉시 시작할 수 있다.

D. us-east-1에서 us-east-2와 us-west-2로 AMI를 복사한다. 시작 권한과 S3 버킷 권한을 적용해 복사한 AMI로 새 인스턴스를 시작한다.

13. 고객이 S3에 객체를 저장하는 비용을 문의해서, S3 버킷의 비용을 견적 중입니다. 현재 버킷에 저장된 객체의 크기는 0바이트~1GB입니다. S3-IA를 사용할 때, 다음 중 비용이 청구되는 가장 작은 파일 크기는 무엇입니까?

A. 1바이트

B. 1MB

C. 0바이트

D. 128KB

14. 조직의 데이터를 RDS 인스턴스에 저장하고, 최소 2개의 지리적 위치에 분산하려 합니다. 다음 중 올바른 방법은 무엇입니까? (2개 선택)

A. RDS에서 다중 가용 영역 구성을 활성화한다.

B. RDS에서 읽기 전용 복제본 구성을 활성화한다.

C. 저장 볼륨 Storage Gateway를 설치한다.

D. RDS에서 교차 리전 읽기 전용 복제본 구성을 활성화한다.

15. 다음 중 Auto Scaling 시작 구성에 해당하는 것은 무엇입니까? (2개 선택)

A. 새로운 인스턴스를 생성하는 데 사용하는 AMI

B. 여러 인스턴스에 연결할 하나의 EBS 스토리지 볼륨

C. 네트워크 지연 시간을 모니터링하는 폴링 시간

D. 인스턴스에 연결할 IAM 역할

16. Auto Scaling 정책에서 새 인스턴스를 만들 AMI를 설정하기 위해 사용해야 하는 것은 다음 중 무엇입니까?

A. Auto Scaling 정책

B. Auto Scaling 정책의 보안 그룹

C. Auto Scaling 정책에 사용할 Auto Scaling 그룹

D. Auto Scaling 정책에 사용할 시작 구성

17. EC2 인스턴스를 종료하면 인스턴스에 연결된 EBS 루트 볼륨도 삭제된다는 사실을 알게 됐습니다. 이 문제를 해결하려면 어떤 조치를 취해야 합니까?

A. 아무것도 할 수 없다. EC2 인스턴스에 연결된 볼륨이 삭제되면 루트 볼륨도 삭제된다.

B. EC2 인스턴스가 실행되는 동안 EBS 볼륨을 스냅샷한다. EC2 인스턴스가 종료되면 스냅샷에서 EBS 볼륨을 복원할 수 있다.

C. EC2 인스턴스에서 종료 방지를 제거한다.

D. AWS CLS를 사용해 EBS 볼륨의 DeleteOnTermination 속성을 'false'로 변경한다.

18. 다음 중 EBS 스냅샷을 S3에 백업할 방법은 무엇입니까?

A. 볼륨에 설정된 백업 정책에서 전체 백업을 설정한다.

B. 증분 백업한다.

C. 동기 백업한다.

D. EBS 볼륨은 S3에 저장되지 않는다.

19. EBS 볼륨을 동시에 여러 EC2 인스턴스에 연결할 수 있습니까?

A. 그렇다. 볼륨이 루트 볼륨이 아니면 가능하다.

B. 아니다. EBS 볼륨은 동시에 여러 인스턴스에 연결할 수 없다.

C. 그렇다. 볼륨이 마그네틱 스토리지가 아닌 SSD 클래스 중 하나를 사용하면 가능하다.

D. 그렇다. 인스턴스는 최소 하나의 볼륨을 루트 볼륨으로 사용한다.

20. EC2 인스턴스에 무엇으로 메타 데이터를 추가합니까? (2개 선택)

   A. Certificates

   B. Tags

   C. Policies

   D. Labels

21. S3 버킷을 생성할 때 다음 중 어떠한 기준으로 가까운 리전을 선택합니까? (2개 선택)

   A. 리전과 사용자의 거리

   B. 리전과 온프레미스 데이터센터의 거리

   C. AWS 계정 내 리전과 다른 리전의 거리

   D. 리전과 개발 팀의 거리

22. EC2 인스턴스는 어디에 프로비저닝됩니까?

   A. 특정 리전

   B. 특정 가용 영역

   C. 지정된 리전 내의 임의의 가용 영역

   D. 리전에 따라 다르다.

23. 다음 중 가용 영역에 걸쳐 배포할 수 있는 배치 그룹은 무엇입니까?

   A. 클러스터 배치 그룹

   B. 배치 그룹

   C. 분산형 배치 그룹

   D. 교차 리전 배치 그룹

24. 다음 중 Site-to-Site VPN 연결을 구축하기 위해 온프레미스 사이트 측에 구축하는 것은 무엇입니까?

   A. Storage Gateway

   B. 가상 프라이빗 게이트웨이

   C. 고객 게이트웨이

   D. 가상 프라이빗 네트워크

25. 온프레미스 사이트와 AWS 간에 Site-to-Site VPN 연결을 할 때 AWS 측의 연결점은 무엇입니까?

A. IPSec 터널

B. 가상 프라이빗 게이트웨이

C. 고객 게이트웨이

D. VPC

26. AWS 관리형 VPN 연결을 통해 고객 게이트웨이를 AWS VPC에 연결할 때 몇 개의 네트워크 트래픽 터널을 만들어야 합니까?

A. 1개

B. 2개

C. 3개

D. AWS VPC 설정에 따라 다르다.

27. 온프레미스 사이트에서 AWS VPC까지 VPN 연결을 구성할 때, 다음 중 트래픽 흐름의 순서로 옳은 것은 무엇입니까?

A. 고객 게이트웨이에서 Amazon VPC를 거쳐 가상 프라이빗 게이트웨이로

B. 가상 프라이빗 게이트웨이에서 고객 게이트웨이를 거쳐 Amazon VPC로

C. Amazon VPC에서 고객 게이트웨이를 거쳐 가상 프라이빗 게이트웨이로

D. 고객 게이트웨이에서 가상 프라이빗 게이트웨이를 거쳐 Amazon VPC로

28. 온프레미스와 AWS VPC 사이에 Site-to-Site VPN을 설정하려 합니다. 다음 중 어떤 작업을 수행해야 원활하게 작동하겠습니까? (2개 선택)

A. 고객 게이트웨이에 퍼블릭 IP 주소를 설정한다.

B. AWS VPC에 퍼블릭 IP 주소를 설정한다.

C. 가상 프라이빗 게이트웨이에 퍼블릭 IP 주소를 설정한다.

D. VPN 터널에 퍼블릭 IP 주소를 설정한다.

29. 다음 중 온프레미스 사이트와 클라우드 기반의 스토리지를 연결하는 서비스는 무엇입니까?

A. Storage Gateway

B. 가상 프라이빗 게이트웨이

C. 고객 게이트웨이

D. 가상 프라이빗 네트워크

30. 다음 중 Storage Gateway의 기능은 무엇입니까? (2개 선택)

A. 파일 게이트웨이

B. 볼륨 게이트웨이

C. 캐싱 게이트웨이

D. 가상 프라이빗 게이트웨이

31. 솔루션스 아키텍트는 NFS 기반 백업 시스템을 사용하고 있는 대기업에 스토리지 솔루션을 추천하는 임무를 맡았습니다. 이 회사는 클라우드 기반 스토리지를 검토하길 원하지만, 기존에 투자한 백업 소프트웨어도 포기하고 싶지 않습니다. 솔루션스 아키텍트는 어떤 유형의 Storage Gateway를 추천해야 합니까?

A. 파일 게이트웨이

B. 캐싱 볼륨 게이트웨이

C. 저장 볼륨 게이트웨이

D. 테이프 게이트웨이

32. 중소기업에서 대규모 데이터 세트를 클라우드로 마이그레이션할 계획 중입니다. 그러나 회사의 예산은 많지 않아서 테이프 백업 시스템을 오래 사용해왔습니다. 그리고 기존 백업 시스템에 구성된 시스템과 소프트웨어를 유지하길 원합니다. 이 회사에서는 어떤 Storage Gateway 유형을 사용해야 합니까?

A. 파일 게이트웨이

B. 캐싱 볼륨 게이트웨이

C. 저장 볼륨 게이트웨이

D. 테이프 게이트웨이

33. 중소기업에서 클라우드 기반 스토리지 솔루션을 테스트하는 임무를 맡았습니다. 경영진은 회사의 시스템에서 짧은 지연 시간으로 전체 데이터 세트에 즉각 액세스할 수 있기를 바랍니다. 어떤 Storage Gateway 유형이 이러한 요구 사항을 충족합니까?

A. 파일 게이트웨이

B. 캐싱 볼륨 게이트웨이

C. 저장 볼륨 게이트웨이

D. 테이프 게이트웨이

34. 최근 방대한 지리 공간 데이터 세트를 인수한 지도 제작 사업부에서 솔루션스 아키텍트로 일하고 있습니다. 로컬 디스크 드라이브에 저장된 데이터 전체를 AWS로 옮기려고 합니다. 10TB가 넘는 데이터 세트를 AWS로 옮기는 최선의 접근 방법은 무엇입니까?

A. S3 Transfer Acceleration

B. 캐싱 볼륨 게이트웨이

C. Snowball

D. AWS에 드라이브 배송

35. 다음 중 캐싱 볼륨 Storage Gateway를 사용하는 이유로 옳지 않은 것은 무엇 입니까? (2개 선택)

A. 전체 데이터 세트에 짧은 지연 시간으로 액세스하고자 한다.

B. 온사이트 스토리지의 비용을 줄이고자 한다.

C. iSCSI 스토리지 볼륨을 지원하고자 한다.

D. 자주 사용하는 데이터에 짧은 지연 시간으로 액세스하고자 한다.

36. 다음 중 기존의 백업 애플리케이션에 가장 적합한 Storage Gateway는 무엇 입니까?

A. 파일 게이트웨이

B. 캐싱 볼륨 게이트웨이

C. 저장 볼륨 게이트웨이

D. 테이프 게이트웨이

37. 애플리케이션의 전체 데이터 세트 내에서 특정 부분에 지연 시간이 발생합니다. 다음 중 이를 해결하는 데 가장 적합한 Storage Gateway는 무엇입니까?

A. 파일 게이트웨이

B. 캐싱 볼륨 게이트웨이

C. 저장 볼륨 게이트웨이

D. 테이프 게이트웨이

38. 다음 중 전체 데이터 세트에 대한 지연 시간을 우선하는 애플리케이션에 가장 적합한 Storage Gateway는 무엇입니까?

A. 파일 게이트웨이

B. 캐싱 볼륨 게이트웨이

C. 저장 볼륨 게이트웨이

D. 테이프 게이트웨이

39. 다음 중 원격지 재해 복구를 구축하는 비용을 줄이기 위해 가장 적합한 Storage Gateway는 무엇입니까?

A. 파일 게이트웨이

B. 캐싱 볼륨 게이트웨이

C. 저장 볼륨 게이트웨이

D. 테이프 게이트웨이

40. 다음 중 검색하는 지연 시간은 길지만 장기간 데이터 저장에 최적화된 스토리지 클래스는 무엇입니까?

A. S3

B. S3-IA

C. S3 One Zone-IA

D. Glacier

41. 다음 중 계정에서 모든 리전에 적용되는 서비스는 무엇입니까? (2개 선택)

A. 시작 구성

B. IAM 사용자

C. EC2 인스턴스

D. S3 버킷 이름

42. S3 버킷에 객체를 성공적으로 업로드하면 어떤 HTTP 코드가 반환됩니까?

A. HTTP 200

B. HTTP 307

C. HTTP 404

D. HTTP 501

43. S3 One Zone-IA의 내구성은 다음 중 무엇입니까?

A. 99%

B. 99.9%

C. 99.99%

D. 99.999999999%

44. S3-IA의 내구성은 다음 중 무엇입니까?

A. 99%

B. 99.9%

C. 99.99%

D. 99.999999999%

45. S3의 내구성은 다음 중 무엇입니까?

A. 99%

B. 99.9%

C. 99.99%

D. 99.999999999%

46. S3 One Zone-IA의 가용성은 다음 중 무엇입니까?

A. 99.5%

B. 99.9%

C. 99.99%

D. 99.999999999%

47. S3-IA의 가용성은 다음 중 무엇입니까?

A. 99.5%

B. 99.9%

C. 99.99%

D. 99.999999999%

48. S3의 가용성은 다음 중 무엇입니까?

    A. 99.5%

    B. 99.9%

    C. 99.99%

    D. 99.999999999%

49. 전송 중 데이터에 SSL을 지원하는 S3 스토리지 클래스는 무엇입니까?

    A. S3

    B. S3-IA

    C. S3 One Zone-IA

    D. 모두 해당

50. 저장 중 데이터에 암호화를 지원하는 S3 스토리지 클래스는 무엇입니까?

    A. S3

    B. S3-IA

    C. S3 One Zone-IA

    D. 모두 해당

51. 다음 중 사용자가 리전을 지정해야 하는 스토리지 클래스는 무엇입니까?

    A. S3

    B. S3-IA

    C. S3 One Zone-IA

    D. 모두 해당

52. 다음 중 사용자가 가용 영역을 지정해야 하는 스토리지 클래스는 무엇입니까?

    A. S3

    B. S3-IA

    C. S3 One Zone-IA

    D. 해당 사항 없음

53. S3는 어떻게 객체를 저장합니까?

    A. 키-값으로 저장

    B. 관계형 항목으로 저장

    C. NoSQL 인터페이스를 사용해 저장

    D. 블록 스토리지에서 블록으로 저장

54. 어떻게 S3 버킷에 저장된 데이터에 액세스합니까? (2개 선택)

    A. 버킷에 FTP로 액세스

    B. 버킷에 SFTP로 액세스

    C. 버킷에 REST 기반의 웹 서비스 인터페이스로 액세스

    D. AWS Management Console로 액세스

55. 다음 중 S3에서 트래픽이 급증하면 데이터 액세스를 보장하기 위해 AWS에서 작동하는 방식을 설명한 것은 무엇입니까? (2개 선택)

    A. Auto Scaling을 설정하면 S3의 부하를 처리하기 위해 확장한다.

    B. S3는 서비스가 중단되지 않도록 자동으로 확장한다.

    C. 요청 급증의 영향을 최소화하기 위해 AWS 네트워크에 균등하게 확장한다.

    D. 몇몇 인스턴스는 트래픽 급증의 영향을 최소화하기 위해 빠르게 수직 확장한다.

56. 솔루션스 아키텍트는 회사 외부 원격지에 있는 고비용의 스토리지를 AWS로 마이그레이션하는 임무를 맡았습니다. 온프레미스 환경에서는 파일을 로컬 NAS로 백업합니다. 그런 다음 해당 파일을 원격지에 저장합니다. 저장소를 원격지에서 AWS로 옮길 예정입니다. 회사는 내구성과 비용을 검토하고 있으며 파일에 빠른 액세스가 필요합니다. 추천할 수 있는 방법은 무엇입니까?

    A. NAS에서 S3 Standard 클래스 버킷으로 파일을 복사한다.

    B. NAS에서 S3 One Zone-IA 클래스 버킷으로 파일을 복사한다.

    C. NAS에서 프로비저닝된 IOPS EBS 볼륨으로 파일을 복사한다.

    D. NAS에서 Amazon Glacier로 파일을 복사한다.

57. 향후 12개월 동안 기하급수적으로 성장할 것으로 예상하는 애플리케이션을 위해 스토리지를 구축하려고 합니다. 어떤 S3 스토리지 클래스를 추천해야 합니까?

A. Amazon Glacier

B. S3 Standard

C. S3-IA

D. 판단할 수 있는 충분한 정보가 없다.

58. AWS 계정당 만들 수 있는 기본 S3 버킷은 몇 개입니까?

A. 25

B. 50

C. 100

D. 기본 한도가 없다.

59. S3에 객체를 업로드하는 기본 방식은 무엇입니까?

A. 부분으로 나눠 업로드한다.

B. 한 번의 작업으로 업로드한다.

C. S3 버킷마다 명시적으로 업로드 방식을 선택해야 한다.

D. REST API로 업로드한다.

60. 멀티 파트 업로드 API를 통해 객체를 업로드해야 하는 경우는 다음 중 무엇입니까?

A. 한 번에 많은 파일을 업로드할 때

B. 10GB 이상의 파일을 업로드할 때

C. 여러 애플리케이션이 같은 S3 버킷에 파일을 업로드할 때

D. 업로드 시 최대 네트워크 처리량이 필요할 때

61. 멀티 파트 업로드를 사용할 때 고려해야 할 사항은 무엇입니까?

A. 안정적인 고대역 네트워크를 통해 대용량 객체를 업로드해서 대역폭 활용을 극대화한다.

B. 대용량 객체를 업로드할 때 AWS 인바운드 비용을 줄일 수 있다.

C. 불규칙한 네트워크에서 모든 크기의 파일을 업로드해 복원력을 강화한다.

D. 기존 파일에 파일을 추가해서 업로드한다.

62. 다음 중 미리 서명된 URL과 일반 URL의 차이점에 대한 설명으로 옳은 것은 무엇입니까? (2개 선택)

A. 미리 서명된 URL에서는 URL 작성자가 제공한 권한을 특정 객체와 연결한다.

B. 미리 서명된 URL에서는 URL 사용자가 제공한 권한을 특정 객체와 연결한다.

C. 미리 서명된 URL을 이용하면 AWS 자격 증명 없이 프라이빗 S3 버킷에 액세스할 수 있다.

D. 미리 서명된 URL은 암호화된 자격 증명을 URL에 포함한다.

63. 다음 중 미리 서명된 URL에 포함할 수 있는 것은 무엇입니까?

A. S3 객체 저장소

B. 웹 인터페이스를 사용하는 EC2 인스턴스

C. AWS CloudFront 배포

D. 모두 해당

64. 미리 서명된 URL의 유효 기간은 다음 중 무엇입니까?

A. 60초

B. 60분

C. 24시간

D. 설정하는 기간 동안

65. 다음 중 S3와 관련해 최종 일관성을 제공하는 HTTP 메소드는 무엇입니까? (2개 선택)

A. UPDATE

B. DELETE

C. 새 객체의 PUT

D. 덮어쓰기 PUT

66. 다음 중 S3가 버킷의 객체를 처리하는 방식과 일치하는 것은 무엇입니까?

A. Amazon S3에 새로운 객체를 저장하고, 즉시 해당 버킷의 키를 표시한다. 새로운 객체는 키 목록에 표시되지 않는다.

B. 객체를 삭제하고 즉시 읽기를 시도한다. S3는 여전히 삭제된 데이터를 반환한다.

C. 객체를 삭제하고 즉시 버킷의 키를 표시한다. S3는 삭제된 객체와 목록을 반환한다.

D. 모두 해당

67. 다음 중 Amazon S3가 PUT 및 DELETE에 대해 최종 일관성을 제공하는 리전은 무엇입니까?

A. 모든 US 리전

B. 미국과 EU의 모든 리전

C. 모든 리전

D. 어떤 리전에서도 아니다. 최종 일관성은 덮어쓰기 PUT에 대한 모델이 아니다.

68. 다음 중 객체 기반 스토리지는 무엇입니까? (2개 선택)

A. S3-IA

B. EBS

C. EFS

D. S3 Standard

69. EBS는 무엇의 약자입니까?

A. Elastic Based Storage

B. Elastic Block Storage

C. Extra Block Storage

D. Ephemeral Block Storage

70. 새 객체의 PUT에 대한 S3의 일관성 모델은 무엇입니까?

A. 읽기 후 쓰기 일관성

B. 쓰기 후 읽기 일관성

C. 최종 일관성

D. 동기 일관성

71. S3는 초당 몇 번의 PUT을 지원합니까?

   A. 100

   B. 1500

   C. 3500

   D. 5000

72. 미국 서부 리전에서 prototypeBucket32라는 이름으로 새로운 S3 버킷을 만들어야 합니다. 이 버킷의 URL은 무엇입니까?

   A. https://s3-us-east-1.amazonaws.com/prototypeBucket32

   B. https://s3-us-west-1.amazonaws.com/prototypeBucket32

   C. https://s3.prototypeBucket32-us-east-1.amazonaws.com/

   D. https://s3-prototypeBucket32.us-east-1.amazonaws.com/

73. 미국 동부(버지니아 북부)에서 만들어진 S3 버킷의 고유한 도메인 이름은 무엇입니까?

   A. s3.amazonaws.com

   B. s3-us-east-1.amazonaws.com

   C. s3-us-east.amazonaws.com

   D. s3-amazonaws.com

74. 다음 중 S3 버킷에 대한 도메인 이름으로 옳은 것은 무엇입니까? (2개 선택)

   A. s3.us-east-1.amazonaws.com

   B. s3-us-west-2.amazonaws.com

   C. s3.amazonaws.com

   D. s3-jp-west-2.amazonaws.com

75. AWS가 S3 버킷 액세스에서 지원하는 두 가지 방식의 URL은 무엇입니까? (2개 선택)

   A. 가상 호스팅 방식 URL

   B. 도메인 호스팅 방식 URL

   C. Zone APEX 레코드 URL

   D. 경로 방식 URL

76. 다음 중 S3 버킷에 액세스할 수 있는 URL로 맞는 것은 무엇입니까? (2개 선택)

    A. https://s3-us-west-1-prototypeBucket32.amazonaws.com/

    B. https://s3-us-west-1.amazonaws.com/prototypeBucket32

    C. https://s3-mx-central-1.amazonaws.com/prototypeBucket32

    D. https://prototypeBucket32.s3-us-west-1.amazonaws.com

77. AWS Storage Gateway는 무엇입니까?

    A. 온프레미스 사이트와 AWS 사이에 VPN 연결을 위해 고객 사이트에 설치하는 장치

    B. 퍼블릭 인터넷보다 빠르게 온프레미스 사이트에서 S3로 파일을 업로드할 수 있게 하는 장치

    C. S3로 대용량 데이터를 쉽게 마이그레이션하는 장치

    D. 온프레미스 사이트에서 S3에 저장된 객체를 캐싱하는 데 사용하는 장치

78. 다음 중 AWS Storage Gateway에 대한 설명으로 옳지 않은 것은 무엇입니까?

    A. 가상 어플라이언스다.

    B. 물리적 및 가상 어플라이언스 모두 사용할 수 있다.

    C. 고객 사이트에서 데이터를 캐싱한다.

    D. S3 버킷과 상호작용한다.

79. 다음 중 S3에 대한 설명으로 옳지 않은 것은 무엇입니까? (2개 선택)

    A. 버킷은 특정 리전에서 만든다.

    B. 버킷 이름은 리전 내에서만 고유하다.

    C. 버킷은 객체 기반이다.

    D. S3 버킷은 객체 데이터를 5TB까지 저장한다.

80. 다음 중 S3가 지원하는 일관성 모델은 무엇입니까? (2개 선택)

    A. 쓰기 후 읽기 일관성

    B. 동기 일관성

    C. 읽기 후 쓰기 일관성

    D. 최종 일관성

81. S3의 모든 객체에는 (   )이/가 있습니다. (   )에 들어갈 것은 무엇입니까? (2개 선택)

A. 키

B. 값

C. A와 B 모두

D. 버전 ID

82. S3 버킷에 있는 객체가 실수로 삭제되지 않게 하는 가장 좋은 방법은 무엇입니까?

A. 제한적 버킷 권한

B. 버킷에 버전 관리 사용

C. 버킷에 대한 MFA Delete를 활성화

D. 모두 유용하다.

83. 다음 중 MFA Delete 요청으로 사용되는 HTTP 요청 헤더는 무엇입니까?

A. x-delete

B. x-amz-mfa

C. x-aws-mfa

D. x-amz-delete

84. MFA Delete를 활성화하면 다음 중 어떤 작업에 적용할 수 있습니까? (2개 선택)

A. S3 버킷 삭제

B. 버킷의 버전 관리 상태 변경

C. 영구적으로 객체 버전 삭제

D. 객체의 메타 데이터를 삭제

85. MFA Delete를 활성화한 버킷을 사용하는 경우, 인증 코드는 어디서 받을 수 있습니까?

A. 하드웨어 또는 가상 MFA 장치

B. AWS Management Console의 토큰 섹션

C. 버킷 메타 데이터의 delete-code에 있는 AWS REST API

D. 모두 해당하지 않음

86. 누가 S3 버킷에서 MFA Delete를 활성화할 수 있습니까?

    A. 버킷에 권한을 가진 모든 IAM 사용자

    B. 버킷 업데이트 권한을 가진 모든 IAM 사용자

    C. 버킷 소유자

    D. 버킷을 소유한 루트 계정

87. 누가 S3 버킷에 버전 관리를 활성화할 수 있습니까?

    A. 버킷에 권한을 가진 모든 IAM 사용자

    B. A, C, D

    C. 버킷 소유자

    D. 버킷을 소유한 루트 계정

88. 다음 중 S3에 저장된 객체에 연결된 것은 무엇입니까? (2개 선택)

    A. 메타 데이터

    B. 데이터

    C. 인증 ID

    D. 버전 기록

89. AWS Management Console을 사용해 객체에 메타 데이터를 추가하는 AWS 메커니즘은 무엇입니까?

    A. 레이블

    B. 태그

    C. 메타 데이터

    D. 객체 이름

90. 다음 중 S3에서 객체의 모든 버전을 저장하지 않는 예외 경우는 무엇입니까?

    A. 객체가 MFA Delete를 통해 삭제될 때

    B. 객체의 모든 버전이 삭제될 때

    C. 객체의 현재 버전이 삭제될 때

    D. 예외는 없다.

91. S3 버전 관리를 활성화한 뒤 버킷에서 버전 관리를 해제할 방법은 무엇입니까?

    A. AWS Management Console의 버킷 속성을 업데이트하고 버전 관리를 해제한다.

    B. 버전 관리는 AWS CLI나 API를 통해서만 해제할 수 있다. 애플리케이션 키를 사용해 버킷의 버전 관리를 'off'로 변경한다.

    C. HTML 요청 헤더 x-amz-versioning과 'off' 값을 사용해 S3 버킷에 메시지를 보낸다.

    D. 버전 관리가 활성화된 후에는 버전 관리를 해제할 수 없다.

92. CloudFront는 어떤 콘텐츠 유형을 배포하는 웹 서비스입니까? (2개 선택)

    A. 객체 기반 스토리지

    B. 정적 파일

    C. 스크립트나 프로그래밍으로 생성된 동적 콘텐츠

    D. 모두 해당

93. CloudFront가 제공하는 데이터의 원본은 무엇이라고 합니까?

    A. service providers

    B. source servers

    C. static servers

    D. origin servers

94. CloudFront 배포에서 일반적으로 원본 서버가 될 수 있는 것은 무엇입니까? (2개 선택)

    A. EC2 인스턴스

    B. Amazon Glacier 아카이브

    C. API 게이트웨이

    D. S3 버킷

95. CloudFront 배포에서 일반적으로 원본 서버가 될 수 없는 것은 무엇입니까? (2개 선택)

    A. ECS에서 실행되는 Docker 컨테이너

    B. MySQL ResultSet

C. S3 버킷

D. Redshift 워크로드

96. CloudFront 배포에서 콘텐츠가 캐싱되는 위치를 무엇이라고 합니까?

A. 가용 영역

B. 엣지 로케이션

C. 원격 위치

D. 원본 엣지

97. CloudFront 배포에서 일반적으로 원본 서버가 될 수 없는 것은 무엇입니까?
(2개 선택)

A. Elastic Load Balancer

B. Route 53 레코드 세트

C. SQS 구독 엔드포인트

D. SNS 주제 검색 엔드포인트

98. 엣지 로케이션의 집합을 무엇이라고 합니까?

A. 리전

B. 가용 영역

C. CloudFront

D. 배포

99. 리전, 가용 영역, 엣지 로케이션의 개수를 순서대로 나열한 것은 무엇입니까?

A. 엣지 로케이션 > 리전 > 가용 영역

B. 엣지 로케이션 > 가용 영역 > 리전

C. 가용 영역 > 리전 > 엣지 로케이션

D. 리전 > 가용 영역 > 엣지 로케이션

100. 다음 중 옳은 것은 무엇입니까? (2개 선택)

A. 가용 영역 수보다 엣지 로케이션 수가 많다.

B. 리전의 수는 엣지 로케이션 수보다 적다.

C. 가용 영역 수보다 엣지 로케이션 수가 적다.

D. 가용 영역마다 엣지 로케이션이 있다.

101. CloudFront를 사용하는 웹 애플리케이션에서 사용자에게 제공되는 콘텐츠를 저장하는 것은 무엇입니까? (2개 선택)

    A. 가용 영역

    B. 엣지 로케이션

    C. Route 53

    D. EC2 인스턴스

102. 다음 중 엣지 로케이션에 대한 설명으로 옳은 것은 무엇입니까? (2개 선택)

    A. 엣지 로케이션에서 읽기도 가능하다.

    B. 엣지 로케이션은 읽기 전용이다.

    C. 엣지 로케이션은 저장 전용이다.

    D. 엣지 로케이션에 저장도 가능하다.

103. 다음 중 객체가 저장될 수 있는 곳은 어디입니까? (2개 선택)

    A. 엣지 로케이션

    B. EC2 인스턴스

    C. S3 버킷

    D. 가용 영역

104. TTL은 무엇을 의미합니까?

    A. time to live

    B. total time to live

    C. total traffic life

    D. traffic total life

105. CloudFront 배포를 사용하는 웹 애플리케이션을 지원합니다. 전날 자정에 게시한 배너 광고에 오류가 있어서 사용자가 오류를 볼 수 없도록 광고를 제거해야 합니다. 어떤 조치를 취해야 합니까? (2개 선택)

    A. S3에서 배너 이미지를 삭제한다.

    B. 웹사이트에서 광고를 제거한다.

    C. 24시간 동안 기다린 후 엣지 로케이션은 자동으로 광고를 캐시에서 만료한다.

D. 캐시된 객체를 직접 지운다.

106. 엣지 로케이션에서 캐시를 보관하는 기본 기간은 얼마입니까?

    A. 12시간

    B. 24시간

    C. 48시간

    D. 360분

107. S3 버킷을 새로 만들었을 때 기본 공개 수준은 다음 중 무엇입니까?

    A. 퍼블릭

    B. 프라이빗

    C. 계정 등록 IAM 사용자에게 퍼블릭 허용

    D. 해당 사항 없음

108. 다음 중 버킷에 대한 액세스를 설정하는 올바른 방법은 무엇입니까? (2개 선택)

    A. NACL

    B. ACL

    C. 버킷 정책

    D. JSON

109. 다음 중 버킷 정책을 작성하는 데 사용되는 언어는 무엇입니까?

    A. XML

    B. YAML

    C. JSON

    D. AML

110. 볼륨에 저장해서 사용하는 데이터 세트를 어떻게 S3에 백업합니까?

    A. 비동기식으로 백업한다.

    B. 동기식으로 백업한다.

    C. 구성할 때 사용자가 백업 방법을 지정한다.

    D. 백업이 2초 이상 걸리지 않으면 동기식이며, 그 이상 걸리면 비동기식이다.

111. 다음 중 테이프 볼륨과 같은 것은 무엇입니까?

    A. VTL

    B. VPC

    C. NetBackup

    D. VPN

112. Amazon의 페타바이트급 데이터 전송 솔루션은 무엇입니까?

    A. Snowball

    B. Glacier

    C. Transfer Acceleration

    D. 엣지 전송

113. Snowball이 지원하는 언어는 무엇입니까?

    A. Perl, PHP

    B. JSON, YAML

    C. CloudFormation

    D. 모두 해당하지 않음

114. Snowball 대신 AWS Direct Connect를 사용하는 경우는 다음 중 무엇입니까?

    A. 일상에서 사용할 경우 AWS Direct Connect가 Snowball보다 좋은 선택이다.

    B. 일상에서 사용할 경우 Snowball이 AWS Direct Connect보다 좋은 선택이다.

    C. 전송할 데이터가 50TB가 넘으면 Snowball을 사용한다.

    D. 전송할 데이터가 50TB 미만이면 Snowball을 사용한다.

115. Snowball과 Snowball Edge의 차이점은 무엇입니까?

    A. Snowball은 데이터 전송을 위한 것이며, Snowball Edge는 데이터를 AWS로 돌려보내기 전에 로컬에서 데이터 처리를 수행한다.

    B. Snowball Edge는 데이터 전송을 위한 것이며, Snowball은 데이터를 AWS로 돌려보내기 전에 로컬의 데이터 처리를 수행한다.

C. Snowball과 Snowball Edge는 데이터 전송을 위한 것이며, Snowball Edge는 데이터가 AWS에 도착했을 때 캐싱을 제공한다.

D. Snowball과 Snowball Edge는 데이터 전송을 위한 것이며, Snowball Edge는 추가 스토리지 용량을 제공한다.

116. 다음 중 Snowball의 기능은 무엇입니까?

A. S3로 데이터 가져오기(내보내기는 아님)

B. S3에서 데이터 내보내기(가져오기는 아님)

C. S3로 가져오기나 S3에서 내보내기

D. Snowball은 S3로 데이터를 가져올 수 있으며, Snowball Edge는 S3에서 데이터를 내보낼 수만 있다.

117. 애플리케이션 결합 해제의 주요 장점은 무엇입니까?

A. 다양한 보안 모델을 적용한다.

B. 다양한 네트워크 전송 모델을 적용한다.

C. 상호 의존성을 줄여서 일부의 장애가 전체 애플리케이션 장애로 이어지지 않게 한다.

D. 네트워크 연결을 줄여서 성능을 향상한다.

118. 다음 중 데이터 웨어하우스의 분석 기능과 도구를 제공하는 AWS 서비스는 무엇입니까?

A. Aurora

B. ElastiCache

C. DynamoDB

D. Redshift

119. AWS에서 내결함성의 기본 원칙에 가장 근접한 것은 다음 중 무엇입니까?

A. 별도의 VPC에서 인스턴스를 시작한다.

B. 별도의 리전에서 인스턴스를 시작한다.

C. 별도의 서브넷에서 인스턴스를 시작한다.

D. 엣지 로케이션에서 인스턴스를 시작한다.

120. 다음 중 AWS 엣지 로케이션을 사용하는 서비스는 무엇입니까?

    A. CloudFront

    B. 고객 게이트웨이

    C. Storage Gateway

    D. Snowball

121. 다음 중 애플리케이션을 두 가용 영역에서 실행할 때의 이점은 무엇입니까?

    A. 애플리케이션을 한 가용 영역에서 실행할 때보다 안전하다.

    B. 애플리케이션을 한 가용 영역에서 실행할 때보다 성능이 높아진다.

    C. 애플리케이션을 한 가용 영역에서 실행할 때보다 내결함성이 높아진다.

    D. 애플리케이션을 한 가용 영역에서 실행할 때보다 네트워크 지연 시간이 줄어든다.

122. 다음 중 파일을 저장하는 데 사용하는 AWS 서비스는 무엇입니까? (2개 선택)

    A. Amazon Athena

    B. S3

    C. MySQL

    D. EBS

123. 다음 중 대용량 객체를 저장하는 데 사용하는 AWS 서비스는 무엇입니까? (2개 선택)

    A. Redshift

    B. S3

    C. Oracle

    D. EC2

124. 다음 중 S3에 저장하는 데이터의 전송 속도를 높이는 방법은 무엇입니까?

    A. Snowball을 사용해 더 빠르게 대용량 파일을 전송한다.

    B. S3 Transfer Acceleration을 활성화한다.

    C. S3 버킷에 여러 네트워크 경로를 사용하도록 AWS를 구성한다.

    D. S3 버킷에 트래픽을 라우팅하는 데 인터넷 게이트웨이를 사용하도록 AWS를 구성한다.

125. 다음 중 S3 Transfer Acceleration을 사용할 때 가장 도움을 받는 사용자는 누구입니까?

A. S3 버킷에서 지리적으로 가까운 사용자

B. S3 버킷에서 지리적으로 먼 사용자

C. 업로드할 때 HTTPS의 이점을 활용하는 사용자

D. 모든 사용자가 동등하게 활용할 수 있다.

126. 다음 중 S3 Transfer Acceleration을 사용하는 이유는 무엇입니까? (2개 선택)

A. 전 세계의 고객이 버킷에 업로드한다.

B. 고객이 애플리케이션 성능에 불만이 있다.

C. 대륙 간에 정기적으로 기가바이트 데이터를 전송할 수 있다.

D. S3 버킷에 업로드할 때 네트워크 지연이 있다.

127. 웹사이트를 호스팅하는 데 어떤 서비스를 사용할 수 있습니까? (2개 선택)

A. EC2

B. Elastic Load Balancing

C. S3

D. Glacier

128. us-west-1에 newyorkhotdogs라는 버킷이 있으며, 정적 웹사이트를 활성화해서 베타 고객에게 이 URL을 제공하려 합니다. 다음 중 제공할 URL은 무엇입니까?

A. http://newyorkhotdogs.s3-website.us-west-1.amazonaws.com

B. https://s3-us-west-1.amazonaws.com/newyorkhotdogs

C. http://newyorkhotdogs.s3-website-us-west-1.amazonaws.com

D. http://newyorkhotdogs.s3-website.us-east-1.amazonaws.com

129. 정적인 웹사이트를 생성하고 S3 버킷의 루트에 HTML 페이지 home.html을 게시했습니다. californiaroll이라는 이름의 버킷은 us-west-2에 있습니다. HTML 페이지에 액세스할 수 있는 URL은 무엇입니까?

A. http://californiaroll.s3-website.us-west-1.amazonaws.com/home.html

B. http://s3-website-us-west-1.amazonaws.com/californiaroll/home.html

C. http://californiaroll.s3-website-us-west-2.amazonaws.com/public_html/home.html

D. http://californiaroll.s3-website-us-west-1.amazonaws.com/home.html

130. eu-west-1 리전에 만든 S3 버킷 phoneboothPhotos에 image-001.jpg, image-002.jpg와 같은 이름을 가진 여러 이미지가 있습니다. 이 버킷에서 웹 사이트를 호스팅하고 있습니다. 어떤 URL을 사용해야 사진에 액세스할 수 있습니까?

A. http://phoneboothPhotos.s3-website-eu-west-1.amazonaws.com/phoneboothPhotos/image-001.jpg

B. http://phoneboothPhotos.s3-website-eu-west-1.amazonaws.com/phoneboothphotos/image-001.jpg

C. http://phoneboothPhotos.s3-website-eu-west-1.amazonaws.com/public_html/phoneboothPhotos/image-001.jpg

D. http://phoneboothPhotos.s3-website.eu-west-1.amazonaws.com/phoneboothPhotos/image-001.jpg

131. 자체 도메인에서 정적 웹사이트를 호스팅하고, 컴퓨팅 비용은 최소화하고 싶습니다. 다음 중 어떤 AWS 서비스를 사용하면 자체 도메인에서 웹사이트를 호스팅할 수 있습니까? (2개 선택)

A. S3

B. EC2

C. Lambda

D. Route 53

132. 자체 도메인에서 동적 웹사이트를 호스팅하고, 컴퓨팅 비용은 최소화하고 싶습니다. 다음 중 어떤 AWS 서비스를 사용하면 자체 도메인에서 웹사이트를 호스팅할 수 있습니까? (2개 선택)

    A. S3

    B. EC2

    C. Lambda

    D. Route 53

133. 다음 중 서버리스 웹사이트를 제공하는 것은 무엇입니까? (2개 선택)

    A. S3

    B. EC2

    C. Lambda

    D. Route 53

134. 다음 중 동적 웹사이트 기능을 제공하는 것은 무엇입니까? (2개 선택)

    A. S3

    B. EC2

    C. Lambda

    D. Route 53

135. Elastic Beanstalk은 다음 중 무엇을 제공합니까? (2개 선택)

    A. 코드 배포

    B. 보안

    C. 용량 프로비저닝

    D. 비용 최적화

136. 다음 중 Elastic Beanstalk에서 제공하지 않는 것은 무엇입니까? (2개 선택)

    A. 코드 배포

    B. 보안 강화

    C. 애플리케이션 상태 모니터링

    D. 로그 검사와 백업

137. 다음 중 Elastic Beanstalk이 지원하는 것은 무엇입니까? (2개 선택)

    A. Docker

    B. C++

C. Scala

D. Node.js

138. 다음 중 Elastic Beanstalk이 지원하는 애플리케이션 유형은 무엇입니까?

A. Node.js

B. Java

C. Python

D. 모두 해당

139. 다음 중 Elastic Beanstalk이 지원하는 데이터베이스 기술은 무엇입니까? (2개 선택)

A. AWS가 지원하는 모든 RDS

B. DynamoDB

C. EC2에서 실행하는 Oracle

D. Redshift

140. Elastic Beanstalk에서 관리하는 애플리케이션 코드를 테스트 환경으로부터 프로덕션 환경으로 전환하는 방법은 무엇입니까?

A. 프로덕션의 CloudFormation 파일에서 코드를 업데이트한다.

B. 애플리케이션 코드에서 데이터베이스 연결 문자열을 업데이트한다.

C. 특정 환경의 Elastic Beanstalk 구성에서 프로덕션 데이터베이스를 사용하도록 Elastic Beanstalk 환경을 설정한다.

D. Elastic Beanstalk으로 프로덕션에 배포할 수 없다.

141. 어떤 AWS 서비스에서 기반 리소스를 프로비저닝하지 않고 코드를 실행할 수 있습니까?

A. EC2

B. ECS

C. DynamoDB

D. Lambda

142. 다음 중 관련 리소스를 프로비저닝할 걱정 없이 코드를 실행할 수 있는 AWS 서비스는 무엇입니까? (2개 선택)

A. Elastic Beanstalk

B. ECS

C. DynamoDB

D. Lambda

143. Lambda 함수는 서버에서 실행됩니까?

A. 그렇다. 사용자 개입 없이 필요에 따라 자동으로 EC2 인스턴스를 확장한다.

B. 그렇다. 실행하려면 기존 EC2 인스턴스를 투입해야 한다.

C. 아니다. Lambda 코드는 서버가 개입하지 않고 순수하게 클라우드에서 실행된다.

D. 아니다. Lambda 코드는 컨테이너에서 실행된다.

144. 다음 중 Lambda에 사용하는 언어는 무엇입니까? (2개 선택)

A. JavaScript

B. Node.js

C. Scala

D. C++

145. EC2 대신 Lambda를 사용할 수 있는 경우는 다음 중 무엇입니까? (2개 선택)

A. Oracle을 설치했으며 컴퓨팅 비용이 들지 않기를 원한다.

B. 코드는 주로 다른 AWS 서비스의 이벤트에 응답해서 실행된다.

C. 주요 관심사는 확장성이다.

D. 자체 도커 컨테이너를 배포하고자 한다.

146. 다음 중 다른 크기의 장치에 적합한 형식으로 미디어 파일을 변환하는 AWS 서비스는 무엇입니까?

A. Elastic Transcoder

B. SWF

C. Lightsail

D. Elastic Beanstalk

147. 다음 중 여러 원본에서 데이터를 수집해서 비즈니스 인텔리전스를 구축하는 데 이상적인 AWS 서비스는 무엇입니까?

    A. Lightsail

    B. QuickSight

    C. CloudTrail

    D. RDS

148. 다음 중 AWS 환경에서 특정 이벤트에 따라 경고 및 경보를 보내기 위한 시스템은 무엇입니까?

    A. SQS

    B. SNS

    C. SWF

    D. CloudTrail

149. 다음 중 AWS 외부에 있는 자격 증명을 사용하는 사용자 기반을 위해 Single Sign-On 시스템을 만들 수 있는 서비스는 무엇입니까?

    A. Cognito

    B. Kinesis

    C. SWF

    D. IAM

150. AWS 리전은 어떻게 구성돼 있습니까?

    A. 특정 대륙에 분산된 가상 데이터센터의 집합

    B. 특정 지역에 분산된 가상 데이터센터의 집합

    C. 특정 대륙에 분산된 가상 서버의 집합

    D. 특정 지역에 분산된 가상 데이터베이스의 집합

151. AWS VPC는 어떤 서비스의 유형에 속합니까?

    A. 스토리지 서비스

    B. 데이터베이스 서비스

    C. 컴퓨팅 서비스

    D. 네트워킹 서비스

152. ECS는 어떤 서비스의 유형에 속합니까?

  A. 스토리지 서비스

  B. 데이터베이스 서비스

  C. 컴퓨팅 서비스

  D. 네트워킹 서비스

153. RDS는 어떤 서비스의 유형에 속합니까?

  A. 스토리지 서비스

  B. 데이터베이스 서비스

  C. 컴퓨팅 서비스

  D. 네트워킹 서비스

154. Route 53은 어떤 서비스의 유형에 속합니까?

  A. 스토리지 서비스

  B. 데이터베이스 서비스

  C. 컴퓨팅 서비스

  D. 네트워킹 서비스

155. 고객 게이트웨이는 어떤 서비스의 유형에 속합니까?

  A. 스토리지 서비스

  B. 데이터베이스 서비스

  C. 컴퓨팅 서비스

  D. 네트워킹 서비스

156. S3 수명주기 관리는 어떤 서비스의 유형에 속합니까?

  A. 스토리지 서비스

  B. 데이터베이스 서비스

  C. 컴퓨팅 서비스

  D. 네트워킹 서비스

157. Amazon Lightsail은 어떤 서비스의 유형에 속합니까?

  A. 스토리지 서비스

B. 네트워킹 서비스

C. 컴퓨팅 서비스

D. 모두 해당

158. Elastic Beanstalk은 어떤 서비스의 유형에 속합니까?

A. 스토리지 서비스

B. 네트워킹 서비스

C. 컴퓨팅 서비스

D. 모두 해당

159. EFS는 어떤 서비스의 유형에 속합니까?

A. 스토리지 서비스

B. 네트워킹 서비스

C. 컴퓨팅 서비스

D. 모두 해당

160. Redshift는 어떤 서비스의 유형에 속합니까?

A. 스토리지 서비스

B. 네트워킹 서비스

C. 데이터베이스 서비스

D. 모두 해당

161. CloudFront는 어떤 서비스의 유형에 속합니까?

A. 스토리지 서비스

B. 네트워킹 서비스

C. 컴퓨팅 서비스

D. B와 C 모두

162. Amazon Athena는 어떤 서비스의 유형에 속합니까?

A. 스토리지 서비스

B. 네트워킹 서비스

C. 컴퓨팅 서비스

D. 분석 서비스

163. EMR은 어떤 서비스의 유형에 속합니까?

    A. 스토리지 서비스

    B. 분석 서비스

    C. 컴퓨팅 서비스

    D. 네트워킹 서비스

164. Cloud9은 어떤 서비스의 유형에 속합니까?

    A. 스토리지 서비스

    B. 분석 서비스

    C. 개발 서비스

    D. 네트워킹 서비스

165. Direct Connect는 어떤 서비스의 유형에 속합니까?

    A. 스토리지 서비스

    B. 분석 서비스

    C. 개발 서비스

    D. 네트워킹 서비스

166. Workspaces는 어떤 서비스의 유형에 속합니까?

    A. 모바일 서비스

    B. 분석 서비스

    C. 개발 서비스

    D. 데스크톱 서비스

167. Kinesis는 어떤 서비스의 유형에 속합니까?

    A. 모바일 서비스

    B. 분석 서비스

    C. 개발 서비스

    D. 데스크톱 서비스

168. Elastic Transcoder는 어떤 서비스의 유형에 속합니까?

    A. 모바일 서비스

B. 분석 서비스

C. 미디어 서비스

D. 데스크톱 서비스

169. OpsWorks는 어떤 서비스의 유형에 속합니까?

A. 모바일 서비스

B. 분석 서비스

C. 미디어 서비스

D. 관리 서비스

170. Lex는 어떤 서비스의 유형에 속합니까?

A. 머신러닝 서비스

B. 분석 서비스

C. 미디어 서비스

D. 관리 서비스

171. 다음 중 컴퓨팅 인스턴스의 성능을 모니터링하기에 가장 적합한 서비스는 무엇입니까?

A. CloudWatch

B. CloudTrail

C. OpsWorks

D. Config

172. 가용 영역이란 무엇입니까?

A. 가상 데이터센터

B. 컴퓨팅, 네트워킹, 스토리지 서비스를 위해 해당 지역 내에서 중복돼 있는 지리적 영역

C. 장애로부터 격리될 수 있게 설계된 AWS 내에서 떨어져 있는 위치

D. A와 C 모두

173. 리전이란 무엇입니까?

A. 가상 데이터센터

B. 컴퓨팅, 네트워킹, 스토리지 서비스를 위해 해당 지역 내에서 중복돼 있는 지리적 영역

C. 장애로부터 격리될 수 있게 설계된 AWS 내의 떨어져 있는 위치

D. A와 C 모두

174. 리전에 대한 다음 설명 중 옳지 않은 것은 무엇입니까? (2개 선택)

A. 리전은 특정 AWS 관리형 서비스(컴퓨팅, 네트워킹, 스토리지 등)가 있는 영역이다.

B. 리전은 자체 중복성을 갖는 가상 데이터센터다.

C. 리전은 중복성을 위한 가용 영역의 집합이다.

D. 리전은 최소 2개의 가상 데이터센터가 있는 지리적 영역이다.

175. 가용 영역에 대한 다음 설명 중 옳지 않은 것은 무엇입니까? (2개 선택)

A. 가용 영역은 컴퓨팅 인스턴스를 호스팅한다.

B. 가용 영역은 애플리케이션 중복성을 제공한다.

C. 가용 영역은 네트워크를 제외하고는 다른 가용 영역과 격리된다.

D. 가용 영역은 가상 데이터센터를 포함한다.

176. 가용 영역에 대한 다음 설명 중 옳은 것은 무엇입니까? (2개 선택)

A. 일래스틱 IP는 항상 특정 가용 영역에 연결된다.

B. 리전은 항상 2개의 가용 영역을 포함한다.

C. AWS 계정에서 가용 영역의 이름(예: us-east-1a)은 모두 다르다.

D. 인스턴스를 만들 때 인스턴스를 시작할 가용 영역을 지정할 수 있다.

177. 다음 중 AWS에서 실제 사용하는 리전 표기는 무엇입니까? (2개 선택)

A. us-east-2

B. jp-south-2

C. ap-south-1

D. uk-west-1

178. 다음 중 AWS에서 실제 사용하는 리전 표기는 무엇입니까? (2개 선택)

A. US East 2

B. eu-west-1

C. ap-south-1a

D. us-east-1

179. 다음 중 AWS에서 실제 사용하는 가용 영역 표기는 무엇입니까?

A. us-east-2b

B. eu-west-1

C. us-west-az-1

D. az-sa-east-1a

180. 다음 중 어떤 AWS 서비스가 클라우드에서 NAS와 같은 기능을 합니까?

A. EBS

B. 테이프 게이트웨이

C. EFS

D. DynamoDB

181. 다음 중 캐싱 엔진은 무엇입니까?

A. ElastiCache

B. DynamoDB

C. memcached

D. IAM

182. 다음 중 ElastiCache에서 사용되는 캐싱 엔진은 무엇입니까? (2개 선택)

A. Redis

B. DynamoDB

C. memcached

D. CloudFront

183. 다음 중 예약 인스턴스를 사용할 수 있는 서비스는 무엇입니까?

A. RDS

B. EC2

C. A와 B 모두

D. 해당 사항 없음

184. 다음 중 예약 인스턴스를 사용할 수 있는 것은 무엇입니까?

    A. RDS 다중 AZ 배포

    B. RDS 표준 배포

    C. ElastiCache 노드

    D. 모두 해당

185. 다음 중 RDS 인스턴스에 다중 AZ 장애 조치를 구성해야 하는 상황은 무엇입니까? (2개 선택)

    A. 수동으로 장애 조치할 때

    B. 기본 영역에 연결할 수 없을 때

    C. 보조 영역에 연결할 수 없을 때

    D. 두 번 연속 데이터베이스 읽기에 실패할 때

186. 다음 중 RDS 인스턴스를 만들 때 선택할 수 있는 것은 무엇입니까? (2개 선택)

    A. 사용할 데이터베이스의 유형

    B. 장애 조치 전 허용할 네트워크 연결의 수

    C. 허용할 데이터베이스 프로세스의 수

    D. 인스턴스를 배포할 가용 영역

187. 다음 중 단일 AZ RDS 데이터베이스에서 백업이 시작되면 발생할 수 있는 현상은 무엇입니까? (2개 선택)

    A. 지연 시간이 증가한다.

    B. 데이터베이스 응답이 일시적으로 느려질 수 있다.

    C. 데이터베이스가 일시적으로 오프라인 상태가 된다.

    D. 네트워크에 1분 정도까지 장애가 있다.

188. 다음 중 RDS에 사용할 수 있는 데이터베이스 엔진은 무엇입니까? (2개 선택)

    A. Hyperion

    B. Cassandra

    C. Oracle

    D. SQL Server

189. 다음 중 RDS에 대한 설명으로 옳은 것은 무엇입니까? (2개 선택)

    A. 예약 인스턴스는 다중 AZ 배포에 사용할 수 있다.

    B. 자동 백업은 기본적으로 비활성화돼 있다.

    C. RDS가 지원하는 모든 데이터베이스를 EC2 인스턴스에 직접 설치할 수 있다.

    D. 모든 RDS 데이터베이스는 SQL 인터페이스를 지원한다.

190. MySQL RDS의 기본 포트는 무엇입니까?

    A. 80

    B. 443

    C. 22

    D. 3306

191. AWS에서 사용하는 OLAP라는 용어는 무엇을 줄인 말입니까?

    A. online analytics processing

    B. offline analytic processing

    C. online aggregation processing

    D. offline activity and payment

192. AWS에서 사용하는 OLTP라는 용어는 무엇을 줄인 말입니까?

    A. offline training and practice

    B. offline transaction processing

    C. online traffic provisioning

    D. online transaction processing

193. 다음 중 OLAP에 가장 적합한 것은 무엇입니까?

    A. Redshift

    B. ElastiCache

    C. DynamoDB

    D. Aurora

194. 다음 중 OLTP에 가장 적합한 것은 무엇입니까?

A. Redshift

B. ElastiCache

C. DynamoDB

D. Aurora

195. 다음 중 OLTP에 가장 적합한 것은 무엇입니까? (2개 선택)

A. memcached

B. Oracle

C. DynamoDB

D. SQL Server

196. 다음 중 데이터 웨어하우스에 가장 적합한 것은 무엇입니까?

A. redis

B. Oracle

C. DynamoDB

D. Redshift

197. 다음 중 빅데이터 처리에 가장 적합한 것은 무엇입니까?

A. EMR

B. QuickSight

C. ElastiCache

D. Athena

198. 다음 중 실시간 분석에 가장 적합한 것은 무엇입니까?

A. EMR

B. QuickSight

C. Kinesis

D. Athena

199. 다음 중 대시보드와 시각화에 가장 적합한 것은 무엇입니까?

A. EMR

B. QuickSight

C. Kinesis

D. Athena

200. 다음 중 인터랙티브 분석에 가장 적합한 것은 무엇입니까?

A. EMR

B. QuickSight

C. Kinesis

D. Athena

201. Amazon EMR과 함께 사용되는 가장 일반적인 프레임워크는 무엇입니까? (2개 선택)

A. Scala

B. Hadoop

C. Java

D. Spark

202. Aurora에서는 기본적으로 몇 개의 사본을 저장하고 있습니까?

A. 1

B. 3

C. 4

D. 6

203. Aurora에서는 기본적으로 몇 개의 가용 영역에 데이터를 저장합니까?

A. 1

B. 3

C. 4

D. 2

204. RDS의 관리형 서비스 기능에서 다음 중 가장 빠른 데이터베이스는 무엇입니까?

A. PostgreSQL

B. MySQL

C. Aurora

D. 모두 같다.

205. RDS의 관리형 서비스 중에서 기본 설정으로 재해 대응에 가장 적합한 데이터베이스는 무엇입니까?

A. Aurora

B. Oracle

C. MySQL

D. 모두 같다.

206. 다음 중 Aurora와 호환되는 데이터베이스는 무엇입니까? (2개 선택)

A. DynamoDB

B. PostgreSQL

C. MySQL

D. HyperionDB

207. 다음 중 RDS 인스턴스에서 할 수 있는 것은 무엇입니까? (2개 선택)

A. SSH

B. SQL 쿼리

C. RDP

D. HTTP로 액세스할 수 있는 API

208. RDS에서 허용하는 최대 백업 보존 기간은 며칠입니까?

A. 15일

B. 30일

C. 35일

D. 45일

209. EC2 인스턴스에 Oracle을 설치하는 경우 데이터베이스 저장소로 사용하는 것은 무엇입니까?

A. EBS

B. S3

    C. EFS

    D. RDS

210. 다음 중 OLTP에 적합한 것은 무엇입니까? (2개 선택)

    A. EBS

    B. Aurora

    C. DynamoDB

    D. MariaDB

211. 다음 중 OLTP에 적합하지 않은 것은 무엇입니까? (2개 선택)

    A. Kinesis

    B. PostgreSQL

    C. Redshift

    D. SQL Server

212. 다음 중 다중 AZ RDS 설정으로 얻을 수 있는 것은 무엇입니까? (2개 선택)

    A. 재해 복구

    B. 읽기 성능

    C. 데이터 중복성

    D. 네트워크 지연 시간

213. 다음 중 RDS 읽기 전용 복제본 설정으로 얻을 수 있는 것은 무엇입니까? (2개 선택)

    A. 재해 복구

    B. 읽기 성능

    C. 오프라인 백업

    D. 네트워크 지연 시간

214. 다음 중 읽기 전용 복제본을 지원하는 것은 무엇입니까? (2개 선택)

    A. 애플리케이션에서 읽기

    B. 애플리케이션에 쓰기

    C. 기본 인스턴스에서 쓰기

    D. RDS API를 사용해 애플리케이션에서 쓰기

215. 다음 중 다중 AZ 설정에서 제공하지 않는 것은 무엇입니까?

    A. 재해 복구

    B. 데이터 중복성

    C. 성능 향상

    D. 모든 종류의 RDS 데이터베이스 지원

216. 다음 중 다중 AZ 설정에서 제공하는 것은 무엇입니까?

    A. 줄어든 네트워크 지연 시간

    B. 동기식 복제

    C. 비동기식 복제

    D. 애플리케이션에 대한 여러 읽기 원본

217. 다음 중 읽기 전용 복제본에서 제공하는 것은 무엇입니까?

    A. 늘어난 네트워크 지연 시간

    B. 동기식 복제

    C. 재해 복구

    D. 비동기식 복제

218. 다음 중 읽기 전용 복제본과 연결된 것은 무엇입니까?

    A. 높은 확장성

    B. 기본 및 보조 인스턴스

    C. 높은 내구성

    D. 자동 장애 조치

219. 다음 중 다중 AZ RDS와 관련된 것은 무엇입니까?

    A. 수동 백업 구성

    B. 한쪽 데이터베이스에서만 업그레이드

    C. 높은 내구성

    D. 2개 이상의 데이터베이스 인스턴스

220. 읽기 전용 복제본은 몇 개까지 설정할 수 있습니까?

    A. 3

B. 5

C. 7

D. 무제한(단, 복제본마다 비용이 듦)

221. 다음 데이터베이스 중 읽기 전용 복제본을 설정할 수 없는 것은 무엇입니까?

(2개 선택)

A. DynamoDB

B. Redshift

C. MySQL

D. MariaDB

222. 다음 중 DynamoDB에 대한 설명으로 옳은 것은 무엇입니까? (2개 선택)

A. DynamoDB는 즉각적인 규모 조정을 지원한다.

B. DynamoDB의 읽기 전용 복제본을 지원한다.

C. DynamoDB의 데이터베이스는 더 큰 인스턴스로 변경할 필요 없이 확장할 수 있다.

D. DynamoDB의 인스턴스는 런타임에 크기를 선택할 수 있다.

223. 다음 중 DynamoDB에 대한 설명으로 옳은 것은 무엇입니까? (2개 선택)

A. DynamoDB는 RDS보다 확장하기 어렵다.

B. DynamoDB는 SSD 스토리지를 사용한다.

C. DynamoDB는 최소 세 리전에 분산돼 있다.

D. DynamoDB는 마그네틱 스토리지 장치를 사용한다.

224. DynamoDB의 기본 일관성 모델은 무엇입니까?

A. 최종적 일관된 읽기

B. 즉시 일관된 읽기

C. 읽기 최종 내재성

D. 최종적 일관된 쓰기

225. 다음 중 DynamoDB에서 지원하는 일관성 모델은 무엇입니까? (2개 선택)

A. 최종적 일관된 읽기

B. 강력한 일관된 쓰기

C. 즉시 일관된 읽기

D. 강력한 일관된 읽기

226. DynamoDB를 사용하는 데이터 기반 기업의 솔루션스 아키텍트로서 정확한 응답이 항상 이뤄지도록 강력한 일관된 읽기를 활성화하고자 합니다. 그러나 API 요청을 하면 때때로 데이터가 즉시 반환되지 않거나 실패합니다. 다음 중 원인이 될 수 있는 것은 무엇입니까? (2개 선택)

A. 마지막 쓰기가 아직 완료되지 않았다. 읽기 작업은 쓰기가 완료될 때까지 지연되고 있다.

B. 마지막 쓰기가 보조 인스턴스에 복제 중이다. 읽기 작업은 복제가 완료될 때까지 지연되고 있다.

C. 마지막 읽기가 네트워크 장애로 이뤄지지 않고 그 결과 데이터 읽기는 지연되고 있다.

D. 마지막 쓰기가 네트워크 장애로 이뤄지지 않고 그 결과 데이터 읽기는 지연되고 있다.

227. 다음 중 옳은 VPC 구성은 무엇입니까?

A. 프라이빗 서브넷이 없는 단일 퍼블릭 서브넷

B. 퍼블릭 서브넷이 없는 단일 프라이빗 서브넷

C. 2개의 프라이빗 서브넷과 하나의 퍼블릭 서브넷

D. 모두 해당

228. 다음 중 기본 VPC에서 EC2 인스턴스에 할당하는 것은 무엇입니까? (2개 선택)

A. 프라이빗 IP 주소

B. 일래스틱 IP 주소

C. 내부 AWS 전용 IP 주소

D. 퍼블릭 IP 주소

229. 다음 중 퍼블릭 VPC에서 EC2 인스턴스에 할당하는 것은 무엇입니까? (2개 선택)

A. 프라이빗 IP 주소

B. 일래스틱 IP 주소

C. IPv6 주소

D. A와 B 모두

230. 다음 중 AWS 계정에서 VPC와 피어링할 수 있는 것은 무엇입니까? (2개 선택)

A. VPC 자체

B. 같은 계정의 다른 VPC

C. 다른 AWS 계정에 있는 VPC

D. 다른 AWS 계정에 있는 퍼블릭 서브넷

231. 다음 중 가장 큰 IP 주소 범위는 무엇입니까?

A. /16

B. /20

C. /24

D. /28

232. Amazon SWF에서 SWF는 무엇을 의미합니까?

A. Simple Workflow

B. Simple Workflow Formation

C. Simple Web Forms

D. Simple Working Automation

233. SWF에서 사용할 수 있는 언어는 무엇입니까?

A. Java, Node.js, JavaScript, Ruby

B. Java, Node.js, JavaScript

C. Perl, PHP, Node.js, JavaScript

D. 모두 해당

234. 다음 중 SWF가 요청과 응답을 송수신하는 방법은 무엇입니까?

A. 애플리케이션 키를 사용한 AWS 전용 API

B. HTTP 요청 및 응답 코드

C. 웹에 액세스할 수 있는 특정 언어의 엔드포인트

D. 모두 해당

235. 다음 중 SWF의 사용 사례로 옳은 것은 무엇입니까?

 A. Single Sign-On 관리

 B. 인증 및 자격 인증 관리

 C. VPC 상호작용의 로깅과 감사 관리

 D. 여러 구성요소에서 작업 관리

236. SWF는 어떻게 통신합니까?

 A. 동기식

 B. 비동기식

 C. A와 B 모두

 D. A나 B 모두 아님

237. Amazon SES에서 SES는 무엇을 의미합니까?

 A. Simple Electronic Service

 B. Simple Email Service

 C. Scalable Elastic Service

 D. Sample Engagement Service

238. 다음 중 애플리케이션에서 대기열과 메시지에 초점을 맞춘 서비스는 무엇입니까?

 A. SWF

 B. SNS

 C. SES

 D. SQS

239. 다음 중 옳은 것은 무엇입니까? (2개 선택)

 A. SNS와 SQS는 API 레벨에서 바꿔서 사용할 수 있다.

 B. SQS는 푸시^{push} 기반 시스템이지만 SNS는 풀^{pull} 기반 시스템이다.

 C. SNS는 알림을 관리하고 SQS는 메시지를 관리한다.

 D. SQS는 풀 기반 시스템이지만 SNS는 푸시 기반 시스템이다.

240. 다음 중 SQS와 관련된 용어는 무엇입니까? (2개 선택)

   A. 작업

   B. 메시지

   C. 알림

   D. 작업자 노드

241. 다음 중 SNS와 관련된 용어는 무엇입니까? (2개 선택)

   A. 작업

   B. 알림

   C. 푸시

   D. 풀

242. 다음 중 SWF와 관련된 용어는 무엇입니까? (2개 선택)

   A. 단일 전송

   B. 작업

   C. 다중 전송

   D. 메시지

243. 다음 중 SNS와 관련된 용어는 무엇입니까? (2개 선택)

   A. 구독

   B. 주제

   C. 메시지

   D. 대기열

244. SWF에서 할당할 수 있는 작업 수는 얼마입니까?

   A. 한 번에 하나씩

   B. 보통은 한 번, 그러나 실패할 경우 다시 할당

   C. 설정된 폴링 기간 내에서 최대 세 번

   D. 워크플로우 구성에 따라 A와 C에 해당한다.

245. SNS에서 주제는 어떻게 표시됩니까?

   A. 연결된 목록

B. Amazon Resource Name

C. IAM 역할

D. 명명된 메시지

246. SQS에서는 얼마나 자주 메시지가 전송됩니까?

A. 한 번에 하나씩

B. 한 번만

C. 설정된 폴링 기간 내에서 최대 세 번

D. 최소 한 번

247. SWF 워크플로우의 집합을 무엇이라고 합니까?

A. 그룹

B. 정책

C. 도메인

D. 클러스터

248. 기본적으로 SQS 대기열의 메시지는 어떤 순서로 전달됩니까?

A. FIFO

B. LIFO

C. 가능한 한 마지막 메시지가 처음에 전달될 수 있게 하는 역순

D. 가능한 한 수신 순서대로

249. 솔루션스 아키텍트로서 일하고 있는 회사에서 Amazon SQS를 사용하고 있습니다. 이 회사의 애플리케이션은 주문을 접수하는 대로 대기열을 처리하며, 재고가 한정된 물품은 선착순으로 처리되게 해야 합니다. 그러나 실제로 앞에 있는 일부 주문을 건너뛰고, 뒤의 주문이 처리되는 일이 발생했습니다. 이 문제를 해결할 방법은 무엇입니까?

A. SWF에서 SQS로 옮겨서 메시지의 단일 전송을 보장한다.

B. FIFO로 SQS 대기열을 구성해서 메시지 전달 순서를 보장한다.

C. SQS에서 SNS로 이동하고 애플리케이션 코드에서 대기열을 구현한다.

D. SQS 대기열에서 순서 잠금을 활성화한다.

250. VPC C를 허브로 하는 허브&스포크 네트워크 모델이 있습니다. 6개의 스포크 VPC(VPC A, B, D, E, F, G)가 있습니다. VPC C와 직접 통신할 수 있는 VPC는 무엇입니까? (2개 선택)

   A. VPC A와 B

   B. VPC D와 E

   C. VPC F와 G

   D. 위의 A와 B

251. VPC C를 허브로 하는 허브&스포크 네트워크 모델이 있습니다. 6개의 스포크 VPC(VPC A, B, D, E, F, G)가 있습니다. VPC A와 직접 통신할 수 있는 VPC는 무엇입니까? (2개 선택)

   A. VPC A와 B

   B. VPC C

   C. VPC A

   D. VPC A에 직접 피어링된 모든 추가 VPC

252. VPC G를 허브로 하는 허브&스포크 네트워크 모델이 있습니다. 6개의 스포크 VPC(VPC A, B, C, D, E, F)가 있습니다. 다음 중 옳은 것은 무엇입니까? (2개 선택)

   A. VPC A와 B는 서로 직접 통신할 수 있다.

   B. VPC G와 B는 서로 직접 통신할 수 있다.

   C. VPC A와 C는 서로 직접 통신할 수 없다.

   D. VPC G와 D는 서로 직접 통신할 수 없다.

253. VPC B를 허브로 하는 허브&스포크 네트워크 모델이 있습니다. 3개의 스포크 VPC(VPC A, C, E)가 있습니다. 다음 중 옳지 않은 것은 무엇입니까? (2개 선택)

   A. VPC A와 B는 서로 직접 통신할 수 있다.

   B. VPC C와 B는 서로 직접 통신할 수 있다.

   C. VPC A와 C는 서로 직접 통신할 수 있다.

   D. VPC C와 E는 서로 직접 통신할 수 있다.

254. 다음 중 옳은 것은 무엇입니까?

    A. 보안 그룹은 상태 비저장이며, NACL은 상태 저장이다.

    B. 보안 그룹은 상태 저장이며, NACL은 상태 비저장이다.

    C. 보안 그룹과 NACL은 둘 다 상태 비저장이다.

    D. 보안 그룹과 NACL은 둘 다 상태 저장이다.

255. 다음 중 옳은 것은 무엇입니까?

    A. NACL에서는 하나의 요청을 수신하고 다시 회신하는데, 인바운드와 아웃바운드 트래픽에 대한 명시적인 규칙이 있어야 한다.

    B. 보안 그룹에서는 하나의 요청을 수신하고 다시 회신하는데, 인바운드와 아웃바운드 트래픽에 대한 명시적인 규칙이 있어야 한다.

    C. NACL과 보안 그룹에서는 하나의 요청을 수신하고 다시 회신하는데, 인바운드와 아웃바운드 트래픽에 대한 명시적인 규칙이 있어야 한다.

    D. NACL이나 보안 그룹은 트래픽 처리를 위한 인바운드와 아웃바운드의 명시적인 규칙이 필요하다.

256. 다음 중 옳은 것은 무엇입니까?

    A. NACL에서는 수신이 허용된 트래픽은 자동으로 송신이 허용된다.

    B. 보안 그룹에서는 수신이 허용된 트래픽은 자동으로 송신이 허용된다.

    C. NACL과 보안 그룹에서는 하나의 요청이 수신되고 송신되기 위해서는 인바운드와 아웃바운드 트래픽에 대한 명시적인 규칙이 있어야 한다.

    D. NACL이나 보안 그룹은 트래픽을 위한 인바운드와 아웃바운드의 명시적인 규칙이 필요하다.

257. ALB를 배포하려면 최소 몇 개의 서브넷이 있어야 합니까?

    A. 1개

    B. 2개

    C. 3개

    D. 5개

258. 다음 중 사용자 정의 VPC를 새로 만들 때 자동으로 생성되는 것은 무엇입니까?

(2개 선택)

A. 보안 그룹

B. NAT 게이트웨이

C. 서브넷

D. 라우팅 테이블

259. 다음 중 기본 VPC에서 자동으로 생성되는 것은 무엇입니까? (2개 선택)

A. NAT 인스턴스

B. NAT 게이트웨이

C. 서브넷

D. 라우팅 테이블

260. 다음 중 기본 VPC에서 자동으로 생성되는 것은 무엇입니까? (2개 선택)

A. 인터넷 게이트웨이

B. NAT 게이트웨이

C. NACL

D. IAM 역할

261. 기본 VPC 내의 각 가용 영역에 있는 기본 서브넷의 크기는 얼마입니까?

A. /20

B. /16

C. /28

D. /24

262. 다음 중 기본 VPC의 CIDR 블록 크기는 무엇입니까?

A. /20

B. /16

C. /28

D. /24

263. 다음 중 사용자 지정 VPC의 CIDR 블록 크기는 무엇입니까?

    A. /20

    B. /16

    C. /28

    D. VPC를 만들 때 크기를 선택해야 한다.

264. 다음 중 IP 주소를 가장 많이 제공하는 것은 무엇입니까?

    A. /20

    B. /16

    C. /28

    D. /18

265. 다음 중 기본 VPC에서 만들어지지 않는 것은 무엇입니까? (2개 선택)

    A. 인터넷 게이트웨이

    B. 보안 그룹

    C. NAT 게이트웨이

    D. 배스천 호스트

266. AWS에서 기본 VPC에 퍼블릭 액세스할 수 있습니까?

    A. 생성할 때 퍼블릭으로 설정할 때만

    B. 그렇다.

    C. 포트 80 트래픽에 대해서만

    D. 아니다.

267. 다음 중 옳은 것은 무엇입니까? (2개 선택)

    A. 기본 VPC에는 기본적으로 연결된 인터넷 게이트웨이가 있다.

    B. 사용자 정의 VPC는 기본 연결된 인터넷 게이트웨이가 없다.

    C. 기본 VPC에는 기본적으로 연결된 인터넷 게이트웨이가 없다.

    D. 사용자 정의 VPC는 기본 연결된 인터넷 게이트웨이가 있다.

268. 다음 중 옳은 것은 무엇입니까? (2개 선택)

    A. 기본 VPC에는 기본 NACL이 있다.

B. 모든 인바운드 트래픽은 VPC의 기본 보안 그룹에서 허용된다.

C. 모든 아웃바운드 트래픽은 VPC의 기본 보안 그룹에서 허용된다.

D. 기본 VPC의 기본 보안 그룹은 인바운드 HTTP 트래픽을 허용한다.

269. 다음 중 기본 VPC와 사용자 정의 VPC 모두에 관해 옳은 것은 무엇입니까? (2개 선택)

A. 둘 다 자동으로 NACL을 만든다.

B. 둘 다 자동으로 인터넷 게이트웨이를 만든다.

C. 둘 다 자동으로 서브넷을 만든다.

D. 둘 다 자동으로 보안 그룹을 만든다.

270. 다음 중 사용자 정의 VPC가 아닌 기본 VPC에서 자동으로 생성되는 것은 무엇입니까? (2개 선택)

A. 라우팅 테이블

B. 서브넷

C. 아웃바운드 트래픽을 허용하는 보안 그룹

D. 인터넷 게이트웨이

271. 다음 중 기본 VPC에 있는 모든 EC2 인스턴스가 기본적으로 갖고 있는 것은 무엇입니까? (2개 선택)

A. 일래스틱 IP 주소

B. 퍼블릭 IP 주소

C. 프라이빗 IP 주소

D. 수신 요청을 위한 HTTP 액세스

272. 기본 VPC에서 새로운 인스턴스를 생성합니다. 이 인스턴스는 퍼블릭에 공개 웹 콘텐츠를 제공하게 합니다. 어떠한 절차를 거쳐야 합니까? (2개 선택)

A. 인스턴스에 프라이빗 IP를 만든다.

B. 인스턴스에 퍼블릭 IP를 만든다.

C. A, B 둘 다 아니다. 자동으로 이뤄진다.

D. 인스턴스에 HTTP와 HTTPS를 통해 트래픽을 허용하도록 보안 그룹을 업데이트한다.

273. 사용자 지정 VPC에서 새로운 인스턴스를 생성합니다. 이 인스턴스가 퍼블릭으로 공개돼서 웹 콘텐츠를 제공하길 원합니다. 어떠한 절차를 거쳐야 합니까? (2개 선택)

A. 인스턴스에 일래스틱 IP를 만든다.

B. VPC에 인터넷 게이트웨이를 만든다.

C. 인스턴스에 HTTP와 HTTPS를 통해 트래픽을 허용하도록 보안 그룹을 업데이트한다.

D. A와 B 모두

274. VPC에서 S3 스토리지에 연결할 때 VPC 엔드포인트를 사용하는 이유는 무엇입니까? (2개 선택)

A. VPC에 필요한 퍼블릭 IP 주소의 수를 줄일 수 있다.

B. VPC와 S3 사이에 트래픽이 오갈 때 AWS 네트워크를 벗어나는 것을 막을 수 있다.

C. VPC와 S3 사이의 트래픽 보안을 강화할 수 있다.

D. NAT 인스턴스를 사용하는 것보다 속도를 높일 수 있다.

275. 다음 중 VPC 엔드포인트에 필요한 것은 무엇입니까?

A. 인터넷 게이트웨이

B. NAT 인스턴스

C. VPN 연결

D. 해당 사항 없음

276. VPC 엔드포인트에 대한 다음 설명 중 옳은 것은 무엇입니까? (2개 선택)

A. 하드웨어 장치다.

B. 가상 장치다.

C. 자동으로 중복성을 갖는다.

D. 수직 확장할 수 있다.

277. VPC 엔드포인트에 대한 다음 설명 중 옳은 것은 무엇입니까? (2개 선택)

A. VPN 연결이 필요하다.

B. DynamoDB에 연결할 수 있다.

C. VPC에 인터넷 게이트웨이를 연결해야 한다.

D. 퍼블릭 인터넷으로 트래픽이 라우팅되지 않는다.

278. 다음 중 VPC 엔드포인트의 유형으로 옳은 것은 무엇입니까? (2개 선택)

A. 인터페이스 엔드포인트

B. 피어링 엔드포인트

C. 게이트웨이 엔드포인트

D. 서비스 엔드포인트

279. 다음 중 VPC 게이트웨이 엔드포인트에 연결할 수 있는 것은 무엇입니까? (2개 선택)

A. S3

B. Route 53

C. Kinesis 데이터 스트림

D. DynamoDB

280. 다음 중 VPC 인터페이스 엔드포인트에 연결되는 것은 무엇입니까? (2개 선택)

A. API 게이트웨이

B. VPN

C. Kinesis 데이터 스트림

D. DynamoDB

281. 다음 중 VPC 내의 인스턴스가 VPC 엔드포인트를 통해 S3 스토리지에 연결할 때 옳은 것은 무엇입니까? (2개 선택)

A. 퍼블릭 IP가 있어야 한다.

B. NAT 인스턴스를 통해 엔드포인트로 향하게 트래픽을 라우팅해야 한다.

C. 퍼블릭 인터넷을 거쳐서 VPC 엔드포인트로 트래픽을 보내지 않는다.

D. VPC 라우팅 테이블에 VPC 엔드포인트에 대한 경로가 있어야 한다.

282. 보안 그룹은 어떤 수준에서 작동합니까?

A. 서브넷 수준

B. VPC 수준

C. 인스턴스 수준

D. 모두 해당

283. 보안 그룹에서 사용하는 규칙은 무엇입니까?

A. 허용 규칙만

B. 허용과 거부 규칙

C. 거부 규칙만

D. 허용, 거부, 승인 규칙

284. 보안 그룹에서 트래픽을 허용하는 규칙은 무엇입니까? (2개 선택)

A. 트래픽은 기본적으로 거부된다.

B. 트래픽은 기본적으로 허용된다.

C. 트래픽은 특정한 허용 규칙이 있을 때 허용된다.

D. 트래픽은 특정한 거부 규칙이 있을 때 거부된다.

285. 다음 중 보안 그룹에 대한 설명으로 옳은 것은 무엇입니까?

A. 트래픽 허용 여부를 결정하기 전에 모든 규칙을 평가한다.

B. 트래픽 허용 여부를 결정하기 전에 상위부터 하위까지 규칙을 평가한다.

C. 트래픽 허용 여부를 결정하기 전에 숫자 순서대로 규칙을 평가한다.

D. 트래픽 허용 여부를 결정하기 전에 높은 순서부터 낮은 순서로 평가한다.

286. 보안 그룹은 어떤 순서로 규칙을 평가해서 트래픽을 허용합니까?

A. 위에서 아래

B. 높은 숫자에서 낮은 숫자 순서

C. 낮은 숫자에서 높은 숫자 순서

D. 결정하기 전 모든 규칙을 평가한다.

287. 하나의 AWS 리전에서 만들 수 있는 VPC 수는 기본적으로 몇 개입니까?

A. 3

B. 5

C. 10

D. 20

288. 사용자 정의 VPC를 생성하고 서브넷을 만들었을 때, 다음 중 옳은 것은 무엇입니까?

    A. 사용자 지정 라우팅 테이블을 생성해야 한다.

    B. 다른 가용 영역의 서브넷 간에 통신할 수 있다.

    C. NACL이 없다.

    D. 인터넷 게이트웨이가 연결돼 있다.

289. 다음 중 프라이빗 서브넷에 있는 EC2 인스턴스에 SSH로 연결할 수 있게 하는 것은 무엇입니까?

    A. NAT 게이트웨이

    B. 인터넷 게이트웨이

    C. NAT 인스턴스

    D. 배스천 호스트

290. 다음 중 프라이빗 인스턴스에서 인터넷과 통신하기 위해 필요한 것은 무엇입니까? (2개 선택)

    A. NAT 게이트웨이

    B. 인터넷 게이트웨이

    C. NAT 인스턴스

    D. 배스천 호스트

291. VPC에 인터넷 게이트웨이를 몇 개 연결할 수 있습니까?

    A. 1

    B. 2

    C. 3

    D. VPC의 가용 영역당 하나

292. AWS 계정에서 VPC를 만들려고 했지만 실패했습니다. AWS Management Console에서 확인하면 이미 5개의 VPC가 지정한 리전에 있습니다. 필요한 VPC를 만들 방법은 무엇입니까?

    A. 만들 수 없다. 각 리전에 만들 수 있는 VPC는 최대 5개다.

B. 기존 VPC와 피어링되도록 VPC를 구성해 리전당 5개의 VPC 할당량 문제를 해결한다.

C. AWS에 연락해 더 많은 수의 VPC를 요청한다.

D. 다른 리전에서 VPC를 만든다.

293. VPC에 두 번째 인터넷 게이트웨이를 추가하면 어떤 이점이 있습니까?

A. 2개의 채널을 통한 VPC 네트워크 처리량 증가

B. VPC에서 두 번째 인터넷 게이트웨이를 S3와 DynamoDB에 엔드포인트로 사용할 수 있다.

C. 하나의 VPC에 두 번째 인터넷 게이트웨이를 추가할 수 없다.

D. 한 리전에 2개의 인터넷 게이트웨이를 둘 수 없다.

294. 사용자 지정 VPC를 만들었습니다. VPC 내에 인스턴스를 생성하고 그 인스턴스에 웹 서버를 구축했습니다. 웹 콘텐츠를 퍼블릭 인터넷으로 제공하기 위해 수행해야 할 가장 간단한 절차는 무엇입니까? (2개 선택)

A. VPC에 인터넷 게이트웨이를 추가한다.

B. 인스턴스용 NAT 게이트웨이를 만든다.

C. ALB를 만들고 인스턴스에 ALB를 지정한다.

D. 인스턴스에 퍼블릭 IP를 설정한다.

295. 사용자 지정 VPC를 만들었습니다. VPC에서 인스턴스를 생성하고, VPC에 인터넷 게이트웨이를 연결하고, 인스턴스에 웹 서버를 설치했습니다. 그러나 사용자가 웹 콘텐츠에 액세스할 수 없습니다. 무엇이 문제입니까? (2개 선택)

A. 보안 그룹에서 아웃바운드 HTTP 트래픽을 허용하지 않는다.

B. 보안 그룹에서 인바운드 HTTP 트래픽을 허용하지 않는다.

C. 인스턴스에 일래스틱 IP 주소가 없다.

D. VPC의 서브넷에 대한 NACL은 모든 인바운드 트래픽을 허용한다.

296. 다음 설명 중 옳지 않은 것은 무엇입니까?

A. 한 VPC에 하나의 인터넷 게이트웨이를 둘 수 있다.

B. 한 VPC에 여러 개의 서브넷을 둘 수 있다.

C. VPC 내의 단일 인스턴스는 중지하고 재시작할 때 퍼블릭 IP 주소를 유지한다.

D. VPC 내의 단일 인스턴스는 중지하고 재시작할 때 퍼블릭 IP 주소를 유지하지 않는다.

297. 다음 설명 중 옳지 않은 것은 무엇입니까?

A. 서브넷은 여러 가용 영역에 확장할 수 없다.

B. VPC는 최대 2개의 다른 VPC와 피어링할 수 있다.

C. VPC는 다른 AWS 계정의 VPC와 피어링할 수 있다.

D. VPC에 인터넷 게이트웨이를 연결하면 서브넷은 퍼블릭 또는 프라이빗이 될 수 있다.

298. NAT 게이트웨이가 아닌 NAT 인스턴스를 선택하는 이유로 옳은 것은 무엇입니까?

A. NAT 인스턴스는 NAT 게이트웨이보다 더 빠르다.

B. NAT 인스턴스는 트래픽 증가에 자동으로 대응하며, NAT 게이트웨이는 그렇지 않다.

C. NAT 인스턴스는 AWS가 패치 업데이트를 진행하며, NAT 게이트웨이는 그렇지 않다.

D. 일반적으로 NAT 게이트웨이가 NAT 인스턴스보다 더 나은 솔루션이므로 문제는 타당하지 않다.

299. 전용 호스팅 테넌시를 기본 테넌시로 변경하도록 VPC를 설정하려면 어떻게 해야 합니까?

A. 실행 중인 인스턴스에 영향을 주지 않고 VPC 호스팅 테넌시를 변경할 수 있다.

B. VPC의 모든 인스턴스를 중지한 다음 VPC의 호스팅 테넌시를 변경할 수 있다.

C. VPC의 모든 인스턴스를 제거한 다음 VPC의 호스팅 테넌시를 변경할 수 있다.

D. 변경할 수 없다. VPC를 다시 생성해야 한다.

300. 사용자 정의 VPC에서 보안 그룹에 대한 변경사항이 얼마나 빨리 적용됩니까?

    A. 즉시

    B. 60초에서 90초 이내

    C. 각 인스턴스가 다시 시작하거나, 인스턴스가 재시작되지 않으면 24시간 이내

    D. 보안 그룹은 VPC와 관련 없다.

301. 사용자 정의 VPC에 퍼블릭 서브넷이 있습니다. VPC에 인터넷 게이트웨이가 연결돼 있습니다. 서브넷 내의 인스턴스가 인터넷에 연결하기 위해 해야 할 일은 무엇입니까?

    A. 인터넷 게이트웨이를 통해 트래픽이 퍼블릭 인터넷으로 향하게 하는 경로를 라우팅 테이블에 추가한다.

    B. HTTP를 통해 아웃바운드 트래픽을 허용하는 보안 그룹에 규칙을 추가한다.

    C. 모든 인스턴스에 퍼블릭 IP 주소를 설정한다.

    D. 인스턴스는 이미 퍼블릭에 액세스할 수 있도록 구성돼 있다.

302. CloudFront에서 캐싱할 수 있는 콘텐츠 유형은 무엇입니까?

    A. 정적 콘텐츠와 동적 콘텐츠

    B. 정적 콘텐츠

    C. 동적 콘텐츠

    D. CloudFront는 캐싱 메커니즘이 아니다.

303. 대형 RDS 인스턴스를 통해 콘텐츠를 제공하는 웹 애플리케이션이 있습니다. 데이터베이스 사용률이 높게 나타나서 성능을 개선하고 싶습니다. 개선할 방법은 무엇입니까? (2개 선택)

    A. 데이터베이스 서버 인스턴스의 크기를 늘린다.

    B. 웹 애플리케이션 서버 인스턴스의 크기를 늘린다.

    C. 정적 콘텐츠뿐만 아니라 동적 콘텐츠를 처리하기 위해 CloudFront를 설정한다.

    D. 웹 콘텐츠를 제공하기 위해 EC2 인스턴스 집합을 추가한다.

304. 대기업에서 사용할 VPC를 새로 만들고, 이 VPC에서 인스턴스 집합을 호스팅해야 합니다. 인스턴스는 S3 버킷에 저장할 수 있어야 하며, REST API로 접근할 수 있어야 합니다. 다음 중 제안할 수 있는 솔루션은 무엇입니까? (2개 선택)

    A. 고객 게이트웨이

    B. 인터넷 게이트웨이

    C. VPC 엔드포인트

    D. 새로운 NACL

305. 회사 AWS 계정의 기본 VPC 내에 인스턴스 집합을 호스팅하고 인스턴스는 S3 버킷에 저장할 수 있게 해야 합니다. 또한 REST API로 액세스할 수 있어야 합니다. 다음 중 제안할 수 있는 솔루션은 무엇입니까? (2개 선택)

    A. 고객 게이트웨이

    B. 인터넷 게이트웨이

    C. VPC 엔드포인트

    D. NACL 규칙 집합 업데이트

306. 회사의 온사이트 데이터센터와 퍼블릭 VPC 내 서브넷을 연결하는 Direct Connect의 문제를 해결해야 합니다. 데이터센터에서 VPC의 인스턴스에 통신이 되는 것은 확인했지만, 인스턴스에서 데이터센터로는 통신이 되지 않습니다. 조사해야 할 것은 무엇입니까? (2개 선택)

    A. VPC 서브넷의 라우팅 테이블

    B. 온사이트 Storage Gateway

    C. VPC의 NAT 인스턴스

    D. 가상 프라이빗 게이트웨이 구성

307. 가상 프라이빗 게이트웨이에 대한 라우팅 전파란 무엇입니까?

    A. 온사이트 네트워크에서 AWS VPC의 서브넷 라우팅 테이블로 향하는 모든 경로를 복사한다.

    B. VPC 라우팅 테이블에 수동으로 VPN 경로를 입력하는 것을 방지할 수 있다.

    C. 온프레미스 연결로부터의 인바운드 트래픽을 자동으로 허용한다.

D. 고객의 Storage Gateway로부터의 스토리지 기반 트래픽을 활성화한다.

308. 실행 중인 EC2 인스턴스에서 퍼블릭 및 프라이빗 IP 주소를 확인할 수 있는 URL은 다음 중 무엇입니까?

    A. http://169.254.169.254/meta-data/

    B. http://169.254.169.254/latest/meta-data/

    C. http://169.254.169.254/instance-data/

    D. http://169.254.169.254/latest/instance-data/

309. 다음 중 내구성이 높은 키-값 저장소는 무엇입니까?

    A. S3

    B. EFS

    C. EBS

    D. ElastiCache

310. 다음 중 Glacier의 사용 사례로 옳은 것은 무엇입니까?

    A. 모바일 클라이언트에서 하루에 한두 번 액세스하는 보험 서류 저장

    B. 연간 감사를 위한 의료 기록 저장

    C. 예약 부서의 웹 기반 소프트웨어에서 사용하는 환자 이미지 저장

    D. 지역 대학에서 교육 훈련에 사용되는 X-ray 사진 저장

311. 생명 윤리 관련 회사에서 S3에 저장된 데이터가 손실된 사고의 사후 조치를 요청받았습니다. 조사해보니 개발자가 실수로 데이터를 삭제한 것으로 파악됐습니다. 회사는 향후 이처럼 데이터가 실수로 삭제될 수 없게 하고자 합니다. 제시할 방안은 무엇입니까? (2개 선택)

    A. 모든 S3 버킷에 S3 버전 관리를 활성화한다.

    B. 개발자가 S3에서 데이터를 삭제하지 못하게 하는 IAM 정책을 만든다.

    C. 액세스 방식을 서명된 URL로 변경한다.

    D. 버킷에 MFA Delete를 활성화한다.

312. 한 AWS 리전에서 시작할 수 있는 인스턴스 수는 몇 개입니까?

    A. 20개

B. 40개

C. 20개이지만 이것은 소프트 한도이며 AWS에 증가 요청할 수 있다.

D. 40개이지만 이것은 소프트 한도이며 AWS에 증가 요청할 수 있다.

313. VPC 내 프라이빗 인스턴스가 퍼블릭 인터넷으로 나갈 수 있게 하는 NAT 인스턴스를 VPC 안에서 사용하고 있습니다. 트래픽이 증가함에 따라 아웃바운드 인터넷 트래픽과 관련한 모든 작업의 성능이 허용 수준 이하로 낮아졌습니다. 이 문제를 해결할 수 있는 방법은 무엇입니까?

A. NAT 인스턴스에서 2개의 게이트웨이를 통해 아웃바운드 트래픽을 나누어 보낼 수 있도록 인터넷 게이트웨이를 따로 추가한다.

B. 처리량을 높이기 위해 NAT 인스턴스에 일래스틱 IP를 추가한다.

C. NAT 인스턴스의 인스턴스 크기를 한 단계 이상의 인스턴스 크기로 늘린다.

D. 솔루션 모두가 적합하다.

314. 애플리케이션에서 잦은 확장을 줄이는 가장 간단한 방법은 무엇입니까? 예를 들어, 애플리케이션이 한 시간 동안 몇 번이고 확장과 축소를 반복합니다. 이때 확장/축소의 횟수를 줄이는 방법은 무엇이겠습니까?

A. 사전에 확장할 수 있도록 예약 시간을 설정해서 항상 확장이 일어나지 않게 한다.

B. 축소를 트리거하는 임곗값을 더 높이도록 쿨다운 타이머를 증가시킨다.

C. 축소 시 가장 오래된 인스턴스를 종료할 수 있게 FIFO 종료 정책을 사용하도록 CloudWatch를 업데이트한다.

D. 이 중 어느 것도 문제를 해결하지 못한다.

315. 다음 중 NAT 인스턴스 실행에 필요한 절차는 무엇입니까? *(2개 선택)*

A. EC2 인스턴스가 NAT 인스턴스를 거쳐 퍼블릭 인터넷에 액세스할 수 있도록 라우팅 테이블을 업데이트한다.

B. 서비스 예정인 프라이빗 서브넷 내에 NAT 인스턴스를 배치한다.

C. 인스턴스에서 원본/대상 체크를 비활성화한다.

D. 프라이빗 서브넷으로부터의 포트 포워딩을 허용하도록 NAT 인스턴스를 설정한다.

316. 다음 중 CloudWatch의 기본 모니터링에서 측정하지 않는 지표는 무엇입니까?

    A. 디스크 읽기 작업

    B. 메모리 사용률

    C. CPU 사용량

    D. 인바운드 네트워크 트래픽

317. VPC의 퍼블릭 서브넷에 EC2 인스턴스 집합이 있습니다. 같은 퍼블릭 서브넷에 기존 인스턴스와 같은 AMI로 인스턴스를 추가 시작합니다. 이 인스턴스가 퍼블릭 인터넷으로 나갈 수 있게 하려면 어떤 절차를 수행해야 합니까? (2개 선택)

    A. 인스턴스에 일래스틱 IP 주소를 할당한다.

    B. 기존 인스턴스에 연결된 ELB에 인스턴스를 추가한다.

    C. 프라이빗 서브넷에 인스턴스를 추가한다.

    D. 인스턴스의 아웃바운드가 인터넷으로 향할 수 있도록 라우팅한다.

318. 다음 중 퍼블릭 인터넷의 대상 주소로 옳은 것은 무엇입니까?

    A. 192.168.1.255/0

    B. 0.0.0.0/16

    C. 169.254.169.254/0

    D. 0.0.0.0/0

319. 다음 중 서브넷에서 퍼블릭 인터넷으로 트래픽을 라우팅하는 데 사용하는 것은 무엇입니까?

    A. 대상 주소: 0.0.0.0/0 ➤ 대상: 인터넷 게이트웨이

    B. 대상 주소: 0.0.0.0/16 ➤ 대상: 인터넷 게이트웨이

    C. 대상 주소: 인터넷 게이트웨이 ➤ 대상: 0.0.0.0/0

    D. 대상 주소: 0.0.0.0/0 ➤ 대상: 가상 프라이빗 게이트웨이

2

영역 2: 성능이 뛰어난 아키텍처 정의

✓ **2.1** 성능이 뛰어난 스토리지 및 데이터베이스를 선택한다.

✓ **2.2** 캐싱을 적용해 성능을 개선한다.

✓ **2.3** 탄력성과 확장성을 갖춘 솔루션을 설계한다.

연습문제

1. 기본 RDS 인스턴스에서 보조 RDS로 데이터를 복제할 때, 데이터 전송과 관련한 표준 요금은 얼마입니까?

    A. 표준 데이터 전송 요금으로 요금이 청구된다.

    B. 표준 데이터 전송 요금의 절반으로 청구된다.

    C. 1GB까지는 표준 데이터 전송 요금의 절반으로 청구되고, 그 이상은 표준 요금으로 청구된다.

    D. 기본 RDS와 보조 RDS 복제에는 요금이 청구되지 않는다.

2. 다음 중 기본 인스턴스에 대해 RDS 읽기 전용 복제본을 설정할 수 있는 위치로 옳은 것은 무엇입니까? (2개 선택)

    A. 기본 인스턴스와 같은 리전에 설정

    B. 기본 인스턴스와 다른 리전에 설정

    C. 온프레미스에서 실행하고 있는 인스턴스에 설정

    D. A와 B 모두

3. RDS 읽기 전용 복제본을 구성하는 주요 목적은 무엇입니까?

    A. 재해 복구

    B. 내결함성

    C. 성능

    D. 보안

4. 다음 중 읽기 전용 복제본을 지원하는 데이터베이스는 무엇입니까?

    A. MariaDB

    B. MySQL

    C. PostgreSQL

    D. 모두 해당

5. 다음 중 읽기 전용 복제본을 지원하는 데이터베이스는 무엇입니까?

    A. Oracle

    B. MySQL

    C. DynamoDB

    D. 모두 해당

6. 다음 중 읽기 전용 복제본에 대한 설명으로 옳은 것은 무엇입니까? (2개 선택)

    A. 기본 데이터베이스의 읽기 전용 인스턴스다.

    B. 기본 데이터베이스와 같은 리전에 위치해야 하며 가용 영역은 다를 수 있다.

    C. 기본 인스턴스로부터 비동기식 복제를 통해 업데이트된다.

    D. 기본 인스턴스로부터 동기식 복제를 통해 업데이트된다.

7. 다음 중 RDS 읽기 전용 복제본 구성에 대한 설명으로 옳은 것은 무엇입니까? (2개 선택)

    A. 단일 기본 데이터베이스 인스턴스에는 읽기 전용 복제본 3개만 설정할 수 있다.

    B. MariaDB, MySQL, Aurora만 지원된다.

    C. 읽기 전용 복제본은 기본 인스턴스의 모든 데이터베이스를 복제한다.

    D. 읽기 전용 복제본은 기본 인스턴스가 있는 리전과 다른 리전에 둘 수 있다.

8. us-east-1에서 실행하고 있는 기본 데이터베이스에서 읽기 전용 복제본을 사용하고 있습니다. us-east-1에 3개의 읽기 전용 복제본을 두고 us-west-2에 2개의 읽기 전용 복제본을 두고 있습니다. eu-west-1에 새로 읽기 전용 복제본을 만들려고 하는데 오류가 발생했습니다. eu-west-1에 새로운 읽기 전용 복제본을 성공적으로 생성하기 위해서는 이 오류를 어떻게 해결해야 합니까?

    A. 기본 인스턴스에서 다중 AZ를 활성화한다.

    B. eu-west-1에서 읽기 전용 복제본을 만들 수 없다. 대신, EU의 읽기 전용 복제본에 대한 제한을 피하기 위해 US의 리전에 다른 복제본을 만든다.

    C. AWS에 요청해서 읽기 전용 복제본의 수를 5개에서 8개로 올린다.

    D. us-west-1에서 읽기 전용 복제본 중 하나를 중지하고, eu-west-1에서 인스턴스를 만들 수 있다.

9. 다음 중 읽기 전용 복제본 설정에 대한 설명으로 옳은 것은 무엇입니까? (2개 선택)

    A. 백업은 읽기 전용 복제본을 설정했을 때 기본으로 구성된다.

B. 온프레미스 데이터베이스에 확장성이 뛰어난 솔루션을 제공한다.

C. 하나의 AZ에 만들 수도 있고, 여러 AZ 또는 여러 리전에도 만들 수 있다.

D. 읽기 전용 복제본은 독립 실행형 데이터베이스 인스턴스로 승격될 수 있다.

10. 다음 중 읽기 전용 복제본 설정에 관해 옳은 것은 무엇입니까? (2개 선택)

A. 자동 백업은 기본 인스턴스보다 읽기 전용 복제본에서 가져온다.

B. 모든 인스턴스에서 데이터베이스 엔진이 활성화된다.

C. 읽기 전용 복제본 인스턴스는 기본 인스턴스와는 별도로 데이터베이스 엔진을 업그레이드할 수 있다.

D. 복제는 동기식으로 이뤄진다.

11. 다음 중 옳지 않은 것은 무엇입니까? (2개 선택)

A. 읽기 전용 복제본이나 다중 AZ 구성 모두 데이터베이스가 여러 가용 영역에 있게 한다.

B. 읽기 전용 복제본이나 다중 AZ 구성 모두 기본 인스턴스에 대해 재해 복구 기능을 한다.

C. 단일 데이터베이스는 읽기 전용 복제본을 가지면서 다중 AZ로 구성할 수도 있다.

D. 읽기 전용 복제본은 독립 실행형 데이터베이스 인스턴스로 승격될 수 있다.

12. 다음 중 옳은 것은 무엇입니까?

A. 읽기 전용 복제본 설정은 확장성을 목표로 하지만, 다중 AZ 설정은 내결함성을 목표로 한다.

B. 읽기 전용 복제본과 다중 AZ 구성은 내결함성을 목표로 하고 있다.

C. 읽기 전용 복제본 설정은 내결함성을 목표로 하지만, 다중 AZ 설정은 확장성을 목표로 한다.

D. 읽기 전용 복제본과 다중 AZ 구성은 확장성을 목표로 하고 있다.

13. 애플리케이션은 어떻게 읽기 전용 복제본 인스턴스와 통신합니까?

A. RDS가 제공하는 읽기 전용 복제본 REST API를 통해 통신한다.

B. ELB와 ALB는 RDS에서 제공하는 읽기 전용 복제본 REST API를 사용하는 읽기 전용 복제본에 대한 요청을 자동으로 변환한다.

C. 읽기 전용 복제본은 일반 데이터베이스 인스턴스처럼 애플리케이션이 통신할 수 있는 읽기 전용 복제본 키를 제공한다.

D. 애플리케이션은 다른 데이터베이스와 작동하는 것과 같이 읽기 전용 복제본과 통신한다.

14. 다음 중 읽기 전용 복제본을 사용하는 이유로 옳은 것은 무엇입니까? (2개 선택)

A. 트래픽이 급증하는 읽기 중심 데이터베이스를 사용한다.

B. 현재 데이터베이스에 사용자 항목을 업데이트하려고 하는 애플리케이션에서 보고된 오류의 수가 많으며 이러한 오류를 줄이길 원한다.

C. AZ가 장애가 있을 때 자동화된 재해 복구 솔루션으로 사용한다.

D. 현재 고객의 애플리케이션 성능에 지장을 주는 비즈니스 레포트 쿼리 수가 많다.

15. 읽기 전용 복제본은 데이터베이스의 내결함성을 지원합니까?

A. 그렇다. 읽기 전용 복제본에 자동 백업을 제공한다.

B. 그렇다. 기본 인스턴스에 장애가 있을 때 복제본 중 하나를 수동으로 마스터 데이터베이스 인스턴스로 승격할 수 있다.

C. 그렇다. 기본 인스턴스에 장애가 있을 때 복제본 중 하나가 자동으로 마스터 데이터베이스 인스턴스로 승격된다.

D. 아니다.

16. 다음 중 읽기 전용 복제본을 사용하는 이유로 옳은 것은 무엇입니까? (2개 선택)

A. 기본 인스턴스가 있는 리전에서 지리적으로 떨어진 곳에 있는 고객이 있을 때, 그 고객과 인접한 곳에서 애플리케이션의 읽기 성능을 높일 수 있다.

B. 현재 데이터베이스 인스턴스는 현재 트래픽 부하에 메모리 포화 상태를 보인다.

C. AWS 관리형 서비스의 장점을 활용한 자동 백업 솔루션이 필요하다.

D. 추가로 OLTP 쿼리를 수행하고 그 쿼리의 성능을 개선할 필요가 있다.

17. 원본 인스턴스에 대해 읽기 전용 복제본과 기본 데이터베이스 인스턴스를 모두 구성할 수 있습니까?

A. 그렇다. 인스턴스가 모든 가용 영역에 있는 한 가능하다.

B. 그렇다. 기본 데이터베이스에 순환 복제를 활성화하면 가능하다.

C. 그렇다. 인스턴스가 같은 가용 영역에 있지 않은 한 가능하다.

D. 아니다. AWS는 순환 복제를 지원하지 않는다.

18. 다음 중 읽기 전용 복제본을 생성하는 방법은 무엇입니까? (2개 선택)

A. AWS Management Console

B. AWS 온라인 지원 시스템

C. AWS API

D. Elastic Beanstalk

19. 읽기 전용 복제본은 어떻게 백업을 자동화합니까?

A. 할 수 없다. 읽기 전용 복제본과 자동 백업은 관계가 없다.

B. 읽기 전용 복제본은 자동으로 백업하지 않지만, 기본 데이터베이스 인스턴스는 읽기 전용 복제본을 만들기 위해 자동으로 백업을 활성화한다.

C. 읽기 전용 복제본을 만들면 자동으로 기본 데이터베이스 인스턴스 백업을 시작한다.

D. 읽기 전용 복제본은 기본 데이터베이스 인스턴스로부터 최초 읽기 후 자동 백업한다.

20. 데이터베이스의 읽기 전용 복제본에서 다른 읽기 전용 복제본을 만들 수 있습니까?

A. 그렇다. 원본과 복제된 데이터베이스가 같은 인스턴스가 아니면 가능하다.

B. 아니다. 데이터베이스는 읽기 전용 복제본이면서 원본 데이터베이스가 될 수 없다.

C. 그렇다. 원본과 복제된 데이터베이스가 같은 가용 영역에 있으면 가능하다.

D. 그렇다. 두 데이터베이스에 순환 복제를 활성화하면 가능하다.

21. RDS 인스턴스에서는 백업 윈도 변경이 얼마나 빨리 이뤄집니까?

A. AWS Management Console에서는 1시간 내에 윈도 변경이 이뤄진다. API를 사용하면 변경이 즉시 이뤄진다.

B. 백업이 완료되고 난 후 윈도 변경이 이뤄진다.

C. API를 사용하면 1시간 내 윈도 변경이 이뤄진다. AWS Management Console에서는 변경이 즉시 이뤄진다.

D. 백업 윈도 변경은 즉시 이뤄진다.

22. Amazon RDS에서 백업을 보존할 수 있는 최대 기간은 얼마입니까?

A. 30일

B. 35일

C. 45일

D. 365일

23. 사용자 정의 지리 정보 플러그인을 사용하는 Oracle을 사용하고 있습니다. 플러그인으로 작업을 시작하면 최대의 처리량으로 데이터베이스 작업이 이뤄지길 바랍니다. 이러한 요구사항을 충족하기 위해 Oracle을 어떻게 설정하겠습니까?

A. 프로비저닝된 IOPS와 함께 RDS를 사용해 Oracle을 설정한다.

B. 마그네틱 스토리지와 함께 RDS를 사용해 Oracle을 설정한다.

C. 프로비저닝된 IOPS EBS 볼륨이 있는 EC2 인스턴스에 Oracle을 설치한다.

D. 마그네틱 EBS 볼륨이 있는 EC2 인스턴스에 Oracle을 설치한다.

24. 다음 중 RDS를 사용하기보다 EC2 인스턴스에 Oracle 데이터베이스를 설치해야 하는 상황은 무엇입니까? (2개 선택)

A. 여러 인스턴스에 라운드 로빈으로 요청을 분배하는 ALB를 사용하고자 한다.

B. 데이터베이스 크기가 RDS의 최대 데이터베이스 크기의 80%를 넘는다.

C. RDS에서 지원하지 않는 사용자 정의 플러그인을 사용해야 한다.

D. 데이터베이스를 VPC의 프라이빗 서브넷에서 액세스하게 해야 한다.

25. 다음 중 SQL 기반의 RDS는 무엇입니까? (2개 선택)

A. Aurora

B. DynamoDB

C. MariaDB

D. Redshift

26. 분당 수천 개의 요청을 받을 웹 애플리케이션용 대형 데이터베이스 배포를 구축할 아키텍트가 됐습니다. 전임 아키텍트의 제안은 웹 계층에 최대 응답성을 보장하기 위해 RDS에 다중 AZ 배포를 구현하는 것이었습니다. 이것은 고성능을 이루기에 옳은 접근입니까?

A. 아니다. 다중 AZ 배포는 표준 RDS 배포보다 더 빠르게 요청에 응답하지 않는다.

B. 그렇다. 다중 AZ 배포에서 추가한 데이터베이스는 웹 계층에서 요청 부하를 공유할 수 있기 때문이다.

C. 그렇다. 다중 AZ 배포는 기본 데이터베이스가 정지하면 보조 데이터베이스가 대신 작동하게 한다.

D. 아니다. 다중 AZ 배포는 각 데이터베이스가 있는 가용 영역의 요청만 처리할 수 있기 때문이다.

27. 2개의 볼륨이 연결된 EC2 인스턴스를 실행합니다. 기본 설정으로 루트와 추가 볼륨을 생성했습니다. 인스턴스를 종료할 때 각 볼륨은 어떻게 됩니까?

A. 루트 볼륨은 삭제되고 추가 볼륨은 유지된다.

B. 두 볼륨 모두 삭제된다.

C. 두 볼륨은 그대로 유지된다.

D. 루트 볼륨이 삭제될 때까지 인스턴스는 종료할 수 없다.

28. 계정에서 만들 수 있는 S3 버킷은 몇 개입니까?

A. 100개

B. 100개가 기본이며, AWS에 증가 요청할 수 있다.

C. 새 계정을 설정할 때 AWS에 의해 결정된다.

D. 계정을 생성할 때 구성하는 바에 따라 다르다.

29. 다중 AZ RDS를 설정하면 어떤 유형의 복제가 발생합니까?

A. 연속 복제

B. 동기식 복제

C. 비동기식 복제

D. 전체 백업은 동기식 복제, 증분 백업은 비동기식 복제

30. 읽기 전용 복제본 RDS를 설정하면 어떤 유형의 복제가 발생합니까?

    A. 연속 복제

    B. 동기식 복제

    C. 비동기식 복제

    D. 전체 백업은 동기식 복제, 증분 백업은 비동기식 복제

31. 다음 중 Classic Load Balancer가 지원하는 프로토콜과 라우팅 방식은 무엇입니까? (2개 선택)

    A. IPv4

    B. IPv6

    C. HTTP/2

    D. 대상 그룹에 대상을 등록하고, 대상 그룹에 트래픽을 라우팅한다.

32. 새로운 AWS 계정에서 기본적으로 리전당 만들 수 있는 일래스틱 IP 주소는 몇 개입니까?

    A. 5

    B. 10

    C. 20

    D. 사전 설정된 한도가 없다.

33. 하나의 EC2 인스턴스에 몇 개의 EBS 볼륨을 추가로 연결할 수 있습니까?

    A. 1

    B. 2

    C. 27

    D. 제한 없다.

34. 하나의 EBS 볼륨은 한 번에 몇 개의 EC2 인스턴스에 연결할 수 있습니까?

    A. 1

    B. 2

    C. 27

    D. 제한 없다.

35. 다음 중 Application Load Balancer가 지원하는 프로토콜과 라우팅 방식은 무엇입니까? (2개 선택)

A. SSH

B. HTTP

C. HTTPS

D. FTP

36. 다음 중 RDS 데이터베이스에서 백업을 자동화하는 데 사용하는 방법은 무엇입니까? (2개 선택)

A. 자동 스냅샷

B. S3 수명주기 관리 정책

C. 자동 백업

D. 데이터 파이프라인

37. 지속해서 데이터 쓰기 작업을 하고 디스크에서 캐싱하는 컴퓨팅 집약적 프로세스를 EC2에서 실행하고 있습니다. 가장 완전하게 스냅샷하기 위해 인스턴스의 스냅샷을 언제 어떻게 수행해야 하겠습니까?

A. AWS Management Console에서 인스턴스를 스냅샷한다.

B. 인스턴스를 종료하고 인스턴스를 스냅샷한다.

C. AWS CLI에서 인스턴스를 스냅샷한다.

D. 인스턴스에 연결된 EBS 볼륨을 분리하고, EC2와 EBS 인스턴스 모두 스냅샷한다.

38. 웹 기반 애플리케이션은 대용량 RDS 저장소를 사용해 사용자 프로파일 정보 읽기와 쓰기를 처리합니다. 최신 마케팅 캠페인으로 대규모 주문으로 애플리케이션에 트래픽이 증가했습니다. 사용자가 로그인하는 시간이 오래 걸리는 것이 보고됐습니다. 이 지연을 해결하는 데 적합한 솔루션은 무엇입니까? (2개 선택)

A. 트래픽을 분산하기 위해 RDS를 다중 AZ로 구성하고 두 RDS 인스턴스에 라운드 로빈으로 요청을 전달하도록 설정한다.

B. 웹 애플리케이션에서 데이터베이스로의 트랜잭션을 줄이기 위해 최초 접근 이후 사용자 자격 증명을 캐싱하기 위해 ElastiCache를 사용한다.

C. 트래픽을 분산하기 위해 RDS에 읽기 전용 복제본을 구성하고 그 복제본에 라운드 로빈으로 요청을 전달하도록 설정한다.

D. Auto Scaling 그룹에 EC2 인스턴스의 수를 증가시켜 할당해 웹 애플리케이션 계층에 트래픽을 분산한다.

39. 클라우드 기반 애플리케이션에 사진을 모두 저장합니다. CloudWatch 지표에서 사용자당 하루 평균 쓰기를 5번 하고 읽기를 100번 하는 것으로 측정됩니다. 사용자는 사진이 손실돼도 불만을 나타내지 않으며, 다시 사진을 업로드하거나 무시합니다. 이때 사용할 수 있는 비용 효율적인 S3 스토리지 클래스로 추천할 것은 무엇입니까?

A. S3 Standard

B. S3-IA

C. S3 One Zone-IA

D. S3 RRS

40. S3에 85TB 데이터 저장소를 마이그레이션하고자 하는 회사에 자문하고 있습니다. 매일 밤 배치 작업으로 S3에 데이터를 조금씩 업로드할 수 있지만, 파일을 S3에 전송하는 동안 다른 애플리케이션을 이용하는 해외 고객이 액세스할 때 네트워크 지연 시간이 있을 수 있습니다. 어떠한 데이터 이전 방법을 회사에 추천하겠습니까?

A. S3에 Transfer Acceleration 활성화

B. Direct Connect

C. Snowball

D. 데이터를 전송하기 위해 가상 프라이빗 게이트웨이를 사용하는 VPN을 설정한다.

41. 다음 중 S3에 객체를 업로드할 때 멀티 파트 업로드를 사용하는 이유로 옳은 것은 무엇입니까? (2개 선택)

A. 네트워크에 문제가 있을 때 복구할 솔루션이 필요하다.

B. 10GB보다 큰 파일을 업로드할 수 있는 솔루션이 필요하다.

C. 업로드한 객체의 보안을 강화하는 솔루션이 필요하다.

D. 대용량 파일을 업로드하는 데 필요한 시간을 줄일 수 있는 솔루션이 필요하다.

42. 다음 중 배치 그룹을 권장할 수 있는 상황은 무엇입니까?

A. EC2 인스턴스 집합에 높은 디스크 IO가 필요하다.

B. 두 가용 영역에 걸친 EC2 인스턴스 집합에 높은 네트워크 처리량이 필요하다.

C. 한 가용 영역의 EC2 인스턴스 집합에 높은 네트워크 처리량이 필요하다.

D. EC2 인스턴스 집합과 S3 버킷 사이에 높은 네트워크 처리량이 필요하다.

43. 다음 중 클러스터 배치 그룹에 대한 설명으로 옳은 것은 무엇입니까? (2개 선택)

A. 그룹의 모든 인스턴스는 같은 가용 영역에 있어야 한다.

B. 그룹의 인스턴스는 서로 통신할 때 네트워크 지연 시간이 낮아진다.

C. S3와 통신할 때 그룹 내의 인스턴스는 디스크 쓰기 성능이 향상된다.

D. 그룹 내의 인스턴스는 모두 같은 인스턴스 클래스여야 한다.

44. 다음 중 분산형 배치 그룹에 대한 설명으로 옳은 것은 무엇입니까? (2개 선택)

A. 그룹의 모든 인스턴스는 같은 가용 영역에 있어야 한다.

B. 그룹의 인스턴스는 낮은 네트워크 지연 시간으로 서로 통신한다.

C. 그룹 내에 여러 가용 영역에서 최대 7개의 인스턴스를 둘 수 있다.

D. 사용자가 아닌 AWS가 하드웨어를 분리하도록 그룹을 지정해서 프로비저닝한다.

45. 다음 스토리지 클래스 중 가장 내구성이 낮은 것은 무엇입니까?

A. S3 Standard

B. S3-IA

C. Glacier

D. 내구성은 모두 같다.

46. 다음 스토리지 클래스 중 가장 가용성이 높은 것은 무엇입니까?

A. S3 Standard

B. S3-IA

C. Glacier

D. 가용성은 모두 같다.

47. 다음 스토리지 클래스 중 자동화된 수명주기 전환을 지원하는 것은 무엇입니까?

A. S3 Standard

B. S3-IA

C. Glacier

D. 모두 수명주기 전환을 지원한다.

48. S3-IA를 사용하면 데이터는 어디에 저장됩니까? (2개 선택)

A. 버킷 생성 시 지정된 리전

B. S3 스토리지를 위한 특별한 AWS '글로벌' 리전

C. 최소 3개의 가용 영역

D. 최소 세 리전 내의 단일 가용 영역

49. 대용량의 OLAP를 수행해야 할 때 어떤 AWS 서비스를 선택합니까?

A. DynamoDB

B. RDS Aurora

C. Redshift

D. EC2 인스턴스에 설치된 Oracle

50. 프로비저닝된 IOPS 스토리지를 사용할 때 RDS 볼륨의 최대 크기는 얼마입니까?

A. 8TB

B. 16TB

C. 12TB

D. 1PB

51. 다음 중 가장 성능이 높은 EBS 볼륨은 무엇입니까?

A. 프로비저닝된 IOPS

B. 처리량 최적화 HDD

C. 콜드 HDD

D. 범용 SSD

52. 다음 중 콜드 HDD EBS 볼륨을 사용하는 이유로 옳은 것은 무엇입니까?

    A. 성능이 좋은 Solid State Drive가 필요하다.

    B. 가능한 최저 비용 EBS 볼륨을 선택하려고 한다.

    C. 데이터 웨어하우징을 볼륨에서 수행하고 있다.

    D. 저렴한 부팅 볼륨이 필요하다.

53. 다음 중 EBS 부팅 볼륨으로 사용할 수 있는 것은 무엇입니까? (2개 선택)

    A. 범용 SSD

    B. 콜드 HDD

    C. 처리량 최적화 HDD

    D. 프로비저닝된 IOPS

54. 다음 중 범용 SSD EBS 볼륨을 사용하는 이유로 옳은 것은 무엇입니까? (2개 선택)

    A. 대용량 데이터베이스 워크로드를 지원해야 한다.

    B. 성능과 비용 효율성을 고려한 SSD 볼륨이 필요하다.

    C. 데이터 웨어하우징을 위한 볼륨이 필요하다.

    D. 짧은 지연 시간의 애플리케이션을 부팅 볼륨에서 실행한다.

55. 다음 중 마그네틱 EBS 볼륨을 사용하는 이유로 옳은 것은 무엇입니까? (2개 선택)

    A. 낮은 요금의 EBS 볼륨이 필요하다.

    B. 자주 액세스하지 않는 데이터 집합을 S3보다 EBS 볼륨에 저장하고자 한다.

    C. EC2 인스턴스 집합에 설치된 Oracle을 지원하는 프로세스를 처리해야 한다.

    D. 짧은 지연 시간이 필요한 애플리케이션을 부팅 볼륨에서 실행해야 한다.

56. 다음 중 프로비저닝된 IOPS EBS 볼륨을 사용하는 이유로 옳은 것은 무엇입니까? (2개 선택)

    A. 낮은 요금의 EBS 볼륨이 필요하다.

B. 대용량 MongoDB 데이터베이스 워크로드를 지원해야 한다.

C. 애플리케이션에 높은 성능과 처리량이 필요하다.

D. 부팅 환경 내에 애플리케이션이 있으며 가끔 장애가 발생하면 재생성할 수 있다.

57. 다음 중 SSD 지원 볼륨의 특징은 무엇입니까? (2개 선택)

A. 트랜잭션 워크로드

B. 스트리밍 워크로드

C. 작은 I/O 크기

D. 처리량 중심

58. 다음 중 HDD 지원 볼륨의 특징은 무엇입니까? (2개 선택)

A. 트랜잭션 워크로드

B. 스트리밍 워크로드

C. 작은 I/O 크기

D. 처리량 중심

59. 사용자 정의 자바 기반 플러그인을 Oracle과 함께 EC2 인스턴스 집합에 설치해야 합니다. Oracle을 설치하기에 최적의 EBS 볼륨 유형은 무엇입니까?

A. 마그네틱

B. 처리량 최적화 HDD

C. 프로비저닝된 IOPS SSD

D. 범용 SSD

60. 당신은 회사에서 웹 애플리케이션을 EC2 인스턴스 집합에 설치하는 업무를 맡는 솔루션스 아키텍트입니다. 애플리케이션은 연결된 EBS 볼륨에 작은 크기의 사용자 프로파일을 저장하고 사용자가 웹 애플리케이션을 사용하는 동안 평균적으로 5분에 한 번씩 데이터에 액세스합니다. 또한 애플리케이션 RDS 인스턴스의 고비용 때문에 EBS의 볼륨 비용을 최소화하기를 바랍니다. 이 애플리케이션을 지원하기 위해 어떤 EBS 볼륨 유형을 선택하겠습니까?

A. 마그네틱

B. 처리량 최적화 HDD

C. 프로비저닝된 IOPS SSD

D. 범용 SSD

61. 다음 중 EBS 부팅 볼륨으로 사용할 수 있는 것은 무엇입니까? (2개 선택)

A. 마그네틱

B. 처리량 최적화 HDD

C. 프로비저닝된 IOPS SSD

D. 콜드 HDD

62. 다음 중 EBS 부팅 볼륨으로 사용할 수 없는 것은 무엇입니까? (2개 선택)

A. 범용 SSD

B. 처리량 최적화 HDD

C. 콜드 HDD

D. 마그네틱

63. 다음 중 Elastic Load Balancing에 해당하지 않는 것은 무엇입니까?

A. Classic Load Balancer

B. Application Load Balancer

C. Weighting Load Balancer

D. Network Load Balancer

64. 다음 중 Elastic Load Balancing에 해당하는 것은 무엇입니까? (2개 선택)

A. ELB

B. MLB

C. ALB

D. VLB

65. ALB는 어떤 TCP 계층에서 작동합니까?

A. Level 1

B. Level 4

C. Level 7

D. Level 8

66. Network Load Balancer는 어떤 TCP 계층에서 작동합니까?

    A. Level 1

    B. Level 4

    C. Level 7

    D. Level 8

67. Classic Load Balancer는 어떤 TCP 계층에서 작동합니까? (2개 선택)

    A. Level 1

    B. Level 4

    C. Level 7

    D. Level 8

68. 다음 중 Application Load Balancer를 사용하는 이유로 옳은 것은 무엇입니까?

    A. 애플리케이션을 자동으로 확장하고자 한다.

    B. 컨테이너에 있는 애플리케이션에 부하를 분산하고자 한다.

    C. 애플리케이션에 내결함성을 강화하고자 한다.

    D. 모두 옳다.

69. VPC 내에서 Elastic Load Balancer로 부하를 분산할 수 있습니까?

    A. 그렇다. VPC에 인터넷 게이트웨이가 있으면 가능하다.

    B. 그렇다. VPC에 내부 ELB를 설정하면 가능하다.

    C. 아니다. 로드 밸런서는 인터넷으로부터의 트래픽만 라우팅할 수 있다.

    D. 아니다. 로드 밸런서는 VPC 내에서 작동할 수 없다.

70. 인터넷 경계 VPC 내에서 EC2 인스턴스 기반 애플리케이션의 확장성을 추가하는 작업을 하는 아키텍트로 일하고 있습니다. 최대의 가중치 유연성을 확보하는 로드 밸런싱을 선택하고자 하며, 어떤 것이 가장 균등하게 부하를 처리하는지 라우팅 유형을 실험하려고 합니다. 어떤 종류의 로드 밸런서를 사용해야 합니까?

    A. Classic ELB

    B. Application Load Balancer

C. Network Load Balancer

D. ALB나 ELB 모두 적합할 수 있다.

71. 복잡한 계산으로 결과를 제공하는 EC2 인스턴스 모두에 정적 IP 주소를 연결하고 있습니다. 현재 각각 인스턴스마다 초당 수십만 요청의 부하를 분산하려 합니다. 어떤 로드 밸런서를 사용하겠습니까?

A. Classic ELB

B. Application Load Balancer

C. Network Load Balancer

D. ALB나 ELB 모두 적합할 수 있다.

72. 웹 호스팅을 하는 EC2 인스턴스 집합이 있습니다. 현재 각 EC2 인스턴스에 SSL 인증서를 설치하고 있지만 최근 몇 년 동안 이 인증서를 유지하고 새롭게 추가하는 비용이 계속 오르고 있습니다. 여러 인증서가 필요하지 않은 SSL 종단을 위한 솔루션을 설계해야 합니다. 어떤 로드 밸런서를 추천하겠습니까?

A. Classic ELB

B. Application Load Balancer

C. Network Load Balancer

D. ALB나 ELB 모두 적합하다.

73. SSL 종단을 지원하는 로드 밸런서가 필요합니다. 어떤 유형의 로드 밸런서를 선택하겠습니까?

A. Classic ELB

B. Application Load Balancer

C. Network Load Balancer

D. ALB나 ELB 모두 적합하다.

74. Route 53에서 몇 개의 도메인을 등록할 수 있습니까?

A. 50

B. 100

C. 한도가 없다.

D. 50개 한도가 있지만 요청하면 늘릴 수 있다.

75. 다음 중 Route 53에서 지원하는 레코드 세트는 무엇입니까?

  A. A 레코드

  B. MX 레코드

  C. 별칭 레코드

  D. 모두 해당

76. Route 53에서는 Zone APEX 레코드를 지원합니까?

  A. 그렇다.

  B. 아니다.

  C. 그렇다. Zone APEX 레코드가 AWS 리소스를 향하면 가능하다.

  D. 기본적으로는 안 되지만 AWS에 지원 요청하면 가능하다.

77. ElastiCache는 캐싱할 때 어떤 엔진을 제공합니까? (2개 선택)

  A. memcached

  B. redis

  C. cacherm

  D. gitcache

78. 다음 중 ElastiCache를 설정할 때 해야 하는 것은 무엇입니까?

  A. 패치

  B. 백업

  C. 모니터링

  D. 해당 사항 없음

79. 다음 중 ElastiCache를 통해 성능을 향상할 수 있는 것은 무엇입니까? (2개 선택)

  A. 게임

  B. ElastiCache는 적절하게 사용할 때 모든 애플리케이션의 성능을 향상할 수 있다.

  C. 금융 서비스

  D. A와 C

80. 다음 중 ElastiCache를 정확하게 설명하는 것은 무엇입니까? (2개 선택)

A. 인메모리 데이터 저장

B. 데이터 배포를 위한 런타임 엔진

C. 샤딩 애플리케이션 요구에 대한 메커니즘

D. 대용량 데이터 세트에 대한 모니터링 솔루션

81. 다음 중 CloudFront 배포를 작업할 수 있는 도구는 무엇입니까?

A. CloudFormation

B. AWS CLI

C. AWS REST API

D. 모두 해당

82. 다음 중 CloudFront 배포에 사용할 수 있는 원본은 무엇입니까? (2개 선택)

A. ALB

B. DynamoDB

C. AWS Shield

D. RDS Oracle 인스턴스

83. 다음 중 CloudFront 배포에 사용할 수 있는 원본은 무엇입니까? (2개 선택)

A. DynamoDB

B. EC2 인스턴스 집합

C. S3 버킷

D. Redshift

84. 다음 중 CloudFront 배포에 사용할 수 있는 원본은 무엇입니까? (2개 선택)

A. Lambda@Edge

B. S3에 정적 웹사이트

C. RDS Aurora

D. ElastiCache 인스턴스

85. 다음 중 CloudFront 배포를 사용할 때의 이점은 무엇입니까? (2개 선택)

A. 성능

B. 내결함성

C. AWS 관리형 서비스와 통합

D. 재해 복구

86. CloudFront가 엣지에서 콘텐츠 보안을 강화하는 방법은 무엇입니까? (2개 선택)

A. 모든 엣지 로케이션에서 HTTPS 필요

B. AWS WAF와 통합(구성된 경우)

C. KMS를 사용하는 자동 암호화 클라이언트 키

D. AWS Shield 자동 배포

87. 다음 중 엣지 로케이션에 대한 설명으로 옳은 것은 무엇입니까? (2개 선택)

A. 엣지 로케이션의 수는 리전보다 적다.

B. 엣지 로케이션의 수는 리전보다 많다.

C. 엣지 로케이션의 수는 가용 영역보다 적다.

D. 엣지 로케이션의 수는 가용 영역보다 많다.

88. 다음 중 CloudFront가 하는 기능은 무엇입니까? (2개 선택)

A. 계약이나 약정 없이도 콘텐츠를 글로벌 네트워크에 배포한다.

B. 동적이고 지연 시간이 짧은 웹사이트를 신속하게 만들 수 있다.

C. 짧은 지연 시간과 높은 데이터 전송 속도로 콘텐츠를 배포한다.

D. 자주 액세스하는 정적 파일에 대한 스토리지를 제공한다.

89. 다음 중 CloudFront의 원본 서버가 될 수 있는 것은 무엇입니까? (2개 선택)

A. S3 버킷

B. EC2 인스턴스

C. Redshift 워크로드

D. SNS 알림

90. CloudFront를 이용하기 위해 어떤 도메인 이름을 사용해야 합니까?

A. Route 53에서 S3 버킷에 등록된 도메인 이름

B. 정적/동적 콘텐츠의 원본으로 CloudFront에 등록된 도메인 이름

C. 콘텐츠로 향하는 ALB나 ELB에 등록된 도메인 이름

D. AWS Management Console에서 CloudFront 배포를 위한 도메인 이름

91. CloudFront 엣지 로케이션에 콘텐츠를 요청할 때 발생하는 일은 다음 중 무엇입니까? (2개 선택)

A. 엣지 로케이션에서 캐시된 콘텐츠가 전달된다.

B. 요청은 CloudFront에서 처리되지 않고 원본 서버로 직접 전달된다.

C. 콘텐츠 요청이 있으면 그 요청은 원본 서버로 향한다.

D. 클라이언트에 리다이렉트된다.

92. 다음 중 CloudFront에 대한 설명으로 옳지 않은 것은 무엇입니까? (2개 선택)

A. CloudFront 엣지 로케이션은 지리적으로 전 세계에 분산돼 있다.

B. CloudFront는 원본 서버와 계속 연결돼 있다.

C. CloudFront는 원본 서버에 대한 요청을 가장 가까운 엣지 로케이션으로 라우팅해서 응답하게 한다.

D. CloudFront는 원본 서버로 PostgreSQL RDS 인스턴스를 사용할 수 있다.

93. 한 리전에서 CloudFront 엣지 로케이션으로 전송되는 데이터의 요금은 얼마입니까?

A. 정상 데이터 송신 요금

B. 정상 송신 요금의 절반 요금

C. 데이터가 위치한 리전의 가장 낮은 요금

D. 무료

94. 다음 중 S3와 CloudFront에 대한 설명으로 옳은 것은 무엇입니까? (2개 선택)

A. 모두 파일을 저장한다.

B. 모두 콘텐츠 암호화를 지원한다.

C. 모두 캐시 파일이다.

D. 모두 클라이언트에 짧은 지연 시간으로 콘텐츠를 배포한다.

95. 다음 중 CloudFront에서 제공할 수 있는 콘텐츠는 무엇입니까? (2개 선택)

A. SQL 쿼리에서 반환된 행

B. PHP 스크립트의 응답

C. Lambda 함수

D. HTML, CSS

96. 다음 중 CloudFront에 원본 서버가 될 수 있는 것은 무엇입니까? (2개 선택)

A. 다른 클라우드 제공자에서 호스팅되는 웹 서버

B. 두 리전에 분산돼 있는 EC2 인스턴스 집합

C. RDS MySQL 인스턴스

D. SNS 주제

97. 엣지 로케이션이란 무엇입니까?

A. CloudFront의 콘텐츠를 전송하는 전 세계 데이터센터 네트워크의 특정 노드

B. 캐싱 스테이션의 가상 클라우드

C. AWS가 관리하는 EC2 인스턴스의 집합

D. 원본 콘텐츠에서 멀리 있는 리전의 EC2 인스턴스

98. CloudFront 배포란 무엇입니까?

A. 데이터센터의 전 세계 네트워크

B. CloudFront에 의해 콘텐츠를 여러 엣지 로케이션에서 제공하는 원본 서버 집합

C. 정해진 시간에 CloudFront 엣지 로케이션에 캐시된 콘텐츠

D. 정해진 시간에 CloudFront 엣지 로케이션에 저장된 계정에서 캐시된 콘텐츠

99. 엣지 로케이션에서 콘텐츠를 캐싱하는 기간은 얼마입니까?

A. 24시간

B. 12시간

C. 12시간이 기본이지만 변경할 수 있다.

D. 24시간이 기본이지만 변경할 수 있다.

100. 엣지 로케이션에서 CloudFront의 가장 짧은 만료 기간은 얼마입니까?

A. 0초

B. 5초

C. 30초

D. 1분

101. CloudFront 배포를 설정했지만, 사용자는 속도가 나아졌다고 느끼지 않는 것 같습니다. 성능 향상이 없는 이유는 무엇입니까? (2개 선택)

    A. 사용자의 클라이언트 애플리케이션에서 CloudFront를 활성화하지 않았으므로 CloudFront 배포의 장점을 이용하지 못하고 있다. 클라이언트 애플리케이션에서 CloudFront를 활성화한다.

    B. 만료 기간이 너무 짧게 설정돼 캐싱의 효과가 나타날 만큼 충분하지 않다. 만료 시간을 늘린다.

    C. 원본 서버가 너무 작게 설정돼 CloudFront 요청을 감당하지 못하고 있다. 원본 서버 수를 늘리거나 프로세싱 성능을 증가시킨다.

    D. 사용자가 CloudFront에서 멀리 있어서 엣지 로케이션의 효과를 보지 못하고 있다.

102. CloudFront 배포에서 만료 기간을 0으로 설정하는 이유로 옳은 것은 무엇입니까?

    A. 기존의 모든 엣지 로케이션에 있는 콘텐츠 모두를 만료시킨다.

    B. 최대 처리량에 이르지 않도록 캐싱한다.

    C. 엣지 로케이션에 DDoS 공격의 여지를 줄인다.

    D. 모든 엣지 로케이션에 최신 콘텐츠를 전송하게 한다.

103. 엣지 로케이션에서 파일을 삭제하는 방법은 무엇입니까? (2개 선택)

    A. AWS Management Console에서 엣지 로케이션을 찾아 파일을 삭제한다.

    B. 배포의 만료 기간을 0으로 설정한다.

    C. 원본 서버에서 파일을 제거한다.

    D. AWS CLI를 사용해 CloudFront 배포에서 파일을 삭제한다.

104. 기존 서비스의 중단을 최소화하면서 엣지 로케이션에서 파일을 즉시 삭제하는 절차로 옳은 것은 무엇입니까?

    A. 먼저 CloudFront의 배포 만료 시간을 0으로 설정한 다음 원본 서버에서 파일을 제거한다.

B. 먼저 CloudFront 배포를 중지한 다음 원본 서버에서 파일을 제거한다.

C. 먼저 원본 서버에서 파일을 제거한 다음 CloudFront의 배포 만료 시간을 0으로 설정한다.

D. 먼저 원본 서버에서 파일을 제거한 다음 CloudFront 배포를 중지한다.

105. 다음 중 엣지 로케이션에서 객체를 즉시 삭제하는 방법은 무엇입니까?

A. 모든 원본 서버에서 객체를 삭제

B. 모든 CloudFront 엣지 로케이션에서 캐시된 객체를 삭제

C. 무효화 API를 사용해 객체를 삭제

D. CloudFront 배포를 무효화

106. 다음 중 중요 파일에 대해 가장 높은 가용성을 제공하는 것은 무엇입니까?

A. S3

B. S3-IA

C. S3 One Zone-IA

D. Glacier

107. 다음 스토리지 클래스 중 가장 짧은 지연 시간을 제공하는 것은 무엇입니까?

A. S3

B. S3-IA

C. S3 One Zone-IA

D. 모두 같다.

108. 다음 스토리지 클래스 중 가장 빠른 데이터 검색 속도를 제공하는 것은 무엇입니까?

A. S3

B. S3-IA

C. S3 One Zone-IA

D. 모두 같다.

109. 일반적으로 Glacier에서 데이터를 검색하는 시간은 얼마나 걸립니까?

A. 1시간

B. 1~3시간

C. 3~5시간

D. 5~10시간

110. 어떤 경우에 S3 대신 S3-IA를 선택합니까?

A. 비용을 절감하고 싶고 데이터에 빨리 액세스할 필요 없다.

B. 비용을 절감하고 싶고 데이터에 자주 액세스할 필요 없다.

C. 비용을 절감하고 싶고 데이터를 여러 가용 영역에 둘 필요 없다.

D. 비용을 절감하고 싶고 데이터에 내결함성을 갖출 필요 없다.

111. 다음 중 옳지 않은 것은 무엇입니까? (2개 선택)

A. 엣지 로케이션의 수가 가용 영역보다 많다.

B. 엣지 로케이션은 가용 영역과 분리돼 있다.

C. RDS 인스턴스는 원본 서버가 될 수 있다.

D. 기본 만료 기간은 12시간이다.

112. 다음 중 CloudFront의 원본 서버가 될 수 있는 것은 무엇입니까?

A. S3 버킷

B. EC2 인스턴스

C. ALB

D. 모두 해당

113. AWS에서 엣지 로케이션의 모음을 무엇이라 부릅니까?

A. CloudFront

B. 엣지 영역

C. Lambda@엣지

D. 배포

114. 미디어 스트리밍을 위해 어떤 배포를 사용해야 합니까?

A. 웹 배포

B. 미디어 배포

C. RTMP 배포

D. 엣지 배포

115. 다음 중 CloudFront에서 미디어 배포에 사용 가능한 것은 무엇입니까? (2개 선택)

   A. 웹 배포

   B. 미디어 배포

   C. RTMP 배포

   D. 엣지 배포

116. 다음 중 엣지 로케이션에서 직접 수행되는 작업은 무엇입니까? (2개 선택)

   A. 객체를 읽는다.

   B. 객체를 만든다.

   C. 객체를 삭제한다.

   D. 객체를 업데이트한다.

117. 다음 중 ElastiCache의 사용 사례로 옳은 것은 무엇입니까? (2개 선택)

   A. 실시간 거래

   B. 오프라인 트랜잭션

   C. 레코드 스토리지

   D. 비즈니스 인텔리전스

118. 다음 중 ElastiCache를 사용하는 용도는 무엇입니까? (2개 선택)

   A. 웹 서버

   B. 데이터베이스 캐시

   C. 객체 스토리지

   D. 메시지 브로커

119. 다음 중 ElastiCache를 사용하는 용도는 무엇입니까? (2개 선택)

   A. 임시 저장

   B. 장기 저장

   C. 메시지 대기열

   D. 로그 저장

120. ElastiCache 샤드란 무엇입니까?

    A. 클러스터를 구성하는 여러 노드의 모음

    B. ElastiCache 배포에서 클러스터 집합

    C. ElastiCache 배포에서 엣지 로케이션의 집합

    D. 클러스터의 단일 노드

121. 다음 중 클라우드에 모든 데이터를 저장하면서 가장 빈번하게 액세스되는 데이터에 짧은 지연 시간을 제공하는 것은 무엇입니까?

    A. Storage Gateway - 스냅샷

    B. Storage Gateway - 가상 테이프 라이브러리

    C. Storage Gateway - 저장 볼륨

    D. Storage Gateway - 캐싱 볼륨

122. 다음 중 클라우드에 데이터 세트를 저장하면서 전체 데이터에 가장 짧은 지연 시간으로 액세스할 수 있는 것은 무엇입니까?

    A. Storage Gateway - 스냅샷

    B. Storage Gateway - 가상 테이프 라이브러리

    C. Storage Gateway - 저장 볼륨

    D. Storage Gateway - 캐싱 볼륨

123. 다음 중 고객 데이터 세트에 가장 빠르게 액세스할 수 있는 것은 무엇입니까?

    A. Transfer Acceleration을 사용한 S3

    B. Storage Gateway - 가상 테이프 라이브러리

    C. Storage Gateway - 저장 볼륨

    D. S3 Standard

124. 다음 중 재해 복구를 유지하면서 빈번하게 사용되는 데이터에 최고 속도로 액세스할 수 있는 것은 무엇입니까?

    A. Storage Gateway - 저장 볼륨

    B. Storage Gateway - 가상 테이프 라이브러리

    C. S3-IA

    D. S3 Standard

125. 사용자당 폴더 하나씩, 여러 폴더가 있는 S3 버킷을 사용하는 사용자 데이터 스토리지 시스템을 만들고 있습니다. 그런 다음 직원의 사용자 이름으로 각 폴더에 태그를 연결해 이 태그를 기반으로 IAM 권한을 설정하고자 합니다. 다음 중 이 방법의 문제는 무엇입니까?

A. S3 버킷은 IAM을 사용해 권한을 줄 수 없다.

B. S3 버킷에 있는 폴더에는 개별로 태그할 수 없다.

C. S3에서 버킷에는 태그를 여러 개 지정할 수 없다.

D. IAM은 개별 S3 버킷을 기반으로 작동할 수 없다.

126. 회사에서 데이터를 마이그레이션하려고 하는 프로젝트를 준비하고 있습니다. 회사는 AWS에 파일을 저장하면 온프레미스 스토리지보다 비용이 낮은지 살펴보고자 합니다. 우선 가장 짧은 지연 시간으로 대부분 파일에 접근할 수 있어야 합니다. 어떤 Storage Gateway 구성을 추천하겠습니까?

A. 캐싱 볼륨

B. 가상 테이프 라이브러리

C. 스냅샷

D. 저장 볼륨

127. 어떤 경우에 읽기 전용 복제본을 기본 데이터베이스와 같은 리전에 두는 대신 여러 가용 영역에 구성합니까?

A. 고객이 전 세계에 있다.

B. 재해 복구를 구현하고자 한다.

C. 네트워크 처리량을 최대화하고자 한다.

D. 기본 데이터베이스 인스턴스와 다른 리전에 읽기 전용 복제본을 구성해서는 안 된다.

128. 어떤 경우에 읽기 전용 복제본을 모든 리전에 구성하는 대신 기본 데이터베이스가 있는 리전의 여러 가용 영역에 구성합니까?

A. 고객이 전 세계에 있다.

B. 재해 복구를 구현하고자 한다.

C. 고객이 대상 리전에 가까이 있다.

    D. 읽기 전용 복제본 모두를 기본 데이터베이스 인스턴스가 있는 리전에 구성해서는 안 된다.

129. 한 지리적 리전에 모든 고객이 있습니다. 그 리전에 데이터베이스 인스턴스와 여러 가용 영역에 여러 개의 읽기 전용 복제본을 만들었습니다. 다른 리전에 복제본을 추가할 필요가 있겠습니까?

    A. 아니다. 그러한 접근 방식은 실익이 없다.

    B. 그렇다. 다른 리전에 복제본을 두면 일부 재해 복구 이점이 있을 수 있다.

    C. 그렇다. 데이터베이스에 대한 고객 요청을 다른 리전에 라우팅할 수 있다.

    D. 그렇다. 다른 리전에 있을 때 S3 버킷도 필요하다.

130. 다음 중 읽기 전용 복제본의 주요 기능은 무엇입니까? (2개 선택)

    A. 읽기

    B. 쓰기

    C. 장애 조치

    D. 백업

131. 현재 심각하게 작동이 정체된 RDS 인스턴스의 성능을 향상하는 방법은 다음 중 무엇입니까? (2개 선택)

    A. 인스턴스의 RDS 읽기 전용 복제본을 만든다.

    B. RDS에서 DynamoDB로 전환한다.

    C. 인스턴스를 다중 AZ로 구성한다.

    D. RDS 인스턴스를 업그레이드한다.

132. RDS 인스턴스에 다수의 대용량 PDF 파일이 있습니다. 이 PDF에 자주 액세스하지는 않지만, 요청이 있으면 빠르게 응답해야 합니다. 사용자가 늘어나면서 이에 따른 부하가 데이터베이스 성능에 문제를 일으키기 시작했습니다. 성능을 향상하려면 어떤 방법이 필요하겠습니까? (2개 선택)

    A. PDF 파일을 S3로 이동한다.

    B. 데이터베이스 앞에 ElastiCache를 설치한다.

    C. 기본 데이터베이스의 읽기 전용 복제본을 만든다.

    D. 데이터베이스의 메모리를 늘려 여유 확보를 검토한다.

133. 회사의 내부 직원이 사용하는 다수의 대용량 PDF 파일이 RDS 인스턴스에 저장돼 있습니다. 직원의 80%가 사내에서 근무합니다. 이 PDF에 자주 액세스하지는 않지만, 요청이 있으면 빠르게 응답해야 합니다. 회사의 지원 인력이 늘어나서 이에 따른 부하가 데이터베이스 성능에 문제를 일으키기 시작했습니다. 성능을 향상하려면 어떤 방법이 필요하겠습니까? (2개 선택)

   A. CloudFront 배포를 설정한다.

   B. RDS 데이터베이스를 실행하고 있는 인스턴스를 업그레이드한다.

   C. 고객의 온프레미스 사이트에 저장 볼륨 Storage Gateway를 설치하는 것을 검토한다.

   D. 데이터베이스 앞에 ElastiCache를 설치한다.

134. 여러 지역에 분산된 회사의 사용자가 사용하는 다수의 대용량 PDF 파일이 RDS 인스턴스에 저장돼 있습니다. 이 PDF에 자주 액세스하지는 않지만, 요청이 있으면 빠르게 응답해야 합니다. 사용자가 늘어나면서 이에 따른 부하가 데이터베이스 성능에 문제를 일으키기 시작했습니다. 데이터베이스의 성능을 향상하기 위한 제일 나은 방법은 무엇이겠습니까?

   A. CloudFront 배포를 설정한다.

   B. 애플리케이션에 액세스하는 사용자가 있는 리전마다 읽기 전용 복제본을 만든다.

   C. 고객의 온프레미스 사이트에 저장 볼륨 Storage Gateway를 설치하는 것을 검토한다.

   D. 데이터베이스 앞에 ElastiCache를 설치한다.

135. 여러 지역에 분산된 회사의 사용자가 사용하는 다수의 대용량 이미지가 RDS 인스턴스에 저장돼 있습니다. 이 이미지는 하루에 수천 번씩 액세스되며 요청이 있으면 빠르게 응답해야 합니다. 사용자가 늘어나면서 이에 따른 부하가 데이터베이스 성능에 문제를 일으키기 시작했습니다. 데이터베이스의 성능을 향상하기 위한 제일 나은 방법은 무엇이겠습니까?

   A. RDS 데이터베이스를 실행하고 있는 인스턴스를 업그레이드한다.

   B. 애플리케이션에 액세스하는 사용자가 있는 리전마다 읽기 전용 복제본을 만든다.

C. 고객의 온프레미스 사이트에 저장 볼륨 Storage Gateway를 설치하는 것을 검토한다.

D. 데이터베이스 앞에 ElastiCache를 설치한다.

136. 다음 중 Route 53의 라우팅 정책으로 옳은 것은 무엇입니까? (2개 선택)

A. 단순 라우팅

B. 장애 복구 라우팅

C. 지연 시간 기반 라우팅

D. 캐시된 라우팅

137. 다음 중 Route 53의 라우팅 정책으로 옳은 것은 무엇입니까? (2개 선택)

A. 지리 위치 라우팅

B. 가중치 기반 라우팅

C. 라운드 로빈 라우팅

D. 분산 라우팅

138. 다음 중 Route 53의 라우팅 정책으로 옳은 것은 무엇입니까? (2개 선택)

A. FIFO 라우팅

B. 다중 응답 라우팅

C. 지리 근접 라우팅

D. 분산 라우팅

139. 다음 중 웹 서버 같은 단일 리소스에 트래픽을 전송하는 라우팅 정책은 무엇입니까?

A. 지리 위치 라우팅

B. 가중치 기반 라우팅

C. 단순 라우팅

D. 지연 시간 기반 라우팅

140. 단일 리소스로 트래픽을 라우팅하고 리소스가 비정상이면 백업 리소스로 라우팅하는 라우팅 정책은 무엇입니까?

A. 상태 기반 라우팅

B. 장애 조치 라우팅

C. 단순 라우팅

D. 지연 시간 기반 라우팅

141. 다음 중 특정 사용자의 지리적 위치를 기반으로 경로를 정하는 라우팅 정책은 무엇입니까?

A. 상태 기반 라우팅

B. 장애 조치 라우팅

C. 지리 위치 라우팅

D. 리전 기반 라우팅

142. 가용한 리전의 지연 시간을 기반으로 사용자 트래픽의 경로를 정하는 라우팅 정책은 무엇입니까?

A. 상태 기반 라우팅

B. 지연 시간 기반 라우팅

C. 지리 위치 라우팅

D. 리전 기반 라우팅

143. 리소스가 정상일 때 트래픽을 다중 리소스로 전달하는 라우팅 정책은 무엇입니까?

A. 상태 기반 라우팅

B. 지연 시간 기반 라우팅

C. 다중 응답 라우팅

D. 리전 기반 라우팅

144. 다음 중 여러 리소스에 대한 트래픽의 가중치를 할당하는 데 사용하는 라우팅 정책은 무엇입니까?

A. 상태 기반 라우팅

B. 지연 시간 기반 라우팅

C. 다중 응답 라우팅

D. 가중치 기반 라우팅

145. 다음 중 단일 웹 서버에 트래픽을 라우팅하는 데 이상적인 라우팅 정책은 무엇입니까?

  A. 단순 라우팅

  B. 지연 시간 기반 라우팅

  C. 다중 응답 라우팅

  D. 가중치 기반 라우팅

146. 지리적으로 분산된 사용자 기반에 사용할 수 있는 Route 53 라우팅 정책은 무엇입니까? (2개 선택)

  A. 지리 위치geolocation 라우팅

  B. 지리적geographical 라우팅

  C. 지리 근접geoproximity 라우팅

  D. 가중치 기반weighted 라우팅

147. 다음 중 가중치 기반 라우팅 정책에 해당하지 않는 값은 무엇입니까?

  A. 1

  B. 255

  C. 125

  D. 이 가중치는 모두 유효하다.

148. 가중치 기반 라우팅 정책에서 가중치 0은 어떻게 작동합니까?

  A. 0은 유효하지 않은 가중치다.

  B. 리소스가 정상일 때 모든 트래픽은 가중치 0으로 리소스로 향한다.

  C. 가중치 0인 리소스로는 트래픽을 전달하지 않는다.

  D. 트래픽은 리소스로 전달되지만, 상태 검사는 수행되지 않는다.

149. 세 리소스에 가중치 기반 라우팅 정책을 적용합니다. 리소스 A는 가중치 100, 리소스 B도 가중치 100, 리소스 C는 가중치 200입니다. 이 시나리오에서 트래픽은 어떻게 라우팅됩니까?

  A. 트래픽은 리소스 A에 25%, 리소스 B에 25%, 리소스 C에 50%로 정해진다.

  B. 트래픽은 리소스 A에 10%, 리소스 B에 10%, 리소스 C에 20%로 정해진다.

C. 트래픽은 리소스 A에 33%, 리소스 B에 33%, 리소스 C에 33%로 정해진다.

D. 이 시나리오에서 라우팅이 어떻게 이뤄지는지 알기에는 정보가 충분하지 않다.

150. 다음 중 Route 53 라우팅 정책에 대한 설명으로 옳은 것은 무엇입니까? (2개 선택)

A. 단순 라우팅 정책은 기본 리소스를 복수로 지정할 수 있다.

B. 가중치 기반 라우팅 정책은 라우팅에 상태 검사가 아닌 가중치를 사용한다.

C. 단순 라우팅 정책은 보조 리소스를 복수로 지정할 수 있다.

D. 라우팅 정책에서 가중치가 100이 넘으면 상태 검사가 생략된다.

151. 전 세계에 사용자가 있는 미디어 서비스 웹사이트와 데이터베이스를 관리하고 있습니다. 웹사이트는 EC2 인스턴스 집합에서 운영되고 있으며 US에서는 응답이 원활합니다. 하지만 EU에서의 응답 속도는 5배나 늦습니다. 데이터베이스 CPU 사용률은 하루 동안 70~90%를 유지합니다. 이 웹사이트의 성능을 향상하기 위해 취해야 할 조치는 무엇입니까? (2개 선택)

A. 일반적인 쿼리를 캐싱해서 데이터베이스 읽기를 줄여 전반적인 부하를 낮출 수 있도록 RDS 인스턴스의 앞에 ElastiCache를 설치한다.

B. EU 사용자 기반에 가까운 엣지 로케이션에서 데이터 캐싱을 활성화하기 위해 CloudFront를 설정한다.

C. 낮은 CPU 임곗값으로 Auto Scaling의 그룹을 설정해서 EC2 인스턴스를 수직 확장한다.

D. 웹사이트를 제공할 추가 EC2 인스턴스를 생성하고 South Asia 리전에 인스턴스를 둔다.

152. 다음 중 인스턴스 유형으로 옳지 않은 것은 무엇입니까? (2개 선택)

A. T3

B. E1

C. M5

D. Q2

153. IAM의 주요 용도는 무엇입니까?

    A. 애플리케이션 배포

    B. AWS에서 권한 관리

    C. 애플리케이션에 대한 사용자 인증

    D. 애플리케이션의 구성

154. 다음 중 IAM에 관한 설명으로 정확한 것은 무엇입니까? (2개 선택)

    A. IAM은 한 AWS 리소스가 다른 리소스에 액세스하는 것을 관리한다.

    B. IAM은 AWS Management Console에 대한 인증 인터페이스를 관리한다.

    C. IAM은 사용자가 AWS Management Console에 액세스하는 것을 관리한다.

    D. IAM은 사용자가 AWS 애플리케이션에 Single Sign-On 하는 것을 관리한다.

155. IAM은 무엇을 의미합니까?

    A. Improved Access Management

    B. Identity and Access Management

    C. Information and Access Management

    D. Identity and Authorization Management

156. 다음 중 IAM이 관리하는 것은 무엇입니까? (2개 선택)

    A. AWS 플랫폼에 액세스하는 사용자 관리

    B. 호스트 애플리케이션 기능에 대한 권한 관리

    C. AWS 내 리소스에 영향을 미치는 역할 관리

    D. 사용자 작업에 대한 비용 통제 및 관리

157. 다음 중 IAM에 의해 관리되지 않는 것은 무엇입니까? (2개 선택)

    A. AWS에서 권한을 공유하는 사용자 그룹

    B. 호스팅되고 있는 웹 애플리케이션에 로그인할 수 있는 사용자 그룹

    C. 리소스가 SNS에서 알림을 수신

    D. EC2 인스턴스가 S3 버킷에 액세스할 수 있게 허용하는 역할

158. 다음 중 IAM의 기능이 아닌 것은 무엇입니까?

A. AWS Management Console 액세스를 위한 멀티 팩터 인증

B. S3에서 객체 삭제를 위한 멀티 팩터 인증

C. AWS 리소스 액세스의 중앙 집중식 제어

D. Active Directory 계정과 통합

159. 다음 중 회사 내 AWS 개발자가 증가하면 나타나는 보안 위험은 무엇입니까?

A. AWS Management Console 액세스에 MFA 활성화

B. 팀에서 하나의 개발자 계정을 사용

C. 개발자별로 계정 생성

D. 12개 이상의 문자가 필요한 비밀번호

160. 다음 중 루트 사용자 이외의 추가 IAM 사용자를 만들 때 필요한 것은 무엇입니까?

A. 모든 계정에 대해 MFA 활성화

B. 루트 계정 MFA 활성화

C. AWS 루트 계정을 위한 로그인 링크뿐만 아니라 사용자를 위한 사용자 정의 로그인 링크를 생성한다.

D. 각각의 새로운 사용자에 대한 IAM 그룹을 만든다.

161. 다음 중 IAM의 구성요소는 무엇입니까? (2개 선택)

A. 사용자

B. 그룹

C. Organizations

D. Organizational Unit

162. 다음 중 IAM의 구성요소는 무엇입니까? (2개 선택)

A. 역할

B. 사용자 정책

C. 연결

D. 권한

163. EC2 인스턴스 집합에서 S3 버킷의 데이터를 검색하게 해야 합니다. 다음 중 생성해야 하는 것은 무엇입니까? (2개 선택)

   A. 역할

   B. 사용자

   C. 정책

   D. 그룹

164. IAM에서 사용자에게 액세스를 부여할 수 있는 도구는 무엇입니까? (2개 선택)

   A. Console

   B. Application

   C. Organizational

   D. Programmatic

165. 다음 중 AWS에서 IAM 정책 유형으로 옳은 것은 무엇입니까? (2개 선택)

   A. 액세스 제어 목록

   B. 애플리케이션 기반

   C. 리소스 기반

   D. 권한 기반

166. IAM 정책을 작성하는 데 사용되는 언어는 무엇입니까?

   A. YAML

   B. JSON

   C. PHP

   D. ACSCII

167. 다음 중 IAM 정책이 연결되는 것은 무엇입니까? (2개 선택)

   A. 사용자

   B. 데이터베이스 항목

   C. 그룹

   D. 비밀번호

168. MFA는 무엇을 의미합니까?

   A. Multi-Fraction Authentication

B. Multi-Factor Authentication

C. Multi-Factor Authorization

D. Multi-Fraction Authorization

169. IAM에서 애플리케이션 배포의 확장성을 지원하는 방법은 무엇입니까? (2개 선택)

A. 그룹을 통해 한꺼번에 사용자에게 권한을 할당할 수 있다.

B. 사용자가 한꺼번에 호스트 애플리케이션에 액세스할 수 있게 한다.

C. 인스턴스에서 관리형 AWS 서비스에 액세스를 허용하는 방식으로 많은 수의 인스턴스에 일관성을 확보할 수 있다.

D. 사용자가 실수로 S3 저장소에서 객체를 삭제하지 않게 한다.

170. 다음 중 AWS 리소스 전체에서 중앙 집중식으로 사용자를 관리하는 것은 무엇입니까? (2개 선택)

A. KMS

B. S3 SSE-C

C. IAM

D. AWS Organizations

171. IAM 역할과 관련해 Power User란 무엇입니까?

A. 루트 사용자에 대한 AWS 이름

B. 모든 IAM 사용자는 Power User로 취급된다.

C. 그룹이나 사용자 관리를 제외한 모든 AWS 서비스와 리소스에 대한 모든 권한을 갖는 사용자 유형

D. 애플리케이션 배포 프로파일에 액세스할 수 있는 사용자

172. 다음 중 루트 사용자가 할 수 없는 것은 무엇입니까?

A. 사용자를 만든다.

B. AWS Management Console에 대한 사용자 액세스를 제거한다.

C. 역할을 삭제한다.

D. 루트 사용자는 위의 모든 작업을 수행할 수 있다.

173. 다음 중 Power User가 할 수 없는 것은 무엇입니까?

    A. 사용자를 만든다.

    B. 새로운 SNS 주제를 만든다.

    C. 다른 사용자가 만든 실행 중인 EC2 인스턴스를 중지한다.

    D. Power User는 이 모든 작업을 수행할 수 있다.

174. 다음 중 루트 사용자 액세스 키를 처리하는 모범 사례는 무엇입니까?

    A. 인스턴스에서 보호하는 .aws/ 디렉터리에만 저장한다.

    B. 루트 사용자 액세스 키를 삭제하고 다른 IAM 사용자 자격 증명을 대신 사용한다.

    C. API 액세스에만 사용하고 AWS Management Console 액세스는 피한다.

    D. S3와 연결해 사용할 때를 위해 MFA Delete를 활성화한다.

175. 다음 중 루트 사용자의 자격 증명이 필요한 것은 무엇입니까? (2개 선택)

    A. AWS 계정을 정지한다.

    B. IAM 사용자를 삭제한다.

    C. CloudFront 키 페어를 만든다.

    D. IAM 정책을 만든다.

176. 다음 중 루트 사용자 자격 증명이 필요 없는 것은 무엇입니까? (2개 선택)

    A. 기존 RDS 인스턴스의 크기 조정

    B. CloudFormation 템플릿을 통한 애플리케이션 배포

    C. 사용자에 대한 취소 권한 복원

    D. AWS 계정에 대한 지원 선택 변경

177. 애플리케이션을 실행하고 있는 EC2 인스턴스에 AWS 계정의 루트 사용자가 액세스하지 못하게 하는 방법은 무엇입니까?

    A. 인스턴스의 .aws/ 디렉터리에 있는 모든 키를 삭제한다.

    B. SSH 로그인만 허용하도록 인스턴스를 전환한다.

    C. 인스턴스의 .ssh/ 디렉터리에서 키를 제거한다.

    D. AWS 계정의 루트 사용자의 액세스 권한은 제거할 수 없다.

178. 일반적인 단일 계정 AWS 환경에서 어떤 사용자 그룹이 루트 수준으로 액세스해야 합니까?

   A. 개발자와 관리자

   B. 계정 감사관과 개발자

   C. 계정 관리를 담당하는 2~3명의 개발자나 엔지니어

   D. 아무도 아니다.

179. 다음 중 사전 정의된 AWS IAM 정책이 아닌 것은 무엇입니까?

   A. Administrator

   B. Power User

   C. Billing

   D. 모두 사전 정의된 IAM 정책이다.

180. 신속하게 DevOps 팀을 IAM에 구성하려 합니다. 팀원마다 사용자를 만들었습니다. 어떤 작업을 수행해야 합니까? (2개 선택)

   A. 사용자에 대해 로그인 URL을 만든다.

   B. AWS Management Console에서 각 사용자에 대해 DevOps를 선택한다.

   C. 각 사용자에게 개발자 Power User 정책을 연결한다.

   D. 각 사용자에게 읽기 권한만 있는 사용자 정책을 연결한다.

181. 다음 중 회사의 주요 AWS 계정에 액세스하고자 하는 관리자에 가장 적합한 정책은 무엇입니까?

   A. Administrator

   B. Power User

   C. Security Auditor

   D. View-Only User

182. 다음 중 애플리케이션 사용 패턴을 결정하는 하둡 작업 및 쿼리를 실행하는 팀 구성원에 적합한 정책은 무엇입니까?

   A. Administrator

   B. Power User

C. Security Auditor

D. Data Scientist

183. 다음 중 개발 팀을 위한 리소스 설정, AWS 디렉터리 서비스 작업, 향후 DNS 항목 설정을 책임지는 팀 구성원에 적합한 정책은 무엇입니까?

A. System Administrator

B. Power User

C. Security Auditor

D. Data Scientist

184. 다음 중 IAM 정책과 권한 관리로 할 수 없는 것은 무엇입니까? (2개 선택)

A. 사용자가 EC2 인스턴스에 대한 액세스를 제거한다.

B. 루트 사용자가 EC2 인스턴스에 대한 액세스를 제거한다.

C. 호스팅되고 있는 웹 애플리케이션에 루트 사용자 액세스 권한을 부여한다.

D. 모든 EC2 인스턴스에 액세스할 수 있는 사용자를 추가한다.

185. 다음 중 AWS Management Console에서 로그아웃한 후 다시 로그인해야 수 행되는 것은 무엇입니까?

A. 마지막 로그인 이후 사용자에 연결된 모든 IAM 정책을 적용한다.

B. 사용자가 자신의 마지막 로그인 이후에 추가된 그룹에 연결된 모든 IAM 정책을 적용한다.

C. 사용자의 마지막 로그인 이후 JSON 또는 AWS REST API를 통해 수행된 IAM 정책에 업데이트를 적용한다.

D. 그런 것은 없다. 계정에 대한 모든 변경사항은 즉시 적용되며, 로그아웃 했다가 다시 로그인할 필요 없다.

186. 회사에서 새로운 개발자에게 사용자를 새로 만들었습니다. 추가로 설정하기 전에 사용자가 갖는 권한은 무엇입니까?

A. 어떤 AWS 서비스에도 액세스할 수 없다.

B. 모든 읽기 전용 AWS 서비스에 액세스할 수 있다.

C. 모든 AWS 서비스에 관리자 수준으로 액세스할 수 있다.

D. 제한할 때까지 루트 사용자와 같은 권한을 갖는다.

187. 회사에서 새로운 개발자에게 사용자를 새로 만들었습니다. EC2 인스턴스에 작업할 수 있게 하려면 어떤 작업을 수행해야 합니까? (2개 선택)

  A. AWS가 정의하는 EC2 사용자 그룹의 일부로 사용자를 설정한다.

  B. AWS Management Console에서 개발자 사용자로 사용자를 설정한다.

  C. 로그인할 URL을 사용자에게 제공한다.

  D. 관리자 또는 Power User 같은 그룹에 사용자를 추가한다.

188. 신규 사용자가 AWS Management Console보다는 API를 통해서만 AWS에 액세스하는 방법은 무엇입니까? (2개 선택)

  A. 사용자 로그인 URL을 만들지 않는다.

  B. 사용자에게 액세스 키 ID와 보안 액세스 키만 제공한다.

  C. AWS Management Console에서 사용자 옆에 있는 'AWS Management Console에 로그인' 박스에 체크하지 않는다.

  D. 사용자에 대한 MFA를 중지한다.

189. AWS에서 사용자 이름은 어느 정도 고유해야 합니까?

  A. 사용자가 생성된 리전 전체

  B. 모든 AWS 계정 전체

  C. 사용자가 생성된 AWS 계정 전체

  D. 사용자 이름은 고유할 필요가 없지만, 이메일 주소는 고유해야 한다.

190. 다음 중 사용자가 AWS 리소스를 프로그래밍적으로 액세스하는 데 필요한 것은 무엇입니까? (2개 선택)

  A. 사용자 이름

  B. 액세스 키 ID

  C. 비밀번호

  D. 보안 액세스 키 페어

191. 다음 중 사용자가 AWS Management Console에 액세스하는 데 필요한 것은 무엇입니까? (2개 선택)

  A. 사용자 이름

  B. 액세스 키 ID

C. 비밀번호

D. 보안 액세스 키 페어

192. 정책 문서는 어떤 언어로 작성합니까?

A. JavaScript

B. JSON

C. Node.js

D. Ruby

193. 다음 중 사용자가 Single Sign-On으로 연동해서 AWS Management Console에 액세스할 수 있게 하는 것은 무엇입니까?

A. SAML

B. JSON

C. SSO

D. IAM

194. Active Directory의 대규모 사용자 기반에서 개별로 사용자를 만들지 않고 AWS Management Console에 액세스할 수 있게 하고자 합니다. 어떻게 해결할 수 있겠습니까?

A. AWS Management Console을 설정해서 다른 인증 기관에서 읽기 권한의 사용자를 이용하게 한다.

B. 데이터베이스 마이그레이션 도구를 사용해 Active Directory 데이터베이스를 RDS로 마이그레이션한다.

C. AWS를 설정해서 Active Directory의 사용자를 AWS와 연동한다.

D. AWS가 제공하지 않는 Active Directory를 AWS에 액세스하는 데 이용할 수 없다.

195. 다음 중 권한 집합인 것은 무엇입니까?

A. 그룹

B. 역할

C. 주제

D. 정책

196. 주 개발 사무실과 다른 리전에 있는 소규모 개발자 그룹을 추가하고자 합니다. 어떻게 이 새 리전으로 사용자와 권한을 확대할 수 있겠습니까?

A. 보조 리전에서 새 사용자를 만든다.

B. 새로운 사용자를 기본 리전에서 만든다. 만든 사용자를 새로운 리전에 복제한다.

C. 새로운 사용자를 기본 리전에서 만든다. IAM 복제를 설정한 다음 새로운 리전에 복제한 사용자에게 알맞은 권한을 적용한다.

D. 새로운 사용자를 만들면 모든 리전에 적용할 수 있다.

197. 정책 문서를 전체 조직과 AWS 리소스 집합으로 확장할 수 있게 하려면 어떠한 사항을 검토해야 합니까?

A. 모든 정책이 적용될 리전에서 고유한 이름을 갖게 한다.

B. 모든 정책 문서가 region:* 속성을 갖고 있게 하고 모든 리전에 적용된다.

C. 아무것도 필요 없다. 정책 문서는 계정 내의 모든 AWS 리소스에 자동으로 적용된다.

D. 정책 문서를 만들 때, '리전 충돌 방지'를 선택했는지 확인한다.

198. 다음 중 Auto Scaling을 사용하는 곳은 어디입니까? (2개 선택)

A. 애플리케이션 모니터링

B. 용량 관리

C. 비용 제한

D. 권한 관리

199. 다음 중 Auto Scaling의 이점은 무엇입니까? (2개 선택)

A. 필요한 것만 지불한다.

B. 네트워크 성능을 향상할 수 있다.

C. 신속한 조정을 설정한다.

D. VPC 관리 오버헤드를 줄인다.

200. 다음 중 Auto Scaling 인터페이스를 사용해 확장할 수 있는 것은 무엇입니까? (2개 선택)

A. DynamoDB

B. Route 53 도메인

C. Aurora 읽기 전용 복제본

D. ALB

201. 다음 중 Auto Scaling 인터페이스를 사용해 확장할 수 있는 것은 무엇입니까? (2개 선택)

A. ECS 컨테이너

B. SNS 주제

C. Redshift

D. EC2 인스턴스

202. AWS에서 사용자 수요에 대응하기 위해 구성요소 집합을 확장 또는 축소하는 것을 무엇이라고 합니까?

A. Auto Scaling 정책

B. 시작 구성

C. Auto Scaling 그룹

D. 용량 그룹

203. 다음 중 Auto Scaling 그룹에서 지정할 수 없는 것은 무엇입니까? (2개 선택)

A. 최소 크기

B. 추가할 인스턴스

C. 목표 용량

D. 목표 비용

204. 다음 중 Auto Scaling 그룹에서 지정할 수 있는 것은 무엇입니까? (2개 선택)

A. 최대 크기

B. 조정 정책

C. 최소 처리 임곗값

D. 메모리 할당

205. 다음 중 Auto Scaling 시작 구성에 해당하는 것은 무엇입니까? (2개 선택)

A. 애플리케이션 언어

B. AMI ID

C. 보안 그룹

D. API 엔드포인트

206. 다음 중 Auto Scaling 시작 구성에 해당하지 않는 것은 무엇입니까? (2개 선택)

    A. 인스턴스 유형

    B. 최대 메모리 사용률

    C. 클러스터 크기

    D. 보안 그룹

207. 다음 중 Auto Scaling 그룹의 조정으로 옳은 것은 무엇입니까? (2개 선택)

    A. 수동 조정

    B. 메모리 기반의 조정

    C. 예약된 조정

    D. 보안 기반 조정

208. 다음 중 Auto Scaling 그룹의 조정으로 옳은 것은 무엇입니까? (2개 선택)

    A. 수요 기반 조정

    B. 인스턴스 기반 조정

    C. 리소스 기반 조정

    D. 일정한 수의 인스턴스 유지

209. 항상 특정한 수의 인스턴스가 실행되게 하는 Auto Scaling 정책은 무엇입니까?

    A. 수요 기반 조정

    B. 인스턴스 기반 조정

    C. 리소스 기반 조정

    D. 일정한 수의 인스턴스 유지

210. CPU 사용률에 따라 인스턴스를 추가하고 제거하는 데 어떤 Auto Scaling 정책을 이용합니까?

    A. 수요 기반 확장

B. 예약된 조정

C. 리소스 기반 확장

D. 일정한 수의 인스턴스 유지

211. 정기적으로 사용률이 높아질 때 하루 중 특정 시간에 인스턴스를 추가하고 제거하는 데 사용하는 Auto Scaling 정책은 무엇입니까?

A. 수요 기반 확장

B. 예약된 조정

C. 리소스 기반 확장

D. 일정한 수의 인스턴스 유지

212. 지정된 최대 및 최소 인스턴스 수 내에서 스스로 확장을 제어하는 데 사용하는 Auto Scaling 정책은 무엇입니까?

A. 수요 기반 확장

B. 예약된 조정

C. 수동 기반 조정

D. 일정한 수의 인스턴스 유지

213. 다음 중 수동 Auto Scaling 정책으로 제공할 수 있는 것은 무엇입니까?

A. 목표 용량

B. 수직 확장할 시간

C. 최대 CPU 사용률

D. 조정 조건

214. 다음 중 Auto Scaling 그룹에서 수직 확장과 축소를 트리거하는 데 사용하는 것은 무엇입니까? (2개 선택)

A. CloudWatch

B. SNS

C. AWS Management Console

D. Route 53

215. Auto Scaling 그룹에 있는 인스턴스가 상태 확인이 이뤄지지 않아서 제대로 응답하지 못한다고 의심됩니다. 이 문제를 해결하는 가장 좋은 방법은 무엇입니까?

A. 인스턴스를 다시 시작한다.

B. Auto Scaling 그룹에서 인스턴스를 제거한 후 문제를 해결한다.

C. 일반적으로 Standby 상태로 인스턴스를 전환하고 장애 조치한다.

D. 인스턴스에 CloudWatch 지표를 추가해서 Auto Scaling을 트리거한다.

216. 다음 중 Auto Scaling 그룹에서 인스턴스의 상태로 옳은 것은 무엇입니까? (2개 선택)

A. Deleted

B. ReadyForService

C. InService

D. Standby

217. Auto Scaling 그룹을 생성하는 올바른 작업 순서는 무엇입니까?

A. 그룹 검증, Auto Scaling 그룹 생성, 시작 구성 생성

B. 시작 구성 생성, Auto Scaling 그룹 생성, 그룹 검증

C. Auto Scaling 생성, 시작 구성 생성, 그룹 검증

D. 시작 구성 생성, 그룹 검증, Auto Scaling 그룹 생성

218. 단일 Auto Scaling 그룹 시작 구성에 몇 개의 AMI를 사용할 수 있습니까?

A. 그룹의 각 인스턴스에 대해 하나

B. 그룹 내의 모든 인스턴스에 하나

C. 그룹 내의 인스턴스 클래스당 하나

D. 이 중 어느 것도 아니다. 시작 구성에서 AMI를 지정하지 않는다.

219. 단일 Auto Scaling 그룹의 시작 구성에서 몇 개의 보안 그룹을 사용할 수 있습니까?

A. 이 중 어느 것도 아니다. 시작 구성에서 보안 그룹을 지정하지 않는다.

B. 그룹 내 모든 인스턴스에 보안 그룹 하나를 사용한다.

C. 수신 요청에 하나의 보안 그룹, 송신 요청에 하나의 보안 그룹

D. 필요한 만큼 사용할 수 있다.

220. 다음 중 Auto Scaling 그룹에서 만들 수 없는 것은 무엇입니까?

A. EC2 인스턴스

B. 시작 구성

C. 시작 템플릿

D. 모두 해당

221. 웹 애플리케이션을 EC2 인스턴스에서 실행하고 있습니다. 최근 트래픽이 많이 증가하고 애플리케이션 응답이 하루에 몇 번씩 느려지는 것을 발견했습니다. 일관된 성능을 이룰 수 있는 최선의 단계는 무엇입니까? (2개 선택)

A. AMI ID와 인스턴스 파라미터로 시작 구성을 만든다.

B. 현재 EC2 인스턴스에서 Auto Scaling 그룹을 만든다.

C. 수요 기반 확장으로 Auto Scaling 그룹을 설정한다.

D. 수동 조정과 Auto Scaling 그룹을 설정한다.

222. 애플리케이션에서 매일 사용량이 급증합니다. 동쪽 해안 지역의 대규모 사용자들이 매일 저녁 애플리케이션에 액세스하고 있으며, 그 시간 동안 애플리케이션의 성능이 저하되고 있다고 판단합니다. 성능을 정상화하기 위해 취해야 할 조치는 무엇입니까? (2개 선택)

A. 예약된 확장으로 Auto Scaling 그룹을 만든다.

B. US East 리전에 Auto Scaling 그룹을 호스팅하는 것을 고려한다.

C. 사용자 요청을 응답하는 캐싱을 CloudFront에 구현한다.

D. 수동 조정과 Auto Scaling 그룹을 설정한다.

223. 사내 네트워크 스토리지 시스템을 AWS에 S3로 전환하는 백업 절차를 진행 중입니다. 클라우드 스토리지 비용을 최소화하면서 최대한 빨리 클라우드 호스팅 파일에 대한 요청에 응답할 수 있게 하길 원합니다. 어떤 스토리지를 제안하겠습니까?

A. S3 Standard

B. S3-IA

C. S3 One Zone-IA

D. Glacier

224. 다음 중 데이터 검색이 가장 긴 것은 무엇입니까?

A. S3 Standard

B. S3-IA

C. S3 One Zone-IA

D. Glacier

225. 다음 중 데이터 검색이 가장 긴 것은 무엇입니까?

A. S3 Standard

B. S3-IA

C. S3 One Zone-IA

D. 모두 같다.

226. 일상 작업에서 컴퓨팅 집약적 작업을 분리해서 CPU 집약적 애플리케이션을 구성했습니다. 이 컴퓨팅 집약적 작업은 매달 마무리돼야 하며, 중단하거나 시작하는 것이 전반적 작업에 영향을 미치지 않아야 합니다. 이러한 비용을 절감해서 이러한 프로세스를 수행하고자 합니다. 어떤 인스턴스 요금 모델을 제안할 수 있습니까?

A. 예약 인스턴스

B. 온디맨드 인스턴스

C. 전용 하드웨어 인스턴스

D. 스팟 인스턴스

영역 3: 안전한 애플리케이션 및 아키텍처 설명

✓ **3.1** 어떻게 애플리케이션 티어를 보호할지 결정한다.

✓ **3.2** 어떻게 데이터를 보호할지 결정한다.

✓ **3.3** 단일 VPC 애플리케이션을 위한 네트워킹 인프라를 정의한다.

연습문제

1. 새로운 보안 그룹을 만들 때, 다음 중 옳은 것은 무엇입니까? (2개 선택)

   A. 모든 인바운드 트래픽은 기본적으로 허용된다.

   B. 모든 아웃바운드 트래픽은 기본적으로 허용된다.

   C. 수신을 허용하는 연결은 반드시 명시적으로 외부로 나가는 연결도 허용해야 한다.

   D. 수신을 허용하는 연결은 외부로 나가는 연결도 허용한다.

2. S3 Standard에 대용량 데이터를 저장하는 정부 규제를 받는 시스템이 있습니다. 모든 데이터를 암호화해야 하며 감사 추적과 제3자 감사에 투명성을 유지해야 합니다. 보안 정책에서는 전체 데이터 저장소에 암호화가 일관되게 적용돼야 합니다. 다음 중 어떤 암호화가 가장 최선이겠습니까?

   A. SSE-C

   B. SSE-KMS

   C. SSE-C

   D. 데이터가 S3에 업로드되기 전에 암호화하고 클라이언트에 반환할 때 해독한다.

3. 조직의 VPC에 있는 프라이빗 서브넷의 EC2 인스턴스 집합에 SSH로 액세스할 수 있도록 배스천 호스트를 만들고 있습니다. 다음 중 배스천 호스트를 구성하는 데 해야 할 일은 무엇입니까? (2개 선택)

   A. 배스천 호스트가 인터넷에 직접 노출되게 한다.

   B. 프라이빗 서브넷 내에 배스천 호스트를 배치한다.

   C. NACL이 있는 프라이빗 서브넷에 배스천 호스트 IP에서 시작하는 경로를 추가한다.

   D. 배스천 호스트가 프라이빗 서브넷 내의 호스트로서 같은 보안 그룹에 있게 한다.

4. 다음 중 IAM 작업으로 옳지 않은 것은 무엇입니까? (2개 선택)

   A. 모든 EC2 인스턴스에 루트 계정 SSH 액세스 제한

B. 모든 EC2 인스턴스에 사용자 계정의 SSH 액세스 허용

C. 루트 계정에 대한 AWS Management Console 액세스 제거

D. 루트를 제외한 모든 사용자 계정의 AWS Management Console 액세스 제거

5. 다음 중 옳은 것은 무엇입니까?

A. 애플리케이션 키는 애플리케이션의 .aws 파일에 저장해야 한다.

B. AMI나 클라우드상의 그 어떤 곳에라도 애플리케이션 키를 영구 저장해서는 안 된다.

C. 암호화된 AMI에만 애플리케이션 키를 저장해야 한다.

D. AWS Management Console에 로그인할 때 애플리케이션 키를 사용해야 한다.

6. 회사에서는 로컬 네트워크를 AWS VPC에 연결하는 VPN 연결을 설정하려고 합니다. 이 설정에서 필요하지 않은 구성요소는 무엇입니까? (2개 선택)

A. NAT 인스턴스

B. 가상 프라이빗 게이트웨이

C. AWS VPC의 프라이빗 서브넷

D. 고객 게이트웨이

7. AWS VPC에 프라이빗 서브넷이 있으며, 그 서브넷 내의 인스턴스는 인터넷에 액세스할 수 없습니다. 이 문제를 해결하기 위해 NAT 게이트웨이를 만들었습니다. 인스턴스 인터넷에 액세스할 수 있게 하려면 어떤 조치를 추가로 수행해야 합니까? (2개 선택)

A. 인터넷에 액세스할 수 없는 인스턴스와 같은 서브넷에 NAT 게이트웨이를 둔다.

B. 0.0.0.0/0으로 향하는 트래픽이 NAT 게이트웨이를 향하도록 프라이빗 서브넷에 경로를 추가한다.

C. 0.0.0.0/0으로 향하는 트래픽이 NAT 게이트웨이를 향하도록 퍼블릭 서브넷에 경로를 추가한다.

D. NAT 게이트웨이를 퍼블릭 서브넷에 둔다.

8. 다음 중 NAT 인스턴스 및 NAT 게이트웨이에 대한 설명으로 옳지 않은 것은 무엇입니까? (2개 선택)

A. NAT 인스턴스와 NAT 게이트웨이 모두 고가용성이다.

B. NAT 게이트웨이를 만들 때는 인스턴스 유형과 크기를 선택해야 하며, NAT 인스턴스는 그럴 필요가 없다.

C. NAT 인스턴스를 패치하는 것은 사용자 책임이고, NAT 게이트웨이를 패치하는 것은 AWS 책임이다.

D. NAT 인스턴스에는 보안 그룹을 지정하며, NAT 게이트웨이에는 지정하지 않는다.

9. 다음 중 옳은 것은 무엇입니까?

A. VPC의 기본 NACL은 모든 인바운드와 아웃바운드 트래픽을 허용한다.

B. NACL은 상태 저장이다.

C. 보안 그룹은 상태 비저장이다.

D. NACL에서는 트래픽의 수신을 허용하면 자동으로 송신도 허용된다.

10. 역할의 권한을 변경하고, 그 역할을 기존에 실행 중인 EC2 인스턴스에 연결했습니다. 권한을 변경하면 언제 인스턴스에 변경한 영향이 나타납니까?

A. 즉시

B. 5분 이내

C. 1시간 내

D. EC2 인스턴스를 다시 시작한 후

11. 다음 중 옳은 것은 무엇입니까?

A. 새로운 보안 그룹을 만들면 기본적으로 SSH를 포함한 모든 수신 트래픽은 허용된다.

B. 인바운드 HTTP와 HTTPS 액세스가 필요하면 새로운 보안 그룹을 만들고 기본 설정으로 둔다.

C. 새로운 보안 그룹에서는 명시적으로 모든 인바운드 트래픽을 허용해야 한다.

D. 보안 그룹은 상태 비저장이다.

12. 다음 중 옳지 않은 것은 무엇입니까?

A. 새로운 보안 그룹을 만들면 기본적으로 어떤 인바운드 트래픽도 허용되지 않는다.

B. 새로운 보안 그룹을 만들면 기본적으로 SSH를 포함한 모든 송신 트래픽은 허용된다.

C. 새로운 보안 그룹을 만들면 기본적으로 SSH를 제외한 모든 송신 트래픽은 허용된다.

D. 새로운 보안 그룹을 만들면 인바운드 HTTPS 트래픽은 허용되지 않는다.

13. 어떻게 EBS 볼륨을 암호화할 수 있습니까?

A. AWS CLI에서 AWS 보안 명령을 사용한다.

B. EBS의 볼륨을 스냅샷하고 암호화된 S3 버킷에 복사한다.

C. EBS의 볼륨을 만들 때 암호화를 선택한다.

D. EBS의 볼륨을 마운트한 EC2 인스턴스에서 운영체제 암호화 도구를 사용해 볼륨을 암호화한다.

14. 보안 그룹 규칙에는 어떤 것이 있습니까? (2개 선택)

A. 허용 규칙

B. 금지 규칙

C. 거부 규칙

D. 인바운드 규칙

15. 다음 중 보안 그룹에 대한 설명으로 옳은 것은 무엇입니까? (2개 선택)

A. 거부 규칙은 지정할 수 있지만, 허용 규칙은 지정할 수 없다.

B. 기본적으로 보안 그룹은 모든 아웃바운드 트래픽을 허용하는 아웃바운드 규칙을 포함한다.

C. 인바운드 및 아웃바운드 트래픽에 대한 규칙을 각각 구체적으로 지정할 수 있다.

D. 보안 그룹은 상태 비저장이다.

16. 다음 중 보안 그룹에 대한 설명으로 옳지 않은 것은 무엇입니까? (2개 선택)

    A. 거부 규칙보다 허용 규칙을 우선한다.

    B. 인바운드 트래픽이 허용된 응답은 다시 밖으로 나갈 때도 허용된다.

    C. 인바운드 및 아웃바운드 트래픽에 대한 규칙을 각각 구체적으로 지정할 수 있다.

    D. 아웃바운드 규칙이 없는 경우, 외부로 나가는 모든 아웃바운드 트래픽은 허용된다.

17. 다음 중 보안 그룹을 만들 때 반드시 있어야 하는 것은 무엇입니까? (2개 선택)

    A. 최소 하나의 인바운드 규칙

    B. 이름

    C. 설명

    D. 최소 하나의 아웃바운드 규칙

18. 다음 중 보안 그룹과 연결되는 것은 무엇입니까?

    A. ELB

    B. 네트워크 인터페이스

    C. ALB

    D. 네트워크 ACL

19. 다음 중 기본 VPC의 기본 보안 그룹에 설정된 기본 규칙은 무엇입니까? (2개 선택)

    A. 모든 프로토콜에 아웃바운드: 0.0.0.0/0 허용

    B. 모든 프로토콜에 인바운드: 0.0.0.0/0 허용

    C. 모든 프로토콜에 아웃바운드: ::/0 허용

    D. 모든 프로토콜에 인바운드: ::/0 허용

20. 다음 중 보안 그룹 규칙에 해당하는 것은 무엇입니까? (2개 선택)

    A. 프로토콜

    B. 서브넷

    C. 인스턴스 ID

    D. 설명

21. 다음 중 S3에 데이터를 안전하게 업로드할 수 있는 것은 무엇입니까? (2개 선택)

    A. HTTP를 사용하는 HTTP 엔드포인트

    B. HTTPS를 사용하는 SSL 엔드포인트

    C. HTTPS를 사용하는 HTTP 엔드포인트

    D. HTTP를 사용하는 SSL 엔드포인트

22. 다음 중 S3 버킷 데이터를 위한 클라이언트 측 암호화를 설명하는 것은 무엇입니까?

    A. 사용자가 암호화 프로세스를 관리하면서 데이터를 암호화하고 S3에 업로드할 수 있다.

    B. AWS가 암호화 프로세스를 관리하게 하면서 데이터를 암호화하고 S3에 업로드할 수 있다.

    C. S3에 객체를 저장하기 전에 AWS가 암호화하도록 요청한다.

    D. 사용자는 객체를 암호화하고 AWS는 객체를 업로드하고 해독한다.

23. 다음 중 S3 버킷 데이터를 위한 서버 측의 암호화를 설명하는 것은 무엇입니까?

    A. 사용자가 암호화 프로세스를 관리하면서 데이터를 암호화하고 S3에 업로드할 수 있다.

    B. AWS가 암호화 프로세스를 관리하게 하면서 데이터를 암호화하고 S3에 업로드할 수 있다.

    C. S3에 객체를 저장하기 전에 AWS가 암호화하도록 요청한다.

    D. 사용자는 객체를 암호화하고 AWS는 객체를 업로드하고 해독한다.

24. 다음 중 S3에서 클라이언트 측 암호화를 활성화하는 단계로 옳은 것은 무엇입니까? (2개 선택)

    A. AWS CLI를 다운로드해서 S3 키 저장소에 SSH 연결한다.

    B. KMS 관리 고객 마스터 키를 사용한다.

    C. 클라이언트 측의 데이터를 암호화하기 위해 AWS SDK를 다운로드한다.

    D. 대상 S3 버킷에서 버킷 암호화를 활성화한다.

25. 다음 중 S3에 대한 서버 측 암호화 키를 관리하는 방법이 아닌 것은 무엇입니까?

A. SSE-S3

B. SSE-KMS

C. SSE-E

D. SSE-C

26. 다음 중 강력한 감사 추적을 해야 할 때 암호화 키 관리에 최적인 것은 무엇입니까?

A. SSE-S3

B. SSE-KMS

C. 클라이언트 측 암호화 키

D. SSE-C

27. 다음 중 S3가 실제 데이터 암호화를 처리하게 하는 데 최적인 암호화 키 관리는 무엇입니까?

A. SSE-S3

B. SSE-KMS

C. 클라이언트 측 암호화 키

D. SSE-C

28. 클라우드를 크게 신뢰하지 않는 고객은 기존 보안 시스템을 보유하고 있습니다. 고객은 S3를 사용하길 희망하지만, AWS의 암호화를 신뢰하지 않습니다. 이러한 고객의 상황에 맞추어 데이터를 클라우드로 옮기려 할 때 활용할 수 있는 방법은 무엇입니까?

A. SSE-S3

B. SSE-KMS

C. 클라이언트 측 암호화 키

D. SSE-C

29. S3 데이터 암호화를 시작하고 싶지만, 조직은 암호화에 익숙하지 않습니다. 조직에서 암호화를 처리하기보다 AWS에서 대부분의 암호화 작업을 처리하고자 합니다. 가장 저렴한 방법은 무엇입니까?

A. SSE-S3

B. SSE-KMS

C. 클라이언트 측 암호화 키

D. SSE-C

30. 회사는 현재 EU의 개인 정보 보호 제한사항을 준수해야 합니다. 다음 중 사용할 수 있는 S3 버킷은 무엇입니까? (2개 선택)

A. EU Central 1의 버킷

B. US East 2의 버킷

C. EU West 1의 버킷

D. SA East 1의 버킷

31. 다음 중 EU의 개인 정보 보호 법률을 준수하면서 가용 영역 장애 처리를 제공하는 것은 무엇입니까? (2개 선택)

A. US West 1의 S3 버킷

B. EU West 2의 S3 버킷

C. EU Central 1의 S3-IA 버킷

D. EU-West-1의 S3 One Zone-IA 버킷

32. 다중 AZ RDS 인스턴스에서 사용하는 복제 유형은 무엇입니까?

A. 오프라인 복제

B. 동기식 복제

C. 푸시 복제

D. 비동기식 복제

33. S3 객체 스토리지에서 실수로 데이터가 삭제되는 것을 최대한 방지하려면 어떤 방법을 사용해야 합니까?

A. EBS 볼륨에 버전 관리를 활성화한다.

B. S3 버킷에 대한 MFA Delete를 활성화한다.

C. Lambda 작업을 모니터링하고 S3 삭제 요청을 막도록 설정한다.

D. S3 REST API에 대한 DELETE 엔드포인트를 비활성화한다.

34. S3 객체 스토리지에서 실수로 데이터가 삭제되는 것을 최대한 방지하려면 어떤 방법을 사용해야 합니까? (2개 선택)

A. S3 버킷에 버전 관리를 활성화한다.

B. S3 버킷에 대한 MFA Delete를 활성화한다.

C. CloudWatch에서 S3 API의 버전 관리를 활성화한다.

D. 모든 사용자에게서 객체를 삭제하는 IAM 권한을 제거한다.

35. US East 1 리전의 S3 버킷에서 MFA Delete를 활성화하려 합니다. 그 전에 어떤 조치를 수행해야 합니까?

A. MFA Delete를 사용하려는 버킷에 REST API를 비활성화한다.

B. MFA Delete를 사용하려는 버킷에 리전 간 복제를 활성화한다.

C. MFA Delete를 지원하는 US West 1 같은 리전으로 버킷을 이동한다.

D. MFA Delete를 사용하려는 버킷에 버전 관리를 사용한다.

36. AWS Trusted Advisor란 무엇입니까?

A. 성능 향상을 지원하는 온라인 리소스

B. 비용 감소를 지원하는 온라인 리소스

C. 보안 개선을 지원하는 온라인 리소스

D. 모두 해당

37. 다음 중 AWS Trusted Advisor에서 제공하지 않는 권장사항은 무엇입니까?

A. 비용 절감

B. 내결함성 향상

C. 향상된 보안

D. 계정 구성

38. 다음 중 AWS Trusted Advisor의 핵심 검사에 해당하는 것은 무엇입니까? (2개 선택)

A. S3 버킷 권한

B. 루트 계정에 MFA 적용

C. CloudWatch에서 경보의 수량

D. VPC 엔드포인트의 사용

39. 다음 중 AWS Trusted Advisor가 제공하는 권장사항은 무엇입니까? (2개 선택)

A. 루트 계정에 대한 MFA를 활성화한다.

B. EC2 인스턴스에 대한 안티바이러스 보호를 활성화한다.

C. 퍼블릭 쓰기 액세스 권한이 있는 S3 버킷을 업데이트한다.

D. NAT 인스턴스를 NAT 게이트웨이로 업데이트한다.

40. 다음 중 IAM 정책으로 불가능한 것은 무엇입니까?

A. 루트 계정에 대해 MFA를 활성화한다.

B. 루트 계정이 EC2 인스턴스에 액세스하는 것을 거부한다.

C. 그룹 내 사용자의 S3 액세스를 비활성화한다.

D. 특정 사용자의 EC2 인스턴스 SSH 액세스를 제한한다.

41. S3 암호화에 대한 설명으로 옳지 않은 것은 무엇입니까? (2개 선택)

A. 서버 측 암호화가 활성화되면 S3는 데이터에 AWS-256 암호화를 적용한다.

B. S3 암호화는 데이터와 함께 제공되는 클라이언트 키를 사용한다.

C. 서버 측 암호화가 활성화되면 암호화된 EBS 볼륨에만 저장할 수 있다.

D. 클라이언트 측 암호화가 활성화되면 로컬에서 암호화된 데이터를 S3에 저장한다.

42. 암호화된 EBS 볼륨을 생성하면 암호화되는 데이터는 무엇입니까? (2개 선택)

A. 볼륨에 저장 중인 데이터

B. 볼륨과 연결된 인스턴스 사이에 이동하는 데이터

C. 암호화된 인스턴스를 저장하고 있는 S3 버킷의 데이터

D. 인스턴스의 볼륨으로 연결된 EFS에 저장된 데이터

43. 암호화된 EBS 볼륨을 생성해도 암호화되지 않는 데이터는 무엇입니까? (2개 선택)

A. EBS 볼륨에서 만든 스냅샷

B. 암호화된 볼륨에서 작동하는 인스턴스에 연결된 다른 볼륨의 데이터

C. 암호화된 볼륨이 연결된 인스턴스에서 생성된 데이터

D. 볼륨과 연결된 인스턴스 사이에 이동하는 데이터

44. 암호화된 EBS 볼륨이 EC2 인스턴스에 연결된 경우, 자동으로 암호화되지 않는 데이터 유형은 무엇입니까?

A. 볼륨으로 전송 중인 데이터

B. 볼륨에 저장 중인 데이터

C. 볼륨에서 전송 중인 데이터

D. 모두 암호화된다.

45. 암호화된 EBS 볼륨에서 사용되는 암호화 서비스는 무엇입니까?

A. S3-KMS

B. S3-C

C. KMS

D. 고객 관리 키

46. 실행 중인 EC2 인스턴스의 프라이빗 IP 주소를 확인할 방법은 무엇입니까?

A. http://169.254.169.254/latest/user-data/

B. http://169.254.169.254/latest/instance-data/

C. http://169.254.169.254/latest/meta-data/

D. http://169.254.169.254/latest/ec2-data/

47. 암호화된 EBS 볼륨을 스냅샷할 때, 다음 중 옳은 것은 무엇입니까? (2개 선택)

A. 스냅샷은 암호화된다.

B. 스냅샷이 저장된 버킷의 모든 데이터는 암호화된다.

C. 인스턴스를 스냅샷하면 모두 암호화된다.

D. 스냅샷으로부터 생성된 볼륨은 모두 암호화된다.

48. 암호화된 EBS 볼륨을 스냅샷하고, 다른 리전에서 스냅샷으로 볼륨을 생성하려 합니다. 다음 중 어떤 작업을 수행해야 합니까? (2개 선택)

A. 새로운 리전으로 스냅샷을 복사한다.

B. 이전 리전에서 스냅샷을 삭제한다.

C. 새로운 리전에서 일단 스냅샷을 해독한다.

D. 새로운 리전에서 스냅샷으로 새 볼륨을 만든다.

49. RDS 인스턴스를 암호화하는 방법은 무엇입니까?

A. CLI를 통해 실행 중인 인스턴스에 암호화를 활성화한다.

B. AWS Management Console을 통해 실행 중인 인스턴스에 암호화를 활성화한다.

C. AWS Management Console을 통해 실행 중인 인스턴스에 암호화 프로세스를 실행한다.

D. 인스턴스를 만들 때 암호화를 활성화한다.

50. 다음 중 RDS 인스턴스에서 데이터를 암호화하는 방법은 무엇입니까?

A. 클라이언트 측 암호화 키를 사용한다.

B. AWS API를 통해 실행 중인 RDS 인스턴스에 암호화를 활성화한다.

C. RDS가 실행 중인 인스턴스를 암호화한다.

D. 이 중에는 인스턴스의 데이터를 암호화하는 방법이 없다.

51. '저장 중 데이터는 모두 암호화' 정책을 준수하기 위해 암호화되지 않은 RDS 인스턴스에서 수행해야 하는 작업은 무엇입니까?

A. RDS 인스턴스를 스냅샷하고 복원한다. 복원할 때 새 복사본을 암호화한다.

B. 인스턴스에서 암호화된 인스턴스로 데이터를 마이그레이션하기 위해 AWS 데이터베이스 마이그레이션 서비스를 사용한다.

C. 암호화한 인스턴스를 새로 만들고 데이터를 수동으로 옮긴다.

D. 이 중에는 인스턴스의 데이터를 암호화하는 방법이 없다.

52. '저장 중 데이터는 모두 암호화' 정책을 준수하기 위해 암호화되지 않은 EBS 볼륨에서 수행해야 하는 작업은 무엇입니까?

A. 볼륨을 중지하고 스냅샷한다. 스냅샷의 복사본을 암호화한다. 그런 다음 암호화된 스냅샷으로 복원한다.

B. '암호화 활성화'를 선택한 후, 볼륨을 중지하고 볼륨을 다시 시작한다.

C. AWS API를 통해 볼륨을 암호화하고 '기존 데이터 암호화' 플래그를 활성화한다.

D. 이 중 어느 것도 인스턴스의 모든 데이터를 암호화하지는 않는다.

53. '저장 중 데이터는 모두 암호화' 정책을 준수하기 위해 암호화되지 않은 EBS 볼륨에서 수행해야 하는 작업은 무엇입니까?

A. 볼륨을 중지하고 스냅샷을 생성한다. 볼륨 암호화를 선택해서 스냅샷으로 재시작한다.

B. '암호화 활성화'를 선택한 후, 볼륨을 중지하고 볼륨을 다시 시작한다.

C. AWS API를 통해 볼륨을 암호화하고 '기존 데이터 암호화' 플래그를 활성화한다.

D. 이 중에는 인스턴스의 데이터를 암호화하는 방법이 없다.

54. '저장 중 데이터는 모두 암호화' 정책을 준수하기 위해 암호화되지 않은 EBS 볼륨에서 수행해야 하는 작업은 무엇입니까?

A. 새 볼륨을 생성하고 EC2 인스턴스에 연결한다. 데이터를 암호화되지 않은 볼륨에서 새 볼륨으로 복사한 후 볼륨을 암호화한다.

B. 암호화를 활성화해서 새 볼륨을 생성하고 EC2 인스턴스에 연결한다. 암호화되지 않은 볼륨에서 새 볼륨으로 데이터를 복사한다.

C. 새 볼륨을 생성하고 EC2 인스턴스에 연결한다. 암호화된 복사 명령을 사용해 데이터를 암호화되지 않은 볼륨에서 새 볼륨으로 복사한다.

D. 이 중 어느 것도 인스턴스의 모든 데이터를 암호화하지는 않는다.

55. 다음 중 EBS 볼륨에 해당하는 것은 무엇입니까? (2개 선택)

A. 볼륨을 암호화한다.

B. 볼륨의 스냅샷을 암호화한다.

C. 볼륨의 스냅샷 사본을 암호화한다.

D. 암호화된 스냅샷으로 암호화된 볼륨에 복원한다.

56. 다음 중 EBS 스냅샷에 대한 설명으로 옳지 않은 것은 무엇입니까? (2개 선택)

A. 암호화된 볼륨을 스냅샷하면 자동으로 암호화된다.

B. 암호화된 스냅샷의 사본을 만들 때 명시적으로 지정하지 않는 한, 사본은 암호화되지 않는다.

C. 먼저 스냅샷이 암호화되지 않았으면, 암호화된 스냅샷을 복사할 수 없다.

D. 암호화된 스냅샷에서 생성된 볼륨은 자동으로 암호화된다.

57. AWS 계정에서 스냅샷을 복사할 수 있습니까?

A. 그렇다.

B. 그렇다. 하지만 먼저 스냅샷의 액세스 권한을 수정해야 한다.

C. 그렇다. 하지만 모두 AWS 계정의 소유자여야 한다.

D. 아니다.

58. US East 2에 EBS 볼륨의 스냅샷이 있습니다. 이 스냅샷으로 US West 1에 볼륨을 생성하는 것이 가능하겠습니까?

A. 그렇다. US East 2의 스냅샷으로 US West 1에서 볼륨을 만들 수 있다.

B. 그렇다. 하지만 먼저 US West 1로 스냅샷을 복사해야 한다.

C. 그렇다. 하지만 US East 2에서 인스턴스를 만든 다음 US West 1로 이동해야 한다.

D. 아니다.

59. 여러 리전에 EBS 스냅샷을 복사할 수 있습니까?

A. 그렇다. 스냅샷이 암호화돼 있지 않으면 가능하다.

B. 그렇다. 스냅샷에 다중 리전 사용이 표시돼 있으면 가능하다.

C. 그렇다.

D. 아니다.

60. 다음 중 인스턴스에 연결된 보안 그룹에서 제어할 수 있는 것은 무엇입니까? (2개 선택)

A. 인바운드 트래픽

B. HTTP 오류 메시지

C. 아웃바운드 트래픽

D. 액세스 제어 목록

61. VPC에서 단일 인스턴스에 연결할 수 있는 보안 그룹은 몇 개입니까?

    A. 없다. 보안 그룹은 인스턴스에 연결되지 않는다.

    B. 1개

    C. 1개 이상

    D. 2개 이상

62. 다음 중 인스턴스에 보안 그룹을 연결하는 것 이외에 VPC 보안을 더 강화하는 방법은 무엇입니까?

    A. NACL

    B. 포트 필터

    C. ALB

    D. Flow 로그

63. 다음 중 사용자가 생성하고 정의하는 NACL에 대한 설명으로 옳은 것은 무엇입니까?

    A. 기본적으로 NACL은 VPC의 모든 송신 트래픽을 허용한다.

    B. 기본적으로 NACL은 VPC의 모든 수신 트래픽을 허용한다.

    C. NACL은 연결한 서브넷의 가상 방화벽이다.

    D. NACL은 인스턴스 수준에서 작동한다.

64. 다음 중 NACL을 제어할 수 있는 권한을 부여하는 서비스는 무엇입니까?

    A. VPC

    B. WAF

    C. AWS Organizations

    D. IAM

65. 다음 중 보안 그룹에 대한 설명으로 옳은 것은 무엇입니까? (2개 선택)

    A. 허용과 거부 규칙 지원

    B. 트래픽 허용을 결정하기 전에 모든 규칙을 평가

    C. 인스턴스 수준에서 작동

    D. 연결된 서브넷의 모든 인스턴스에 적용

66. 다음 중 보안 그룹에 대한 설명으로 옳은 것은 무엇입니까? (2개 선택)

    A. 상태 저장

    B. 상태 비저장

    C. 순서별 처리 규칙

    D. 인스턴스 연결

67. 다음 중 NACL에 대한 설명으로 옳은 것은 무엇입니까? (2개 선택)

    A. 상태 저장

    B. 상태 비저장

    C. 순서별 처리 규칙

    D. 인스턴스 연결

68. 다음 중 NACL에 대한 설명으로 옳은 것은 무엇입니까? (2개 선택)

    A. 연결된 서브넷의 모든 인스턴스에 적용

    B. 보안 그룹이 없을 때만 적용

    C. 허용과 거부 규칙 지원

    D. 트래픽 허용과 거부를 결정하기 전에 모든 규칙을 평가

69. NACL과 보안 그룹 중에서 어떤 것이 먼저 평가됩니까?

    A. NACL과 보안 그룹은 함께 평가된다.

    B. NACL을 먼저 평가한 다음, 보안 그룹을 평가한다.

    C. 보안 그룹을 먼저 평가하고, NACL은 그다음에 평가한다.

    D. VPC 설정에 따라 달라진다.

70. 다음 중 옳은 것은 무엇입니까? (2개 선택)

    A. 보안 그룹은 동시에 2개의 인스턴스에만 적용할 수 있다.

    B. NACL은 서브넷 내의 모든 인스턴스에 동시에 적용된다.

    C. 보안 그룹은 동시에 하나의 인스턴스에만 적용할 수 있다.

    D. NACL은 동시에 하나의 인스턴스에만 적용할 수 있다.

71. 다음 중 NACL과 연결되는 것은 무엇입니까?

    A. 인스턴스

B. 서브넷

C. VPC

D. NACL은 이들 모두와 연결할 수 있다.

72. 다음 중 기본 VPC에 있는 기본 NACL에 대한 설명으로 옳은 것은 무엇입니까? (2개 선택)

A. 모든 인바운드 트래픽을 허용한다.

B. 모든 아웃바운드 트래픽을 허용한다.

C. 모든 인바운드 트래픽을 허용하지 않는다.

D. 모든 아웃바운드 트래픽을 허용하지 않는다.

73. 다음 중 사용자 생성 NACL에 대한 설명으로 옳은 것은 무엇입니까? (2개 선택)

A. 모든 인바운드 트래픽을 허용한다.

B. 모든 아웃바운드 트래픽을 허용한다.

C. 모든 인바운드 트래픽을 허용하지 않는다.

D. 모든 아웃바운드 트래픽을 허용하지 않는다.

74. NACL의 규칙 평가 순서는 무엇입니까?

A. 규칙 번호의 오름차순으로 평가

B. 규칙 번호의 내림차순으로 평가

C. 규칙 포트의 오름차순으로 평가

D. 규칙 포트의 내림차순으로 평가

75. 다음 중 옳지 않은 것은 무엇입니까? (2개 선택)

A. 네트워크 ACL은 인바운드 및 아웃바운드 규칙을 분리한다.

B. 네트워크 ACL은 상태 저장이다.

C. VPC의 서브넷은 NACL과 연결돼야 한다.

D. 네트워크 ACL은 하나의 서브넷에만 연결될 수 있다.

76. 하나의 NACL을 연결할 수 있는 서브넷 수는 몇 개입니까?

A. 1개

B. 1개 이상

C. NACL은 서브넷이 아닌 인스턴스와 연결된다.

D. NACL은 서브넷이 아닌 VPC와 연결된다.

77. 하나의 서브넷에 연결할 수 있는 NACL 수는 몇 개입니까?

A. 1개

B. 1개 이상

C. 서브넷은 NACL이 아닌 보안 그룹과 연결된다.

D. 서브넷은 NACL이 아닌 VPC와 연결된다.

78. NACL과 연결된 서브넷에 다른 NACL을 연결하면 어떻게 됩니까?

A. 두 NACL 모두 서브넷과 연결된다.

B. 오류가 발생한다. 새로운 NACL을 연결하려면 기존 NACL을 제거해야 한다.

C. 오류가 발생한다. 우선 두 NACL을 병합해서 서브넷에 연결해야 한다.

D. 기존 NACL이 새 NACL로 대체되며, 서브넷에는 하나의 NACL만 연결된다.

79. 다음 중 네트워크 ACL 규칙에 해당하는 것은 무엇입니까? (2개 선택)

A. ASCII 코드

B. 규칙 번호

C. IAM 그룹

D. 프로토콜

80. 다음 중 네트워크 ACL 규칙에 해당하는 것은 무엇입니까? (2개 선택)

A. ALLOW 또는 DENY

B. CIDR 범위

C. IP 주소

D. VPC 식별자

81. 다음 사용자 정의 NACL의 인바운드 규칙 중 제일 먼저 평가되는 것은 무엇입니까?

A. #800 // HTTP // TCP // 80 // 0.0.0.0/0 -> ALLOW

B. #100 // HTTPS // TCP // 443 // 0.0.0.0/0 -> ALLOW

C. * // All // All // All // 0.0.0.0/0 -> DENY

D. #130 // RDP // TCP // 3389 // 192.0.2.0/24 -> ALLOW

82. 다음 인바운드 규칙이 사용자 정의 NACL에 지정된 경우, SSH 트래픽을 허용합니까?

#800 // HTTP // TCP // 80 // 0.0.0.0/0 -〉 ALLOW

#100 // HTTPS // TCP // 443 // 0.0.0.0/0 -〉 ALLOW

* // ALL // ALL // ALL // 0.0.0.0/0 -〉 DENY

#130 // RDP // TCP // 3389 // 192.0.2.0/24 -〉 ALLOW

- **A.** 그렇다. SSH는 NACL에 기본 프로토콜로 포함돼 있다.
- **B.** 그렇다. SSH는 HTTPS 프로토콜에 포함돼 있다.
- **C.** IAM에서 SSH 액세스 권한이 허용될 때만 가능하다.
- **D.** 아니다.

83. 기본 VPC의 기본 NACL에 다음 인바운드 규칙이 있으면, SSH 트래픽을 허용합니까?

#800 // HTTP // TCP // 80 // 0.0.0.0/0 -〉 ALLOW

#100 // HTTPS // TCP // 443 // 0.0.0.0/0 -〉 ALLOW

- **A.** 그렇다. 기본 VPC의 기본 NACL은 기본적으로 모든 인바운드 트래픽을 허용한다.
- **B.** 그렇다. SSH는 HTTPS 프로토콜에 포함돼 있다.
- **C.** IAM에서 SSH 액세스 권한이 허용될 때만 가능하다.
- **D.** 아니다.

84. 다음 인바운드 규칙이 사용자 정의 NACL에 지정된 경우, SSH 트래픽을 허용합니까?

#800 // HTTP // TCP // 80 // 0.0.0.0/0 -〉 ALLOW

#100 // HTTPS // TCP // 443 // 0.0.0.0/0 -〉 ALLOW

#140 // ALL // ALL //ALL // 0.0.0.0/0 -〉 DENY

#120 // SSH // TCP // 22 // 192.0.2.0/24 -〉 ALLOW

- **A.** 그렇다.
- **B.** 그렇다. 하지만 CIDR 블록 192.0.2.0/24에서 접속하는 트래픽만 허용한다.
- **C.** IAM에서 SSH 액세스 권한이 허용될 때만 가능하다.
- **D.** 아니다.

85. 다음 인바운드 규칙이 사용자 정의 NACL에 지정된 경우, SSH 트래픽을 허용합니까?

#800 // HTTP // TCP // 80 // 0.0.0.0/0 -> ALLOW

#100 // HTTPS // TCP // 443 // 0.0.0.0/0 -> ALLOW

#110 // ALL // ALL //ALL // 0.0.0.0/0 -> DENY

#120 // SSH // TCP // 22 // 192.0.2.0/24 -> ALLOW

- **A.** 그렇다.
- **B.** 그렇다. 하지만 192.0.2.0/24 CIDR에서 접속하는 트래픽만 허용한다.
- **C.** IAM에서 SSH 액세스 권한이 허용될 때만 가능하다.
- **D.** 아니다.

86. 다음 NACL의 인바운드 규칙에서 수행되는 작업을 가장 정확하게 기술한 것은 무엇입니까?

#120 // SSH // TCP // 22 // 192.0.2.0/24 -> ALLOW

- **A.** 연결된 서브넷에 인바운드 SSH 트래픽을 허용한다.
- **B.** 연결된 서브넷에 인바운드 TCP 트래픽을 허용한다.
- **C.** CIDR 블록 192.0.2.0/24에서 서브넷으로 접근하는 인바운드 TCP 트래픽을 허용한다.
- **D.** CIDR 블록 192.0.2.0/24에서 서브넷으로 접근하는 인바운드 SSH 트래픽을 허용한다.

87. 다음 NACL의 인바운드 규칙에서 수행되는 작업을 가장 정확하게 기술한 것은 무엇입니까?

#120 // HTTP // TCP // 80 // 0.0.0.0/0 -> ALLOW

- **A.** 연결된 서브넷에 인바운드 HTTP 트래픽을 허용한다.
- **B.** 낮은 번호의 규칙으로 거부하지 않는 한 연결된 서브넷에 인바운드의 IPv4 HTTP 트래픽을 허용한다.
- **C.** 연결된 서브넷에 인바운드 IPv4 HTTP 트래픽을 허용한다.
- **D.** 연결된 서브넷에 인바운드 IPv4 TCP 트래픽을 허용한다.

88. CIDR 블록 0.0.0.0/0은 무엇을 의미합니까?

    A. 전체 인터넷

    B. IPv4 주소로 제한된 전체 인터넷

    C. IPv6 주소로 제한된 전체 인터넷

    D. 전체 인터넷에서 인바운드 트래픽

89. CIDR 블록 ::/0은 무엇을 의미합니까?

    A. 전체 인터넷

    B. IPv4 주소로 제한된 전체 인터넷

    C. IPv6 주소로 제한된 전체 인터넷

    D. 전체 인터넷에서 인바운드 트래픽

90. IPv6의 아웃바운드 트래픽이 ID nat-123456789인 NAT 게이트웨이를 통해 전체 인터넷으로 전송될 수 있는 규칙은 다음 중 무엇입니까?

    A. 0.0.0.0/0 -> NAT -> nat-123456789

    B. ::/0 -> nat-123456789

    C. 0.0.0.0/0 -> nat-123456789

    D. ::/0 -> NAT -> nat-123456789

91. 한 리전의 단일 VPC가 걸칠 수 있는 가용 영역은 몇 개입니까?

    A. 없다. VPC는 가용 영역에 걸치지 않는다.

    B. 1개

    C. 최소 2개 이상

    D. 모두 해당

92. 다음 중 새로운 VPC를 만들 때 지정해야 하는 것은 무엇입니까? (2개 선택)

    A. 가용 영역

    B. 리전

    C. CIDR 블록

    D. 보안 그룹

93. 한 VPC 내에서 단일 가용 영역에 추가할 수 있는 서브넷은 몇 개입니까?

    A. 없음

    B. 1개

    C. 1개 이상

    D. 최소 2개 이상

94. 한 리전에서 VPC의 단일 서브넷에 연결할 수 있는 가용 영역은 몇 개입니까?

    A. 없음

    B. 1개

    C. 1개 이상

    D. 최소 2개 이상

95. 서브넷은 몇 개의 가용 영역에 걸칠 수 있습니까?

    A. 없음

    B. 1개

    C. 1개 이상

    D. 최소 2개 이상

96. 한 VPC에는 몇 개의 IPv6 CIDR 블록을 할당할 수 있습니까?

    A. 없음

    B. 1개

    C. 1개 이상

    D. 최소 2개 이상

97. 한 VPC에는 몇 개의 IPv4 CIDR 블록을 할당할 수 있습니까?

    A. 없음

    B. 1개

    C. 1개 이상

    D. 최소 2개 이상

98. US East 1에 3개의 서브넷이 있는 VPC가 있습니다. 그 서브넷 중 하나의 트래픽은 인터넷 게이트웨이로 라우팅됩니다. 이 서브넷을 무엇이라고 합니까?

   A. 프라이빗 서브넷

   B. 제한된 서브넷

   C. VPC의 마스터 서브넷

   D. 퍼블릭 서브넷

99. VPC의 퍼블릭 서브넷에 있는 EC2 인스턴스가 웹 트래픽을 처리하고 있습니다. 그 EC2 인스턴스는 인터넷을 통해 접근할 수 있습니까?

   A. 그렇다.

   B. 그렇다. EC2 인스턴스에 퍼블릭 IPv4 주소가 있으면 가능하다.

   C. 그렇다. VPC가 퍼블릭으로 표시돼 있으면 가능하다.

   D. 아니다.

100. VPC의 퍼블릭 서브넷에 웹 액세스 API를 실행하는 3개의 인스턴스가 실행 중입니다. 2개의 인스턴스는 인터넷상의 클라이언트에 잘 응답하고 있으나, 하나는 응답하지 못하고 있습니다. 문제의 원인은 무엇입니까?

   A. VPC가 퍼블릭 경계로 표시돼야 한다.

   B. 3개의 인스턴스를 Auto Scaling 그룹으로 이동해야 한다.

   C. VPC에 인터넷 게이트웨이가 없다.

   D. 응답하지 못하는 인스턴스에 일래스틱 IP가 필요하다.

101. 다음 중 새로운 VPC를 만들 때 지정할 수 있는 것은 무엇입니까? (2개 선택)

   A. IPv4 CIDR 블록

   B. VPC 설명

   C. IPv6 CIDR 블록

   D. 보안 그룹

102. 다음 중 사용자 정의 VPC 생성에 필요하지 않은 것은 무엇입니까? (2개 선택)

   A. IPv6 CIDR 블록

   B. VPC 이름

C. VPC 태그 집합

D. IPv4 CIDR 블록

103. 다음 중 퍼블릭 서브넷이라고 서브넷을 정의할 수 있는 것은 무엇입니까? (2개 선택)

A. 인바운드 퍼블릭 트래픽을 허용하는 보안 그룹

B. 인터넷 게이트웨이를 통하도록 트래픽을 라우팅하는 라우팅 테이블

C. 퍼블릭 IP 주소를 사용하는 인스턴스

D. 인터넷 게이트웨이

104. 다음 중 VPN 전용 서브넷의 정의는 무엇입니까? (2개 선택)

A. 인터넷 게이트웨이로 트래픽을 라우팅하는 라우팅 테이블

B. 가상 프라이빗 게이트웨이로 트래픽을 라우팅하는 라우팅 테이블

C. 가상 프라이빗 게이트웨이

D. 인터넷 게이트웨이

105. VPN 전용 서브넷의 필수 구성요소는 다음 중 무엇입니까? (2개 선택)

A. 라우팅 테이블

B. 가상 프라이빗 게이트웨이

C. 일래스틱 IP 주소

D. 인터넷 게이트웨이

106. 리전당 기본적으로 만들 수 있는 최대 VPC 수는 몇 개입니까?

A. 1

B. 5

C. 20

D. 200

107. VPC에 기본적으로 만들 수 있는 최대 서브넷 수는 몇 개입니까?

A. 1

B. 5

C. 20

D. 200

108. VPC당 기본적으로 만들 수 있는 최대 IPv4 CIDR 블록 수는 몇 개입니까?

    A. 1

    B. 5

    C. 20

    D. 200

109. 리전당 기본적으로 만들 수 있는 최대 일래스틱 IP 수는 몇 개입니까?

    A. 1

    B. 5

    C. 20

    D. 200

110. 다음 중 옳지 않은 것은 무엇입니까? (2개 선택)

    A. 서브넷의 CIDR 블록은 VPC와 같을 수 있다.

    B. 서브넷의 CIDR 블록은 VPC보다 클 수 있다.

    C. 서브넷의 CIDR 블록은 VPC보다 작을 수 있다.

    D. 서브넷에는 CIDR 블록을 지정할 필요가 없다.

111. 다음 중 VPC 피어링 연결에서 한 VPC와 연결되는 것은 무엇입니까?

    A. 다른 VPC의 서브넷

    B. 다른 VPC의 특정 인스턴스

    C. 다른 VPC

    D. 가상 프라이빗 게이트웨이

112. 다음 중 Amazon VPC VPN 연결은 온프레미스 네트워크를 무엇과 연결합니까?

    A. 고객 게이트웨이

    B. 인터넷 게이트웨이

    C. Amazon VPC

    D. 가상 프라이빗 게이트웨이

113. 다음 중 VPC VPN 연결에 필요한 것은 무엇입니까? (2개 선택)

    A. 고객 게이트웨이

B. 인터넷 게이트웨이

C. 가상 프라이빗 게이트웨이

D. 퍼블릭 서브넷

114. 다음 중 VPC 및 인스턴스 보안을 위해 사용하는 것은 무엇입니까? (2개 선택)

A. 고객 게이트웨이

B. NACL

C. 가상 프라이빗 게이트웨이

D. 보안 그룹

115. VPC에 있는 모든 인스턴스에 수신 트래픽이 도달하지 않게 하기 위한 제일 나은 방법은 무엇입니까?

A. 블랙리스트

B. NACL

C. 가상 프라이빗 게이트웨이

D. 보안 그룹

116. VPC에 있는 특정 서브넷의 데이터베이스 인스턴스에만 수신 트래픽이 직접 도달하지 않게 하기 위한 제일 나은 방법은 무엇입니까?

A. 블랙리스트

B. NACL

C. 가상 프라이빗 게이트웨이

D. 보안 그룹

117. 서브넷에 5개의 인스턴스가 있습니다. 2개 인스턴스는 퍼블릭 API를 제공하고 백엔드(후방, 프라이빗)의 3개 인스턴스에서는 데이터베이스를 실행합니다. 이 인스턴스들을 보호하는 가장 좋은 방법은 무엇입니까? (2개 선택)

A. 서브넷 수준에서 NACL을 적용한다.

B. 모든 인스턴스에 하나의 보안 그룹을 연결한다.

C. 2개의 백엔드 데이터베이스 인스턴스를 다른 서브넷으로 옮긴다.

D. VPC에 인터넷 게이트웨이를 연결한다.

118. 다음 중 보안 그룹 작동과 유사한 것은 무엇입니까?

    A. 블랙리스트

    B. NACL

    C. 화이트리스트

    D. 그레이리스트

119. NACL과 보안 그룹이 제공하는 보안 기능은 어떤 수준에서 작동합니까? (2개 선택)

    A. VPN 수준

    B. 서비스 수준

    C. 서브넷 수준

    D. 인스턴스 수준

120. 보안 그룹에서 수행하는 필터링의 유형은 무엇입니까?

    A. 상태 저장

    B. 동기적

    C. 화이트리스트

    D. 상태 비저장

121. 네트워크 ACL이 수행하는 필터링의 유형은 무엇입니까?

    A. 상태 저장

    B. 동기

    C. 화이트리스트

    D. 상태 비저장

122. 다음 중 VPC 피어링으로 연결할 수 있는 것은 무엇입니까?

    A. 같은 AWS 계정과 같은 리전에 있는 VPC

    B. 다른 AWS 계정에 있는 VPC

    C. 같은 AWS 계정에 있지만 다른 리전에 있는 VPC

    D. 모두 해당

123. 다음 중 VPC 피어링 연결을 생성할 수 없는 것은 무엇입니까? (2개 선택)

    A. 다른 AWS 계정에 있는 VPC

    B. 같은 리전의 인스턴스

    C. 같은 리전의 VPC

    D. 인터넷 게이트웨이

124. 사용자 지정 VPC 내의 원본 인스턴스는 다른 VPC에 있는 인스턴스가 게시한 API와 통신할 필요가 있습니다. 어떻게 이를 수행할 수 있습니까? (2개 선택)

    A. AWS Management Console을 통해 VPC 간 통신을 활성화한다.

    B. 원본 인스턴스에서 API 제공 인스턴스로 라우팅하도록 구성한다.

    C. 원본 인스턴스에 보안 그룹을 추가한다.

    D. 원본 VPC에 인터넷 게이트웨이 또는 가상 프라이빗 게이트웨이를 추가한다.

125. 다음 중 한 VPC에 있는 인스턴스를 다른 리전의 인스턴스와 통신할 수 있게 하는 것은 무엇입니까? (2개 선택)

    A. VPN 연결

    B. NACL

    C. 인터넷 게이트웨이

    D. 퍼블릭 IP 주소

126. 현재 VPC를 지원하지 않는 리전은 어디입니까?

    A. US East 1

    B. EU West 1

    C. SA East 1

    D. VPC는 모든 AWS 리전에서 지원된다.

127. VPC에서 확장할 수 있는 가용 영역은 몇 개입니까?

    A. 없다. VPC는 가용 영역 내에 위치할 수 없다.

    B. 1개

    C. 2개 이상

    D. 리전 내 모든 가용 영역

128. VPC 내에서 인스턴스가 시작될 때, 어떤 가용 영역에서 시작됩니까?

   A. 기본 가용 영역

   B. 가용 영역을 지정해야 한다.

   C. 인스턴스가 없는 첫 번째 가용 영역

   D. 리소스가 가장 적게 있는 가용 영역

129. 회사에서는 저장 중 데이터를 모두 암호화해야 합니다. 몇몇 EBS 지원 EC2 인스턴스를 이번 주에 만들어야 합니다. 어떻게 볼륨을 암호화할 수 있겠습니까?

   A. 볼륨을 암호화하기 위해 인스턴스에 OS 수준의 도구를 사용한다.

   B. 볼륨을 생성할 때 암호화되도록 AWS Management Console에서 지정한다.

   C. 특정 EBS 볼륨은 암호화를 활성화할 수 없다.

   D. 인스턴스를 시작한 뒤, AWS Management Console에서 볼륨을 암호화한다.

130. 다음 중 VPC 엔드포인트를 사용하는 데 필요한 것은 무엇입니까?

   A. 인터넷 게이트웨이

   B. VPN 연결

   C. NAT 인스턴스

   D. VPC 엔드포인트는 위의 어느 것도 필요로 하지 않는다.

131. 다음 중 VPC 엔드포인트에 대한 설명으로 옳은 것은 무엇입니까?

   A. VPC 엔드포인트는 S3 버킷에 연결할 수 있다.

   B. VPC 엔드포인트는 하드웨어 장치다.

   C. VPC 엔드포인트는 인터넷 게이트웨이가 필요하지 않다.

   D. VPC 엔드포인트에 대한 트래픽은 인터넷을 거치지 않는다.

132. 다음 중 VPC 엔드포인트에 연결할 수 없는 것은 무엇입니까?

   A. S3

   B. SNS

   C. 인터넷 게이트웨이

   D. DynamoDB

133. 다음 중 S3에 연결된 VPC 엔드포인트를 사용하기 위해 만들어야 하는 것은 무엇입니까?

A. NAT 인스턴스

B. NAT 게이트웨이

C. IAM 역할

D. 보안 그룹

134. 퍼블릭 서브넷에 있지 않은 인스턴스에 SSH로 연결할 수 있습니까?

A. 그렇다.

B. 그렇다. 배스천 호스트와 적합한 라우팅이 있으면 가능하다.

C. 그렇다. AWS Direct Connect를 사용하면 가능하다.

D. 없다.

135. 배스천 호스트는 어디에 배포합니까?

A. 프라이빗 서브넷

B. 퍼블릭 서브넷

C. 프라이빗 VPC

D. 가상 프라이빗 게이트웨이가 있는 VPC

136. 배스천 호스트를 부르는 또 다른 이름은 무엇입니까?

A. 리모트 호스트

B. 박스 호스트

C. 점프 서버

D. 배스천 연결

137. 다음 중 배스천 호스트로 연결하는 것은 무엇입니까?

A. 퍼블릭 서브넷에서 퍼블릭 인스턴스

B. 프라이빗 서브넷에서 퍼블릭 인스턴스

C. 퍼블릭 서브넷에서 프라이빗 인스턴스

D. 프라이빗 서브넷에서 프라이빗 인스턴스

138. 다음 중 배스천 호스트를 보호하기 위해 사용하는 것은 무엇입니까?

    A. 네트워크 ACL

    B. 보안 그룹

    C. 보안 OS

    D. 모두 해당

139. 배스천 호스트에서 프라이빗 인스턴스에 셸로 액세스하려면, 보안 그룹에서 어떤 프로토콜을 허용해야 합니까?

    A. SSH와 RDP

    B. SSH만

    C. RDP만

    D. HTTPS만

140. 다음 중 인터넷 게이트웨이에 대한 설명으로 옳지 않은 것은 무엇입니까?

    A. 수평 확장할 수 있다.

    B. 자동으로 중복적이다.

    C. 자동으로 고가용성이다.

    D. 수직 확장할 수 있다.

141. 다음 중 인터넷 게이트웨이와 연결하는 것은 무엇입니까?

    A. AWS 계정

    B. VPC 내 서브넷

    C. VPC

    D. 서브넷 내의 인스턴스

142. 다음 중 인터넷 게이트웨이로 IPv4 트래픽을 라우팅하는 데 사용하는 대상 경로는 무엇입니까?

    A. 0.0.0.0/24

    B. 0.0.0.0/0

    C. ::/0

    D. 192.168.1.1

143. 다음 중 인터넷 게이트웨이로 IPv6 트래픽을 라우팅하는 데 사용하는 대상 경로는 무엇입니까?

A. 0.0.0.0/24

B. 0.0.0.0/0

C. ::/0

D. 192.168.1.1

144. 다음 중 인스턴스가 인터넷과 IPv6 통신을 하는 데 필요하지 않은 것은 무엇입니까?

A. IPv6 CIDR 블록과 연결된 VPC

B. 인스턴스에 할당된 퍼블릭 IPv6

C. IPv6 CIDR 블록과 연결된 서브넷

D. IPv6가 활성화된 가상 프라이빗 게이트웨이

145. 퍼블릭에서 액세스해야 하는 인스턴스에 할당해야 하는 것은 무엇입니까? (2개 선택)

A. 퍼블릭 IP 주소

B. 일래스틱 IP 주소

C. IAM 역할

D. NACL

146. 다음 중 인터넷 게이트웨이가 필요한 것은 무엇입니까? (2개 선택)

A. 퍼블릭 서브넷

B. 일래스틱 IPv6 IP 주소

C. 기본 VPC

D. ALB

147. ALB는 무엇을 의미합니까?

A. Access Load Balancer

B. Application Load Balancer

C. Adaptive Load Balancer

D. Applied Load Balancer

148. Application Load Balancer는 어떤 OSI 계층에서 작동합니까?

    A. 4계층

    B. 7계층

    C. 4계층과 7계층

    D. 6계층

149. Network Load Balancer는 어떤 OSI 계층에서 작동합니까?

    A. 4계층

    B. 7계층

    C. 4계층과 7계층

    D. 6계층

150. Classic Load Balancer는 어떤 OSI 계층에서 작동합니까?

    A. 4계층

    B. 7계층

    C. 4계층과 7계층

    D. 6계층

151. 다음 중 전송 계층에서 작동하는 로드 밸런서는 무엇입니까?

    A. Classic Load Balancer

    B. Application Load Balancer

    C. Network Load Balancer

    D. Classic Load Balancer 및 Network Load Balancer

152. 애플리케이션 계층에서 작동하는 로드 밸런서는 무엇입니까?

    A. Classic Load Balancer

    B. Application Load Balancer

    C. Network Load Balancer

    D. Classic Load Balancer 및 Application Load Balancer

153. 기본 VPC의 기본 서브넷은 어떤 서브넷입니까?

    A. 프라이빗

B. 하이브리드

C. 퍼블릭

D. 전송

154. 사용자 정의 VPC의 기본 서브넷은 어떤 서브넷입니까?

A. 프라이빗

B. 하이브리드

C. 퍼블릭

D. 전송

155. 다음 중 사용자가 만든 서브넷에서 시작한 인스턴스에 자동으로 만들어지지 않는 것은 무엇입니까?

A. 프라이빗 IPv4 주소

B. 보안 그룹

C. 퍼블릭 IPv4 주소

D. 서브넷 내의 다른 인스턴스에 대한 경로

156. 다음 중 기본 서브넷이 아닌 서브넷에서 시작한 인스턴스가 인터넷에 액세스하는 데 필요한 것은 무엇입니까? (2개 선택)

A. 프라이빗 IPv4 주소

B. 보안 그룹

C. 일래스틱 IP 주소

D. 인터넷 게이트웨이

157. 다음 중 기본 VPC의 기본 서브넷에서 시작한 인스턴스가 인터넷에 액세스하는 데 필요한 것은 무엇입니까?

A. 퍼블릭 IPv4 주소

B. 인터넷 게이트웨이

C. 일래스틱 IP 주소

D. 모두 해당하지 않음

158. 다음 중 인바운드 연결은 차단하면서 아웃바운드 인터넷 트래픽은 허용할 때 사용하는 것은 무엇입니까?

    A. NAT 장치

    B. 배스천 호스트

    C. VPC 엔드포인트

    D. VPN

159. NAT 장치로 할 수 있는 것은 무엇입니까?

    A. 인터넷으로부터 프라이빗 서브넷으로 전송되는 수신 트래픽

    B. 다른 VPC에서 프라이빗 서브넷으로 전송되는 수신 트래픽

    C. 프라이빗 인스턴스에서 다른 VPC로 전송되는 송신 트래픽

    D. 프라이빗 인스턴스에서 인터넷으로 전송되는 송신 트래픽

160. 다음 중 AWS에서 제공하는 NAT 장치는 무엇입니까? (2개 선택)

    A. NAT 라우터

    B. NAT 인스턴스

    C. NAT 게이트웨이

    D. NAT 로드 밸런서

161. 다음 중 AMI 선택이 필요한 것은 무엇입니까? (2개 선택)

    A. EC2 인스턴스 시작

    B. EBS 볼륨을 백업

    C. EBS 볼륨 만들기

    D. NAT 인스턴스를 시작한다.

162. 다음 중 운영체제 업데이트에 대해 걱정할 필요가 없는 것은 무엇입니까?

    A. NAT 인스턴스

    B. NAT 게이트웨이

    C. EC2 인스턴스

    D. ECS 컨테이너

163. 다음 중 수요에 따라 자동으로 조정되지 않는 것은 무엇입니까?

    A. DynamoDB

    B. NAT 인스턴스

    C. SNS 주제

    D. NAT 게이트웨이

164. 다음 중 적절한 보안이 없다면 프라이빗 인스턴스에 가장 위험할 수 있는 것은 무엇입니까?

    A. 배스천 호스트

    B. VPC 엔드포인트

    C. 인터넷 게이트웨이

    D. NAT 인스턴스

165. 다음 중 배스천 호스트로 사용할 수 있는 것은 무엇입니까?

    A. NAT 게이트웨이

    B. VPC 엔드포인트

    C. 인터넷 게이트웨이

    D. NAT 인스턴스

166. 사용자 지정 VPC 내 프라이빗 서브넷과 사내 네트워크 간에 Site-to-Site VPN 연결을 구축하고 있습니다. 이 연결이 제대로 작동하려면 다음 중 무엇이 필요합니까? (2개 선택)

    A. 인터넷 게이트웨이

    B. 퍼블릭 서브넷

    C. 가상 프라이빗 게이트웨이

    D. 고객 게이트웨이

167. 사용자 지정 VPC와 사내 네트워크 간에 Site-to-Site VPN 연결을 구축하고 있습니다. 이 연결이 제대로 작동하려면 다음 중 무엇이 필요합니까? (2개 선택)

    A. NAT 인스턴스

    B. DynamoDB 인스턴스

C. 프라이빗 서브넷

D. 인터넷 게이트웨이

168. 다음 중 외부 전용 인터넷 게이트웨이와 밀접히 연결된 것은 무엇입니까?

A. IPv4

B. IPv6

C. NAT 인스턴스

D. NAT 게이트웨이

169. IPv6 주소가 있는 EC2 인스턴스를 퍼블릭 서브넷에 유지해야 합니다. 인스턴스에서 인터넷으로 트래픽을 허용하지만, 인스턴스에 대한 액세스를 제한할 필요가 있습니다. 다음 중 필요한 것은 무엇입니까?

A. VPC 엔드포인트

B. 인터넷 게이트웨이

C. 외부 전용 인터넷 게이트웨이

D. NAT 게이트웨이

170. NAT 인스턴스를 만든 후 인스턴스를 서브넷에서 시작하려고 합니다. 배포할 서브넷에 대한 설명으로 옳은 것은 무엇입니까? (2개 선택)

A. 서브넷은 퍼블릭이다.

B. 서브넷은 프라이빗이다.

C. VPC에서 프라이빗 서브넷으로 라우팅하는 서브넷이다.

D. VPC에서 퍼블릭 서브넷으로 라우팅하는 서브넷이다.

171. 다음 중 외부 전용 인터넷 게이트웨이에 대한 설명으로 옳은 것은 무엇입니까? (2개 선택)

A. IPv4 트래픽만을 지원한다.

B. 상태 저장이다.

C. IPv6 트래픽만을 지원한다.

D. 상태 비저장이다.

172. 외부 전용 인터넷 게이트웨이를 사용하는 VPC의 라우팅 테이블에서 목적지 주소로 사용되는 것은 무엇입니까?

    A. 0.0.0.0/0

    B. 0.0.0.0/16

    C. ::/0

    D. ::/24

173. 다음 중 IPv6 주소에 대한 설명으로 옳은 것은 무엇입니까? (2개 선택)

    A. 글로벌하게 고유하다.

    B. x.y.z.w 형식이다.

    C. IPv4 주소가 함께 있어야 한다.

    D. 기본적으로 퍼블릭이다.

174. 일래스틱 네트워크 인터페이스란 무엇입니까? (2개 선택)

    A. EC2 인스턴스의 하드웨어 네트워크 인터페이스

    B. 가상 네트워크 인터페이스

    C. 하나 이상의 IPv6 주소를 가질 수 있는 인터페이스

    D. MAC 주소가 없는 인터페이스

175. 다음 중 일래스틱 네트워크 인터페이스에 해당하지 않는 것은 무엇입니까?

    A. 기본 IPv4 주소

    B. MAC 주소

    C. 원본/대상 확인 플래그

    D. NACL

176. 하나의 인스턴스에 몇 개의 네트워크 인터페이스를 연결할 수 있습니까?

    A. 없음

    B. 1개

    C. 1개 이상

    D. 최소 2개에서 최대 5개

177. 일래스틱 네트워크 인터페이스를 한 인스턴스에서 다른 인스턴스로 옮기는 경우 인터페이스로 향하던 트래픽에 어떤 영향이 있습니까?

A. 새 인스턴스에 옮긴 일래스틱 네트워크 인터페이스로 전송된다.

B. 원래 인스턴스의 기본 네트워크 인터페이스로 전송된다.

C. 새 인스턴스의 기본 네트워크 인터페이스로 전송된다.

D. 손실되며 새 인스턴스의 일래스틱 네트워크 인터페이스로 다시 전송해야 한다.

178. 인스턴스에 일래스틱 네트워크 인터페이스를 몇 개까지 연결할 수 있습니까?

A. 1개

B. 1개 이상

C. 한 번에 1개씩이지만 인스턴스 간에 이동할 수 있다.

D. 최대 5개

179. 다음 중 인스턴스에 여러 개의 네트워크 인터페이스를 연결하는 이유로 옳지 않은 것은 무엇입니까?

A. 관리 네트워크를 만들 수 있다.

B. 인스턴스의 네트워크 처리량을 늘리려 한다.

C. 고가용성 솔루션이 필요한데 예산이 적다.

D. 이중 홈 인스턴스가 필요하다.

180. 다음 중 네트워크 인터페이스에서 수행할 수 없는 것은 무엇입니까?

A. 인스턴스에서 보조 인터페이스를 분리한다.

B. 인터페이스가 연결된 인스턴스에 일래스틱 네트워크 인터페이스를 연결한다.

C. 인스턴스에서 기본 인터페이스를 분리한다.

D. 일래스틱 네트워크 인터페이스를 한 인스턴스에서 다른 인스턴스로 옮겨서 연결한다.

181. 다음 중 일래스틱 네트워크 인터페이스의 속성으로 옳지 않은 것은 무엇입니까?

A. IPv6 주소

B. IPv4 주소

C. 원본/대상 확인 플래그

D. 라우팅 테이블

182. 일래스틱 IP 주소를 사용하는 이유는 무엇입니까?

A. 특정 인스턴스에 IPv4 주소가 필요하다.

B. 특정 인스턴스에 IPv6 주소가 필요하다.

C. 네트워크 클라이언트가 접근하는 인스턴스의 장애에 대비한다.

D. 보안 그룹이 변경되는 것을 방지할 수 있다.

183. 다음 중 일래스틱 IP 주소로 할 수 없는 것은 무엇입니까?

A. 사용 중일 때 연결된 IP 주소를 변경한다.

B. 한 인스턴스에서 다른 인스턴스로 옮긴다.

C. VPC 간에 이동한다.

D. VPC에서 단일 인스턴스와 연결한다.

184. 다음 중 일래스틱 IP의 이점은 무엇입니까? (2개 선택)

A. VPC에서 사용한 IP 주소의 수를 줄인다.

B. 한 인스턴스의 장애에 대비한다.

C. 네트워크 인터페이스의 모든 속성이 한 번에 이동할 수 있게 허용한다.

D. 하나의 인스턴스에 여러 개의 IP 주소를 제공한다.

185. 다음 중 일래스틱 IP 주소를 만들기 위해 수행해야 하는 것은 무엇입니까? (2개 선택)

A. VPC 내에서 사용할 일래스틱 IP 주소를 할당한다.

B. Route 53에 IP 주소를 할당한다.

C. 인스턴스에서 기본 네트워크 인터페이스를 분리한다.

D. VPC 내의 인스턴스에 일래스틱 IP를 연결한다.

186. 다음 중 Amazon EBS 스냅샷 작업의 도구가 아닌 것은 무엇입니까?

A. AWS API

B. AWS CLI

C. AWS Management Console

D. AWS EBS 관리 도구

187. 개별 인스턴스가 프로비저닝되는 곳은 어디입니까?

A. VPC 수준

B. 리전 수준

C. 가용 영역 수준

D. Auto Scaling 그룹 수준

188. EBS 스냅샷은 S3에 어떤 방법으로 백업됩니까?

A. 증분 백업

B. 변경될 때마다 전체 백업

C. RDS에 백업

D. 순차 백업

189. VPC 내에 몇 개의 인스턴스가 사용하는 IAM 역할이 있습니다. S3에 액세스 할 수 있는 권한을 역할에서 제거합니다. 역할이 연결된 인스턴스에 언제 이 러한 변화가 적용됩니까?

A. 즉시

B. 60초 이내

C. 인스턴스가 다시 시작된 다음에

D. 인스턴스는 기존의 권한을 영구하게 유지한다.

190. 하나의 인스턴스에 몇 개의 IAM 역할을 연결할 수 있습니까?

A. 1개

B. 1개 또는 2개

C. 원하는 만큼

D. 없다. 역할은 인스턴스에 할당되지 않는다.

191. 하나의 인스턴스에 여러 개의 IAM 역할을 연결하는 방법은 무엇입니까? (2개 선택)

A. 인스턴스에 원하는 만큼의 역할을 첨부할 수 있다.

B. 여러 개의 역할을 연결할 수 없지만 하나의 역할에 각 역할이 사용하는 정책을 결합해서 할당할 수 있다.

C. 최대 2개의 IAM 역할을 인스턴스에 할당할 수 있다.

D. 여러 개의 역할을 연결할 수 없고, 하나의 역할만 인스턴스에 할당할 수 있다.

192. 실행 중인 인스턴스에 연결된 역할을 변경해야 합니다. 중단 시간을 최소화하는 방법은 무엇입니까? (2개 선택)

A. AWS Management Console, AWS API, CLI를 통해 IAM 역할을 변경한다.

B. 인스턴스에 변경한 역할을 다시 연결한다.

C. 인스턴스를 다시 시작한다.

D. 역할을 변경하는 것 이외에 추가 변경이 필요하지 않다.

193. 실행 중인 인스턴스에 연결할 새로운 권한 집합이 있습니다. 중단 시간을 최소화하는 방법은 무엇입니까? (2개 선택)

A. AWS Management Console, AWS API, CLI를 통한 인스턴스의 IAM 역할을 제거한다.

B. 필요한 권한으로 IAM 역할을 새로 만든다.

C. 인스턴스를 중지하고 역할을 할당한다. 그리고 인스턴스를 다시 시작한다.

D. 실행 중인 인스턴스에 새로운 역할을 연결한다.

194. EBS 볼륨을 스냅샷해서 AMI 등록 후 루트 디바이스로 사용할 경우 스냅샷을 삭제하는 방법은 무엇입니까?

A. 불가능하다.

B. AWS API 또는 CLI를 사용해서만 삭제할 수 있다.

C. AWS Management Console을 사용해 스냅샷을 삭제한다.

D. 올바른 IAM 권한을 가지면 AMI를 삭제할 수 있다.

195. 다음 중 EBS 볼륨에 저장 중인 데이터를 암호화하는 데 제일 나은 방법은 무엇입니까?

A. 볼륨을 생성할 때 암호화를 구성한다.

B. 시작되면 볼륨에 AES 256 암호화를 구성한다.

C. 연결된 EC2 인스턴스에서 OS 도구를 사용해 암호화를 구성한다.

D. 볼륨의 데이터를 S3 버킷에 백업한다.

196. EC2 인스턴스가 종료되더라도 루트로 사용하고 있는 EBS 볼륨을 유지할 방법은 무엇입니까?

A. 볼륨은 자동으로 유지된다.

B. EC2 인스턴스를 구성할 때, 루트 볼륨을 종료하지 않고 EBS 볼륨을 유지하게 한다.

C. 할 수 없다. EC2 인스턴스가 종료되면 루트 볼륨은 반드시 삭제된다.

D. 볼륨을 암호화하면 자동으로 볼륨은 유지된다.

197. 다음 중 Well-Architected 프레임워크에 해당하지 않는 것은 무엇입니까?

A. 모든 계층에 보안을 적용한다.

B. 추적을 활성화한다.

C. 가능하면 기본값을 사용한다.

D. 보안 이벤트가 발생하면 자동으로 대응하게 한다.

198. 다음 중 AWS Well-Architected 프레임워크에 따라 자동화해야 하는 것은 무엇입니까? (2개 선택)

A. 보안 모범 사례

B. 인스턴스 조정 ^{scaling}

C. 보안 이벤트에 대응

D. IAM 정책 생성

199. 다음 중 옳은 것은 무엇입니까? (2개 선택)

A. 사용자는 클라우드 내부에 대한 보안에 책임이 있다.

B. AWS는 클라우드의 보안에 책임이 있다.

C. AWS는 클라우드 내부의 보안에 책임이 있다.

D. 사용자는 클라우드의 보안에 책임이 있다.

200. 다음 중 AWS에 보안 책임이 있는 것은 무엇입니까? (2개 선택)

A. 엣지 로케이션

B. 방화벽 구성

C. 네트워크 트래픽

D. 가용 영역

201. 다음 중 AWS가 책임지지 않는 보안사항은 무엇입니까?

A. 네트워킹 인프라

B. RDS 데이터베이스 설치

C. S3 버킷

D. 네트워킹 트래픽

202. 다음 중 사용자가 보안에 대해 책임지지 않는 사항은 무엇입니까?

A. DynamoDB

B. 운영체제 구성

C. 서버 측 암호화

D. 애플리케이션 키

203. 다음 중 Well-Architected 프레임워크의 보안 정의에 해당하지 않는 것은 무엇입니까?

A. 데이터 보호

B. 인프라 보호

C. 권한의 감소

D. 탐지 제어

204. 다음 중 Well-Architected 프레임워크의 보안 원칙은 무엇입니까?

A. 최소한의 데이터를 암호화한다.

B. 가장 중요한 데이터를 항상 암호화한다.

C. 가능한 모든 것을 암호화한다.

D. 저장 중 데이터 암호화

205. 다음 중 Well-Architected 프레임워크의 보안 원칙은 무엇입니까? *(2개 선택)*

A. 저장 중 데이터 암호화

B. 전송 중 데이터 암호화

C. 데이터를 개별적으로 암호화하지 않고 그룹으로 암호화한다.

D. 대상에서 데이터 암호화

206. 클라우드에서 데이터 암호화의 책임은 누구에게 있습니까?

A. 사용자

B. AWS

C. AWS에는 키 교체와 같은 메커니즘 제공과 책임이 있지만, 사용자에게는 그 메커니즘을 적절하게 사용할 책임이 있다.

D. AWS는 API를 제공하지만, 그 API를 사용할 때 보안에 대한 책임은 사용자에게 있다.

207. S3에 저장된 데이터의 복원력을 표현하는 것은 무엇입니까?

A. 나인 나인

B. 일레븐 나인

C. 세븐 나인

D. 99퍼센트

208. 다음 중 옳지 않은 것은 무엇입니까?

A. AWS는 저장 중 및 전송 중 데이터 암호화를 권장한다.

B. 고객이 개시하지 않으면, AWS는 리전 간에 데이터를 이동하지 않는다.

C. 필요한 경우 AWS는 리전 간에 데이터를 이동한다.

D. 고객이 리전 간에 데이터 이동을 수행하며, AWS는 이동을 수행하지 않는다.

209. 다음 중 S3에서 데이터를 덮어쓰는 실수를 피하기 위한 전략에 해당하지 않는 것은 무엇입니까?

A. IAM 역할

B. MFA Delete

C. 버전 관리

D. 모두 해당

210. 다음 중 AWS 환경을 보호하기 위해 수행해야 하는 것은 무엇입니까? (2개 선택)

A. 루트 계정에서 MFA를 활성화한다.

B. S3 버킷에 대한 MFA Delete를 활성화한다.

C. 사용자 암호 교체 정책을 설정한다.

D. 모든 사용자에 대한 사용자 정의 IAM 역할을 만든다.

211. AWS에서는 인프라를 어떤 수준에서 보호합니까?

A. 물리적 하드웨어 계층

B. OSI 4계층

C. VPC 계층

D. OSI 7계층

212. 다음 중 AWS에서 보안 취약점을 감지하고 식별하는 데 사용하는 것은 무엇입니까? (2개 선택)

A. CloudWatch

B. CloudFormation

C. CloudTrail

D. Trusted Advisor

213. 다음 중 권한 관리와 연결된 AWS 서비스는 무엇입니까?

A. AWS Config

B. RDS

C. IAM

D. VPC

214. 다음 중 권한 관리와 연결된 AWS 서비스는 무엇입니까?

A. 인터넷 게이트웨이

B. S3-IA

C. CloudTrail

D. MFA

215. 다음 중 잠재적 보안 취약점을 식별하는 데 연관된 AWS 서비스는 무엇입니까?

    A. Trusted Advisor

    B. CloudFormation

    C. Security Detector

    D. Security Advisor

216. 다음 중 AWS Well-Architected 프레임워크에 의해 정의된 클라우드의 다섯 가지 핵심 요소가 아닌 것은 무엇입니까?

    A. 운영 효율성

    B. 성능 효율

    C. 조직의 청사진

    D. 비용 최적화

217. 다음 중 AWS Well-Architected 프레임워크에 의해 정의된 클라우드의 다섯 가지 핵심 요소가 아닌 것은 무엇입니까?

    A. 성능 효율

    B. 사용 편의성

    C. 보안

    D. 안정성

218. 다음 중 AWS의 Well-Architected 프레임워크에서 권장하는 보안 원칙에 해당하지 않는 것은 무엇입니까?

    A. 보안 모범 사례를 자동화한다.

    B. 추적을 활성화한다.

    C. 최상위 계층에 보안을 적용한다.

    D. 전송 중 데이터와 저장 중 데이터를 보호한다.

219. 다음 중 AWS의 Well-Architected 프레임워크에서 권장하는 보안 원칙에 해당하는 것은 무엇입니까?

    A. 모든 사용자가 암호를 가졌는지 확인한다.

    B. 저장 중 데이터만 보호한다.

C. S3 버킷에 대한 MFA Delete를 활성화한다.

D. 사용자가 데이터에 직접 접근하지 않아야 한다

220. AWS의 Well-Architected 프레임워크는 보안과 관련해 고려할 다섯 가지 영역을 정의합니다. 이에 해당하는 항목은 무엇입니까? (2개 선택)

A. 자격 증명 및 액세스 관리

B. 사용자 관리

C. 가상 프라이빗 네트워크

D. 인시던트 대응

221. 클라우드 서비스를 지원하는 물리적 인프라를 보호할 책임은 누구에게 있습니까?

A. AWS

B. 사용자

C. 최종 사용자

D. AWS와 사용자의 공동 책임

222. 다음 중 AWS의 루트 계정에 대한 설명으로 옳은 것은 무엇입니까? (2개 선택)

A. 처음 생성되는 계정이다.

B. 일상적인 작업에 이상적이다.

C. 주로 다른 사용자와 그룹을 만드는 데 사용한다.

D. 액세스 키는 중요하게 보관해야 한다.

223. 다음 중 암호 정책 요구사항으로 적절한 것은 무엇입니까? (2개 선택)

A. 최대 길이

B. 복구

C. 최소 길이

D. 복잡성

224. AWS Management Console에 액세스할 수 있는 사용자에게 추가로 요구되는 사항은 무엇입니까?

A. AWS Management Console에 액세스 권한이 있는 사용자에게는 더 엄격한 암호 정책 요구사항이 있어야 한다.

B. AWS Management Console에 액세스 권한이 있는 사용자는 로그인할 때 액세스 키를 사용해야 한다.

C. AWS Management Console에 액세스 권한이 있는 사용자는 MFA를 사용해야 한다.

D. 이 중 어느 것도 아니다. 다른 사용자와 똑같이 취급해야 한다.

225. 다음 중 기존 조직의 사용자를 연동할 수단을 제공하는 것은 무엇입니까? (2개 선택)

A. SAML 2.0

B. 웹 자격 증명

C. LDAP

D. UML 2.0

226. 다음 원칙 중 필요한 최소한의 기능 수행만을 허용하게 하는 자격 증명 인증은 무엇입니까?

A. 최저 권한의 원칙

B. 최소 우선순위 원칙

C. 최소 권한의 원칙

D. 최대 권한의 원칙

227. AWS Organizations OU란 무엇입니까?

A. Orchestration Unit

B. Organizational Unit

C. Operational Unit

D. Offer of Urgency

228. AWS Organizations SCP란 무엇입니까?

A. Service Control Policy

B. Service Control Permissions

C. Standard Controlling Permissions

D. Service Conversion Policy

229. 다음 중 AWS Organizations SCP는 어느 곳에 적용됩니까?

    A. 서비스 통제 정책

    B. IAM 역할

    C. Organizational Unit

    D. SAML 사용자 저장소

230. 다음 중 중앙에서 여러 AWS 계정의 AWS 서비스를 제어할 수 있는 것은 무엇입니까?

    A. 서비스 통제 정책

    B. Organizational Unit

    C. LDAP 사용자 저장소

    D. IAM 역할

231. 여러 AWS 계정에 정책을 시행하고 관리하는 데 사용하는 AWS 서비스는 무엇입니까?

    A. AWS Config

    B. AWS Trusted Advisor

    C. AWS Organizations

    D. IAM

232. 다음 중 AWS에서 네트워크 액세스 제어와 개인 정보 보호를 향상하는 것은 무엇입니까?

    A. Amazon VPC에 내장된 네트워크 방화벽

    B. 모든 서비스에서 TLS를 사용한 전송 중 암호화

    C. 온프레미스 환경에서 프라이빗 및 전용 연결을 활성화한 연결

    D. 모두 해당

233. 애플리케이션은 S3 Standard에 대량의 데이터를 저장하고 있습니다. 회사는 현재 막바지 작업 중인 개발 영역에 업무를 추가하지 않으면서 모든 데이터를 저장 중 암호화하려 합니다. 어떤 S3 암호화 솔루션을 사용해야 합니까?

    A. SSE-C

    B. SSE-S3

C. SSE-KMS

D. Amazon S3 암호화 클라이언트

234. 사용자가 개인 메시지를 주고받을 수 있게 하는 애플리케이션에서 메시지가 S3에 저장될 때 암호화하고 엄격하게 규정 위반을 추적 감사하려고 합니다. 또한 실패한 데이터 액세스 시도를 모두 기록하고자 합니다. 어떤 Amazon 암호화 솔루션을 사용해야 합니까?

A. SSE-C

B. SSE-S3

C. SSE-KMS

D. Amazon S3 암호화 클라이언트

235. 회사에서 3명의 개발자를 새로 고용했습니다. 그들은 AWS 서비스에 즉시 액세스할 수 있어야 합니다. 개발자가 액세스하게 하는 가장 좋은 방법은 무엇입니까?

A. 개발자에게 관리자 자격 증명을 주고 업무를 마치면 관리자 암호를 변경한다.

B. 각 개발자를 위해 새로운 IAM 사용자를 생성하고 사용자마다 필요한 권한을 할당한다.

C. 각 개발자를 위해 새로운 IAM 사용자를 생성하고 하나의 그룹에 필요한 권한을 할당해서 그 그룹에 각 사용자를 포함한다.

D. 새로운 SCP를 생성하고 한 OU에 각 사용자를 연결한 뒤, 자격 증명과 함께 SCP를 할당한다.

236. 애플리케이션에 고가용성 스토리지 솔루션이 필요합니다. 또한 애플리케이션은 EU의 고객에게 서비스를 제공하기 때문에 EU의 개인 정보 보호 법률을 준수해야 합니다. 스토리지를 제공하기 위해 무엇을 수행해야 합니까?

A. eu-central-1에서 새로운 EC2 인스턴스를 생성하고 인스턴스에 연결할 RAID 구성 EBS 볼륨을 구성한다.

B. eu-west-1에 S3 Standard 버킷을 새로 만든다.

C. eu-south-1에 Glacier의 볼트를 만든다.

D. eu-west-1에 프로비저닝된 IOPS EBS 볼륨을 사용한 최소 3개의 EC2 인스턴스를 포함하는 Auto Scaling 그룹을 새로 만든다.

237. 전송 중 데이터에 SSL을 제공하는 것은 다음 중 무엇입니까?

A. S3 Standard

B. S3 One Zone-IA

C. Glacier

D. 모두 해당

238. 저장 중 데이터 암호화를 제공하지 않는 것은 다음 중 무엇입니까?

A. S3 Standard

B. S3 One Zone-IA

C. Glacier

D. 모든 저장 중 데이터

239. AWS 공유 책임 모델이란 무엇입니까?

A. AWS가 보호해야 하는 구성요소와 사용자가 보호해야 하는 구성요소를 정의한 모델

B. 사용자가 보호해야 하는 구성요소와 최종 사용자가 보호해야 하는 구성 요소를 정의한 모델

C. 사무실 또는 온프레미스 데이터센터와 클라우드 간에 데이터를 보호하며 작업할 수 있게 연결 방법을 정의한 모델

D. AWS의 Well-Architected 프레임워크의 다섯 가지 핵심 요소를 정의한 모델

240. 공유 책임 모델에서 다음 중 AWS가 제시하지 않는 유형은 무엇입니까?

A. 인프라 서비스

B. 관리형 서비스

C. 컨테이너 서비스

D. 추상화 서비스

241. 다음 중 사용자가 책임지지 않는 보안사항은 무엇입니까?

   A. 운영체제

   B. 인증서

   C. 가상화 인프라

   D. AMI

242. 다음 중 EC2 인스턴스가 S3 버킷에 액세스할 수 있게 하는 데 사용되는 것은 무엇입니까?

   A. IAM 역할

   B. IAM 정책

   C. IAM 사용자

   D. AWS Organizational Unit

243. AWS ECS를 통해 도커 컨테이너에 배포된 작업이 있습니다. 애플리케이션이 S3 버킷에 저장된 데이터에 액세스할 수 없습니다. 문제는 무엇입니까? (2개 선택)

   A. 작업과 연결된 IAM 역할에 S3에 액세스할 수 있는 권한이 없다.

   B. 작업에는 S3로부터의 인바운드 액세스를 허용하는 보안 그룹이 없다.

   C. 작업은 S3 VPC 엔드포인트에 액세스할 수 없다.

   D. ECS 작업이 S3에 액세스하도록 정책이 정의돼 있지 않다.

244. S3 버킷을 생성할 때 기본 보안 설정은 무엇입니까?

   A. 읽기 전용

   B. 같은 리전에 있는 EC2 인스턴스의 읽기와 쓰기를 허용한다.

   C. 완전한 프라이빗이다. 읽기와 쓰기는 허용되지 않는다.

   D. ECS 작업이 S3에 액세스할 수 있도록 정의한 정책이 없다.

영역 4: 비용에 최적화된 아키텍처 설계

✓ **4.1** 어떻게 비용에 최적화된 스토리지를 설계할지 결정한다.

✓ **4.2** 어떻게 비용에 최적화된 컴퓨팅을 설계할지 결정한다.

연습문제

1. 대규모 데이터 세트에 대해 생물학적 분석을 수행하기 위해 높은 성능의 컴퓨팅 인스턴스를 사용하는 RDS 기반 데이터 분석 애플리케이션이 있습니다. 컴퓨팅은 시간에 민감하지 않으며 온종일 언제든지 실행할 수 있습니다. 그러나 높은 컴퓨팅 성능이 필요하고 비용이 상당히 많이 듭니다. 어떤 방법을 선택할 수 있겠습니까? (2개 선택)

    A. 인스턴스 사용량에 대해 전체 선결제로 예약 인스턴스를 구매한다.

    B. 스팟 시장을 이용해 현재 온디맨드 요금보다 비용을 낮춘다.

    C. 비용이 덜 드는 인스턴스 클래스로 낮추고 낮은 인스턴스당 비용으로 더 오래 실행하게 한다.

    D. AWS에 연락해 반복 사용에 따른 할인 인스턴스 요금을 요청한다.

2. 다음 중 예약 인스턴스 결제 방법인 것은 무엇입니까? (2개 선택)

    A. 실제 사용 요금

    B. 예측 요금

    C. 전체 선결제 요금

    D. 무 선결제 요금

3. 한 리전에서 다른 리전으로 예약 인스턴스를 이동하는 방법은 무엇입니까?

    A. 인스턴스를 종료하고 AWS Management Console 또는 CLI에서 리전을 변경한다. 인스턴스를 다시 시작한다.

    B. AWS에 청구 리소스 이동을 요청해서 청구에 연결된 인스턴스를 옮긴다.

    C. 인스턴스를 스냅샷하고, 스냅샷을 새로운 리전으로 복사한다. 그 스냅샷으로 인스턴스를 시작한다.

    D. 예약 인스턴스는 리전 간에 이동할 수 없다.

4. 다음 컴퓨팅 리소스 중 가장 저렴한 것은 무엇입니까?

    A. 온디맨드 인스턴스

    B. 예약 인스턴스

    C. 스팟 인스턴스

    D. 전용 호스트

5. 다음 중 온디맨드 인스턴스를 선택할 이유가 아닌 것은 무엇입니까? (2개 선택)

A. 사용량이 급증하는 단기 워크로드의 애플리케이션

B. 시작과 종료 시간이 유연한 애플리케이션

C. 사용량이 일정한 애플리케이션

D. 처음 EC2에서 개발하고 테스트하는 애플리케이션

6. 다음 중 스팟 인스턴스를 선택할 이유는 무엇입니까? (2개 선택)

A. 사용량이 급증하는 단기 워크로드의 애플리케이션

B. 시작과 종료 시간이 유연한 애플리케이션

C. 사용량이 일정한 애플리케이션

D. 매우 낮은 컴퓨팅 요금으로만 운영되는 애플리케이션

7. 다음 중 예약 인스턴스를 선택할 이유가 아닌 것은 무엇입니까? (2개 선택)

A. 예약 용량이 필요할 수 있는 애플리케이션

B. 사용량이 일정한 애플리케이션

C. 대용량의 긴급한 컴퓨팅이 더 필요한 사용자

D. 선결제나 장기 약정을 할 수 없는 사용자

8. 다음 중 S3 Standard 스토리지 클래스를 선택할 이유는 무엇입니까? (2개 선택)

A. 높은 내구성이 필요

B. 가장 높은 처리량이 필요

C. 객체에 대한 빈번하지 않은 액세스

D. 객체는 손실돼도 쉽게 다시 만들 수 있다.

9. 웹 애플리케이션은 Auto Scaling 그룹 내 EC2 인스턴스 클러스터에서 실행되고 있습니다. 요청이 높은 기간 동안 그룹에서 인스턴스를 추가해서 확장하고 빠르게 다시 축소합니다. 그러나 이 동작은 두 시간 동안 여러 번 발생해서 큰 비용이 발생합니다. 수요에 대응하면서도 비용을 줄이는 방법은 무엇입니까? (2개 선택)

A. Auto Scaling 그룹의 조정 휴지 시간을 수정한다.

B. 예약된 조정을 위해 Auto Scaling 그룹을 수정한다.

C. Auto Scaling 그룹 확장을 위해 CloudWatch 경보 임곗값을 낮춘다.

D. Auto Scaling 그룹 축소를 위해 CloudWatch 경보 기간을 조정한다.

10. 회사에서는 수백만 명의 고객이 청구 데이터에 액세스할 수 있게 하는 스토리지 솔루션이 필요합니다. 데이터에는 즉시 액세스할 수 있어야 하며, 각각의 사용자는 청구에 자주 액세스하지 않는다. 이 사용 사례에 가장 비용 효율적인 스토리지는 무엇입니까?

A. 신속한 검색을 사용한 Glacier

B. Transfer Acceleration을 사용한 S3

C. S3 Standard

D. S3-IA

11. S3-IA 스토리지 클래스는 S3보다 저렴합니까?

A. 그렇다.

B. 아니다.

C. 비용은 같다.

D. 어떤 스토리지 클래스가 사용되느냐에 달려 있다.

12. ELB를 사용한 EC2 인스턴스 집합에서 웹사이트를 실행하고 있습니다. 또한 Auto Scaling 그룹을 통해 여러 가용 영역에 걸쳐 실행합니다. 인스턴스는 EFS 파일 시스템에 파일을 저장합니다. 하지만 디스크의 특정 파일에 반복해서 접근해서 비용도 상당하게 지출되고 있습니다. 높은 트래픽에도 속도 저하가 없고 비용을 절감할 방법은 무엇입니까?

A. S3 Standard에 파일을 이동한다.

B. Elastic Transcoder를 사용해 파일 크기를 줄인다.

C. CloudFront를 사용해 파일을 캐시한다.

D. 예약 EC2 인스턴스 대신 온디맨드 인스턴스를 사용한다.

13. 대용량 문서 아카이브를 백업해야 합니다. 문서는 드물게 액세스되거나 전혀 액세스되지 않습니다. 그러나 문서에 액세스하게 되면 10분 이내에 검색할 수 있어야 합니다. 이 문서를 저장하기 위한 가장 비용 효율적인 것은 무엇입니까?

A. S3

B. S3-IA

C. Glacier

D. 신속한 검색을 사용한 Glacier

14. 하나의 EC2 인스턴스에서 200GB 데이터베이스를 실행하는 애플리케이션이 있습니다. 자체적으로 사용하는 플러그인이 있어서 데이터베이스를 RDS로 이동할 수 없습니다. 애플리케이션에 대한 요청은 아침과 저녁의 짧은 기간에 급증하고, 낮 기간 내내 사용량이 적습니다. 성능을 일정하게 유지하면서 비용을 낮게 유지해야 하는데, 어떤 스토리지 유형을 사용해야 합니까?

A. EFS

B. 범용 SSD와 EBS

C. 프로비저닝된 IOPS SSD와 EBS

D. 마그네틱 HDD와 EBS

15. 대용량 데이터베이스 워크로드에 사용하기 적당한 EBS 볼륨은 무엇입니까?

A. 처리량 최적화 HDD의 EBS

B. 범용 SSD의 EBS

C. 프로비저닝된 IOPS SSD의 EBS

D. 마그네틱 HDD의 EBS

16. 다음 중 가장 저렴한 EBS 볼륨 유형은 무엇입니까?

A. 처리량 최적화 HDD

B. 범용 SSD

C. 프로비저닝된 IOPS SSD

D. 콜드 HDD

17. EBS 볼륨에 모든 데이터를 저장하는 애플리케이션이 있습니다. 볼륨을 내구성 있게 백업해야 합니다. 하지만 저렴하게 백업을 유지하기 위해 가능하면 몇 개의 관리형 서비스를 사용하고자 합니다. 어떤 방식을 사용할 수 있습니까?

A. 정기적으로 EBS를 수동 스냅샷한다.

B. EBS를 스냅샷하도록 Lambda 함수를 설정하고 CloudWatch 경보를 통해 함수를 트리거한다.

C. EBS 데이터를 S3로 복사하는 스크립트를 생성하고 EC2 인스턴스에서 실행한다.

D. 두 EBS 볼륨 간 데이터를 미러링한다.

18. 가용성과 확장성이 높은 회계 애플리케이션이 있습니다. 3개월 동안은 애플리케이션 데이터 저장소의 모든 거래 기록을 즉시 검색할 수 있어야 합니다. 그 뒤에는 스토리지 비용을 줄여야 합니다. 이러한 요구사항을 쉽게 달성할 수 있는 방법은 무엇입니까?

A. 트랜잭션 기록을 EBS에 보관한다. 3개월 후 레코드를 삭제한다.

B. 트랜잭션 기록을 S3에 보관한다. 3개월 후 레코드를 삭제하는 수명주기 관리를 사용한다.

C. 트랜잭션 기록을 Glacier에 보관한다. 3개월 후 레코드를 삭제하는 수명주기 관리를 사용한다.

D. 트랜잭션 기록을 EBS에 보관한다. 3개월 후 레코드를 삭제하는 수명주기 관리를 사용한다.

19. RDS 데이터 인스턴스에 높은 부하가 있습니다. 더 큰 인스턴스로 인스턴스 크기를 업그레이드하는 비용 부담을 피할 수 있는 고려사항은 무엇입니까? (2개 선택)

A. RDS 읽기 전용 복제본

B. RDS 다중 AZ

C. ElastiCache

D. Kinesis

20. 예측 분석을 제공하는 회사에서 대규모 데이터 세트를 저장하고 있습니다. 스토리지 비용을 최소화해야 합니다. 30~59일의 데이터에는 즉시 액세스할 수 있는 스토리지 클래스가 필요하고, 60일 이상 된 데이터에는 10시간 이내에 사용할 수 있는 스토리지를 사용할 수 있습니다. 될 수 있는 한 저렴한 스토리지 클래스를 사용하고 싶습니다. 사용할 수 있는 두 가지 클래스는 무엇입니까? (2개 선택)

A. S3 Standard

B. S3 Infrequent Access

C. S3 RRS

D. Glacier

21. 애플리케이션의 성능과 비용을 최적화하기 위해 애플리케이션을 여러 가용 영역에 분리해서 위치시키기보다 배치 그룹을 만들고자 합니다. 몇 개의 가용 영역에 걸쳐 배치 그룹을 만들 수 있습니까?

A. 1개

B. 1개 이상

C. 2개 이상

D. 배치 그룹은 가용 영역에 만들 수 없다.

22. 분산형 배치 그룹은 몇 개의 가용 영역에 걸쳐 만들 수 있습니까?

A. 1개

B. 1개 이상

C. 2개 이상

D. 배치 그룹은 가용 영역에 만들 수 없다.

23. 분산형 배치 그룹에서 하나의 가용 영역에서 실행할 수 있는 인스턴스는 최대 몇 개입니까?

A. 1개

B. 5개

C. 7개

D. 9개

24. 인스턴스를 개별로 사용하는 것과 비교해서 분산형 배치 그룹을 사용하는 것의 장점은 무엇입니까? (2개 선택)

A. 분산형 배치 그룹은 같은 리전에 있는 피어링 VPC에 분산된다.

B. 분산형 배치 그룹은 같은 수의 개별 온디맨드 인스턴스보다 저렴하다.

C. 분산형 배치 그룹은 인스턴스가 낮은 네트워크 지연으로 통신할 수 있게 한다.

D. 분산형 배치 그룹은 그룹 내 인스턴스 간에 IO를 줄일 수 있다.

25. 다음 중 배치 그룹에 대한 설명으로 옳지 않은 것은 무엇입니까?

A. 분산형 배치 그룹은 같은 리전에 있는 피어링 VPC에 분산된다.

B. 클러스터된 배치 그룹은 단일 가용 영역에 인스턴스가 모두 있다.

C. 분산형 배치 그룹은 인스턴스가 네트워크 지연 없이 리전에 걸쳐 통신할 수 있게 한다.

D. 클러스터된 배치 그룹은 분산형 배치 그룹보다 적은 가용 영역을 포함한다.

26. 다음 중 AWS에서 비용이 발생하는 작업은 무엇입니까? (2개 선택)

A. 인터넷에서 데이터 수신

B. 인터넷으로 데이터 송신

C. 리전 간 데이터 전송

D. 같은 가용 영역 내의 다른 인스턴스로 데이터 전송

27. 다음 중 가장 비용이 낮은 것은 무엇입니까?

A. S3에서 로컬 데스크톱 클라이언트로 파일을 가져오기

B. 같은 리전의 S3에서 데이터를 가져오는 인스턴스

C. 로컬 데스크톱 클라이언트에서 S3에 파일을 업로드

D. 다른 리전 S3에서 데이터를 가져오는 인스턴스

28. 다음 중 가장 비용이 낮은 것은 무엇입니까?

A. S3에서 로컬 데스크톱 클라이언트로 파일을 가져오기

B. 같은 가용 영역의 다른 인스턴스로부터 데이터를 가져오는 인스턴스

C. 다른 리전 S3에 데이터를 저장하는 인스턴스

D. 다른 리전 S3에서 데이터를 가져오는 인스턴스

29. 다음 중 데이터 전송 비용 절감을 돕는 것은 무엇입니까? (2개 선택)

A. 콘텐츠를 캐싱하기 위해 CloudFront를 설정한다.

B. 같은 리전 안에서 서로 통신하는 인스턴스에 프라이빗 IP 주소가 있게 한다.

C. 읽기 전용 복제본과 함께 RDS 인스턴스를 설정한다.

D. 버전 관리를 사용해 S3 버킷을 설정한다.

30. 다음 중 AWS 지원 수준이 아닌 것은 무엇입니까?

  A. 개발자

  B. 프리 티어

  C. 엔터프라이즈

  D. 비즈니스

31. 다음 중 AWS 총 소유 비용 접근을 통해 절감되는 것은 무엇입니까?

  A. 개발자 급여

  B. DevOps 급여

  C. 자본 지출

  D. 조직 인원 수

32. 다음 중 총 소유 비용을 줄이기 위해 AWS에서 채용하고 있는 결제 모델은 무엇입니까?

  A. 선결제

  B. 종량제

  C. 후불

  D. 분기별 지불

33. 다음 중 AWS 요금 철학의 핵심 정책이 아닌 것은 무엇입니까?

  A. 사용한 만큼 지불한다.

  B. 예약하면 더 적게 지불한다.

  C. 더 많이 사용하면 더 적게 지불한다.

  D. AWS가 성장하면 더 지불한다.

34. 다음 중 인스턴스 요금 모델이 아닌 것은 무엇입니까?

  A. 온디맨드

  B. 예약

  C. 마이그레이션 전용

  D. 스팟 인스턴스

35. 총 소유 비용^{TCO, total cost of ownership}을 계산할 때, AWS에서 권장하는 인스턴스 요금 모델은 무엇입니까?

    A. 온디맨드

    B. 예약

    C. 전용 하드웨어

    D. 스팟 인스턴스

36. 표준 예약 인스턴스와 온디맨드 인스턴스의 비용 중 어느 것이 더 저렴합니까?

    A. 표준 예약 인스턴스는 온디맨드 인스턴스보다 훨씬 저렴하다.

    B. 표준 예약 인스턴스 비용은 온디맨드 인스턴스 비용과 같다.

    C. 표준 예약 인스턴스는 온디맨드 인스턴스보다 훨씬 비싸다.

    D. 표준 예약 인스턴스는 온디맨드 인스턴스보다 조금 저렴하다.

37. 다음 중 예약 인스턴스의 결제 방법으로 옳지 않은 것은 무엇입니까?

    A. 무 선결제

    B. 부분 선결제

    C. 절반 선결제

    D. 전체 선결제

38. 다음 중 가장 저렴한 결제 모델의 예약 인스턴스는 무엇입니까?

    A. 무 선결제

    B. 부분 선결제

    C. 전체 선결제

    D. 모두 같다.

39. 다음 중 예약 인스턴스의 기간으로 옳은 것은 무엇입니까? (2개 선택)

    A. 6개월

    B. 1년

    C. 2년

    D. 3년

40. 다음 중 EC2 인스턴스의 요금 모델로 옳은 것은 무엇입니까? (2개 선택)

   A. 스팟 인스턴스

   B. 스팟 시장

   C. 전용 호스트

   D. 전체 선결제

41. 시작과 종료 시간이 유연한 애플리케이션에 이상적인 인스턴스 유형은 무엇입니까?

   A. 스팟 인스턴스

   B. 온디맨드 인스턴스

   C. 전용 호스트

   D. 예약 인스턴스

42. 예측할 수 없는 시간에 사용량이 급증하는 애플리케이션에 이상적인 인스턴스 유형은 무엇입니까?

   A. 스팟 인스턴스

   B. 온디맨드 인스턴스

   C. 전용 호스트

   D. 예약 인스턴스

43. 사용 패턴에 상당한 변동이 있으며 장기적으로 중단 없이 실행되는 컴퓨팅 업무를 수행하는 애플리케이션에 이상적인 인스턴스 유형은 무엇입니까?

   A. 스팟 인스턴스

   B. 온디맨드 인스턴스

   C. 전용 호스트

   D. 예약 인스턴스

44. 다음 중 전용 호스트를 구매하는 방법으로 옳은 것은 무엇입니까? (2개 선택)

   A. 시간당 온디맨드

   B. 전체 선결제

   C. 예약 할부

   D. 예약

45. 예약 인스턴스를 고려해야 하는 경우는 다음 중 무엇입니까? (2개 선택)

    A. 단기 실행 컴퓨팅 작업이 많은 애플리케이션을 실행한다.

    B. 사용량이 일정한 애플리케이션을 실행한다.

    C. 적어도 18개월 동안 클라우드 컴퓨팅을 사용할 예정이다.

    D. AWS와 약정을 최소화할 방법을 찾고 있다.

46. 스팟 인스턴스를 고려해야 하는 경우가 아닌 것은 다음 중 무엇입니까?

    A. 애플리케이션의 시작과 종료 시간이 유연하다.

    B. CPU 사용률 때문에 컴퓨팅 비용이 낮아야만 애플리케이션을 실행할 수 있다.

    C. 컴퓨팅 요구가 크고 잠재적으로 대규모 용량 추가가 예상된다.

    D. 저녁에 사용량의 급격한 증가가 예상돼서 이를 지원할 수 있어야 한다.

47. 조직에서 클라우드를 도입하고자 합니다. 몇몇 애플리케이션을 클라우드에 호스팅하는 것이 적합하며 선결제 약정은 원하지 않습니다. 또한 클라우드의 신뢰성에 대한 확신이 없어서 애플리케이션이 원활하게 작동하는지 확인해야 합니다. 어떤 인스턴스 유형을 사용하면 좋겠습니까?

    A. 스팟 인스턴스

    B. 온디맨드 인스턴스

    C. 전용 호스트

    D. 예약 인스턴스

48. 다음 중 스팟 인스턴스의 이점은 무엇입니까? (2개 선택)

    A. 언제든지 애플리케이션이 정지되거나 나중에 계속해도 괜찮다.

    B. 온디맨드보다 요금이 저렴하다.

    C. 애플리케이션이 운영되는 동안 동일한 하드웨어를 사용한다.

    D. 사용량이 급증해도 문제없이 처리할 수 있다.

49. 다음 중 GB당 가장 낮은 요금으로 사용할 수 있는 스토리지는 무엇입니까?

    A. S3 Standard

    B. S3-IA

C. S3 One Zone-IA

D. Amazon Glacier

50. 다음 중 S3 스토리지 클래스가 아닌 것은 무엇입니까?

A. S3-SSE

B. S3 Standard-IA

C. S3 RRS

D. Amazon Glacier

51. 다음 중 고객이 비용을 부담하지 않는 것은 무엇입니까?

A. S3 서명된 URL을 통해 같은 리전의 인터넷 클라이언트에 데이터를 배포한다.

B. CloudFront를 통해 다른 리전의 인터넷 클라이언트에 데이터를 배포한다.

C. 웹 인터페이스를 통해 S3에 사용자의 데이터를 업로드한다.

D. EC2 인스턴스에서 다른 리전의 인스턴스로 데이터를 전송한다.

52. 다음 중 고객이 비용을 부담하지 않는 것은 무엇입니까?

A. S3에서 CloudFront로 데이터를 전송한다.

B. CloudFront를 통해 다른 리전의 인터넷 클라이언트에 데이터를 배포한다.

C. EC2 인스턴스에서 다른 리전의 인스턴스로 데이터를 전송한다.

D. Transfer Acceleration을 사용해 S3에 데이터를 저장한다.

53. AWS 프리 티어란 무엇입니까?

A. AWS를 이용한 실험용 플랫폼은 프로덕션으로 사용할 수 없다.

B. 무료로 AWS 서비스에 제한적으로 액세스할 수 있는 티어

C. 컴퓨팅을 무제한으로 사용해도 비용을 지불하지 않는 EC2 인스턴스 클래스

D. 무료로 웹 호스팅에 사용할 수 있는 AWS 서비스의 사전 패키지 제품군

54. AWS 마켓플레이스란 무엇입니까?

A. AWS 프리 티어에서 실행할 수 있는 다수의 제품을 위한 시장

B. 표준 AWS 제품 위에 사전 설정한 AMI를 위한 시장

C. 유료인 타사 AWS 서비스나 플러그인을 위한 시장

D. 모두 해당

55. 다음 중 AWS 프리 티어에서 사용할 수 있는 서비스는 무엇입니까?

A. DynamoDB

B. AWS Lambda

C. SNS와 SQS

D. 모두 해당

56. 다음 중 AWS 지원 플랜에 해당하는 것은 무엇입니까?

A. 표준

B. 무료

C. 소규모 팀

D. 엔터프라이즈

57. 다음 중 24/7 지원을 제공하지 않는 AWS 지원 플랜은 무엇입니까? (2개 선택)

A. 기본

B. 개발자

C. 비즈니스

D. 엔터프라이즈

58. AWS Trusted Advisor란 무엇입니까?

A. AWS 보안 서비스

B. 비용 감소를 지원하는 온라인 리소스

C. 침입 탐지를 돕는 로깅 도구

D. Auto Scaling 그룹의 규모를 정하는 데 도움이 되는 성능 도구

59. 다음 중 Trusted Advisor 도구가 제공하는 핵심 검사는 몇 개입니까?

A. 3개

B. 4개

C. 5개

D. 9개

60. 다음 중 Trusted Advisor가 제시하는 권장사항은 무엇입니까? (2개 선택)

A. 루트 계정에 대한 MFA를 활성화한다.

B. S3 버킷에 대한 글로벌 액세스를 중지한다.

C. S3에 대한 Transfer Acceleration을 활성화한다.

D. S3에 대한 MFA Delete를 활성화한다.

61. 다음 중 Trusted Advisor가 권장사항으로 제시하지 않는 것은 무엇입니까?

A. S3 버킷 권한

B. IAM 사용

C. RDS 퍼블릭 스냅샷

D. DNS 사용

62. 다음 중 Trusted Advisor의 권장사항에 해당하지 않는 것은 무엇입니까?

A. 보안

B. 확장성

C. 서비스 할당량

D. 내결함성

63. 다음 중 Trusted Advisor의 권장사항에 해당하는 것은 무엇입니까? (2개 선택)

A. 성능

B. Auto Scaling

C. 캐싱

D. 보안

64. 다음 중 Trusted Advisor에서 권장하는 분야는 무엇입니까? (2개 선택)

A. 유휴 로드 밸런서

B. 잘못된 S3 스토리지 클래스

C. 루트 계정에 MFA 미설정

D. DNS 레코드의 저조한 사용

65. 다음 중 AWS에서 AWS 비용을 제어하기 위해 권장하는 것은 무엇입니까? (2개 선택)

    A. 최소의 비용으로 서비스에 적합한 용량 규모

    B. 예약하면 비용을 절감할 수 있다.

    C. 온디맨드 리소스로 비용을 절감할 수 있다.

    D. 높은 용량을 구매해서 낮은 용량을 제공한다.

66. 다음 중 모든 표준 애플리케이션 스택에서 AWS 비용을 절감할 수 있는 방법은 무엇입니까?

    A. RDS 대신 DynamoDB를 사용한다.

    B. AWS 외부의 등록 대행자 대신 Route 53을 사용한다.

    C. 스팟 시장을 사용한다.

    D. 전용 호스트 인스턴스를 사용한다.

67. AWS Cost Explorer는 무엇입니까?

    A. 인스턴스 사용률을 평가하기 위한 분석 도구

    B. RDS 사용률을 평가하기 위한 분석 도구

    C. 일정 기간의 AWS 비용을 관리하기 위한 분석 도구

    D. 애플리케이션 배포를 관리하기 위한 분석 도구

68. 다음 해의 예상 비용을 확인하고자 합니다. 다음 중 사용할 수 있는 도구는 무엇입니까?

    A. AWS Trusted Advisor

    B. AWS Cost Explorer

    C. AWS Cost Manager

    D. AWS Savings Advisor

69. 인스턴스 클래스 선택이 전체 AWS 지출에 어떻게 영향을 미치는지 확인하고자 합니다. 어떤 도구가 도움이 되겠습니까?

    A. AWS Trusted Advisor

    B. AWS Cost Explorer

C. AWS Auto Scaling 그룹

D. AWS CloudTrail

70. S3 스토리지에 매달 얼마나 지출할지 제한을 두고 싶습니다. 다음 중 도움이 되는 도구는 무엇입니까?

A. AWS Trusted Advisor

B. AWS Cost Explorer

C. AWS Budgets

D. AWS CloudFormation

71. 특정 비용 임곗값에 도달하면 S3 버킷에 대한 액세스를 모두 차단하고자 합니다. 다음 중 어떤 도구로 이 작업을 수행할 수 있습니까?

A. AWS Trusted Advisor

B. AWS Cost Explorer

C. AWS Budgets

D. 모두 해당하지 않음

72. 다양한 장치에 최적화된 미디어 파일을 생성해서 장치들에서 파일을 전송받아 볼 수 있도록 저렴한 비용으로 서비스하려고 합니다. 어떤 AWS 서비스를 사용해야 합니까?

A. SWF

B. Workspaces

C. Elastic Transcoder

D. Cost Explorer

73. EC2 인스턴스 집합에서 실행되는 Oracle을 지원하는데 유지 보수 비용을 절약하고자 합니다. 어떤 서비스가 Oracle 데이터베이스 호스팅의 유지 보수 비용을 줄이는 데 적합하겠습니까?

A. RDS

B. EMR

C. SWF

D. Redshift

74. 클라우드에서 애플리케이션을 시범적으로 호스팅하는 동안 개발 운영 인력을 최대한 늦게 채용하고자 합니다. 어떤 서비스를 이용하면 최소한의 관리 작업으로 코드를 배포할 수 있겠습니까?

- **A.** Elastic Beanstalk
- **B.** CloudFormation
- **C.** Elastic Transcoder
- **D.** JSON

75. 조직에서는 매주 몇 개의 애플리케이션을 배포하는데 비용을 절감하고자 합니다. 일반적인 리소스 스택이 있지만 각각 배포할 때 스택을 다시 구성하는데 시간이 소요됩니다. 초기 설정 및 배포 비용을 절감하려면 어떤 서비스를 사용해야 합니까?

- **A.** Elastic Beanstalk
- **B.** CloudFormation
- **C.** AWS Trusted Advisor
- **D.** Application Load Balancer

76. S3에 50TB 데이터를 전송해야 하는데, 대용량 송신으로 네트워크 대역폭 전체를 차지하는 것을 방지할 필요가 있습니다. 어떤 방식을 선택하면 대용량 데이터를 저렴하게 전송할 수 있습니까?

- **A.** Storage Gateway
- **B.** S3 Transfer Acceleration
- **C.** Glacier
- **D.** Snowball

77. 온프레미스에 구축한 대용량 데이터 저장소를 활용하고자 합니다. 이 로컬 스토리지를 클라우드 기반의 스토리지 시스템 및 클라우드에서 호스팅하는 EC2 인스턴스와 같이 사용할 수 있게 하는 방법은 무엇입니까?

- **A.** Storage Gateway
- **B.** S3 Transfer Acceleration
- **C.** Glacier
- **D.** Snowball

78. 가능한 최저 비용으로 수 페타바이트의 데이터를 AWS로 전송해야 합니다. 어떤 AWS 서비스를 사용할 수 있습니까?

A. Large Data Transfer Service

B. S3 Transfer Acceleration

C. Snowball

D. CloudFront

79. 대용량 데이터 저장소에 비즈니스 인텔리전스를 수행하기 위한 분석 솔루션이 필요합니다. 어떤 AWS 서비스가 확장성 있으면서도 비용 효율적인 OLAP를 제공할 수 있습니까?

A. RDS

B. 프로비저닝된 IOPS EBS 볼륨의 EC2 집합을 사용하는 Oracle

C. Memcached

D. Redshift

80. 현재 12개 EC2 인스턴스 집합에서 사용자가 업로드한 대규모 데이터 세트를 처리하고 있습니다. 그러나 인스턴스 유지 비용이 증가하고 코드 처리 업무가 늘어나고 있습니다. 어떤 AWS 서비스를 이용하면 비용을 절감하고 대규모 데이터 세트를 처리할 수 있겠습니까?

A. EMR

B. Memcached

C. CloudFront

D. BigData Processing Service

81. 여러 원본에 있는 데이터에 대해 대규모 분석을 수행할 수 있는 비즈니스 인텔리전스 애플리케이션을 구축하고 있습니다. 다음 중 어떤 서비스나 도구가 비용 효율적으로 솔루션 구축을 지원하겠습니까? (2개 선택)

A. QuickSight

B. 프로비저닝된 IOPS EBS 볼륨

C. EC2 인스턴스

D. Redshift

82. 여러 원본에 있는 데이터를 단일 데이터 (임시) 저장소에 저장해서 분석을 수행할 수 있게 합니다. 현재 데이터는 RDS, 2개의 DynamoDB 인스턴스, 여러 S3 버킷에 저장돼 있습니다. 이 작업을 가장 비용 효율적으로 처리하는 방법은 무엇입니까?

A. 처리량 최적화 SSD EBS 볼륨의 EC2 인스턴스 집합

B. CloudWatch, Lambda, 사용자 지정 코드의 조합

C. Redshift

D. QuickSight

83. 다음 중 장기간의 데이터 보관을 위한 가장 저렴한 선택은 무엇입니까?

A. EFS

B. EBS 스냅샷

C. Glacier

D. Redshift

84. 회사에서는 새로운 클라우드 배포에 자원을 프로비저닝하는 단순 작업에 많은 컨설팅 비용을 투자하고 있습니다. 어떤 AWS 서비스를 사용하면 이 비용을 절감하고 컨설팅을 비즈니스에 밀접한 업무에 활용할 수 있겠습니까?

A. Elastic Beanstalk

B. CloudTrail

C. CloudShift

D. CloudFormation

85. 현재 여러 사용자 지정 프로세스를 실행하는 대규모 EC2 인스턴스 집합의 비용을 절감해야 합니다. 이 프로세스는 네트워크 외부의 원본에서 스트리밍 데이터를 수집합니다. 어떤 AWS 관리형 서비스가 이러한 인스턴스를 교체하는 데 도움이 되겠습니까?

A. CloudFront

B. SDM

C. Kinesis

D. CloudFormation

86. 대규모 EC2 인스턴스 그룹의 비용을 절감해야 합니다. 인스턴스마다 사용자가 웹 인터페이스를 통해 요청해온 프로세스를 각각 처리하고 있습니다. 이러한 프로세스가 자주 일어나기 때문에 대규모 EC2 집합은 요청에 응답하기 위해 항상 가동 중이며, 상당한 비용이 매달 발생합니다. 항상 가동되는 인스턴스의 비용을 줄이기 위해 어떤 관리형 서비스를 사용할 수 있겠습니까?

- **A.** Lambda
- **B.** CloudFront
- **C.** Kinesis
- **D.** CloudFormation

87. 온프레미스 데이터센터에서 AWS 클라우드로 마이그레이션하려고 합니다. 이 온프레미스 애플리케이션을 모니터링하는 데 사용되는 광범위한 소프트웨어 제품을 대체해서 모니터링과 관련한 반복적 비용을 절감하고자 합니다. 이 작업에 이상적인 AWS 서비스는 무엇입니까?

- **A.** CloudTrail
- **B.** CloudMonitor
- **C.** AppMonitor
- **D.** CloudWatch

88. 온프레미스 데이터센터에서 AWS 클라우드로 마이그레이션하려고 합니다. 이 시스템에는 현재 감사를 위해 시스템 및 애플리케이션 로그를 처리하는 몇 개의 사용자 정의 스크립트가 있습니다. 인스턴스에서 사용자 지정 프로세스를 실행하기보다 AWS 관리형 서비스를 이용하고자 합니다. 어떤 서비스를 사용할 수 있습니까?

- **A.** CloudTrail
- **B.** CloudMonitor
- **C.** AppMonitor
- **D.** CloudWatch

89. 솔루션스 아키텍트로서 데이터베이스 기반 애플리케이션을 설계하고 클라우드에 대용량 Oracle 데이터베이스 인스턴스를 마이그레이션해야 합니다. 추가로 Oracle을 PostgreSQL로 마이그레이션하고 있습니다. 어떻게 가장 저렴하고 효과적으로 마이그레이션할 수 있습니까?

   A. Snowball에 Oracle 데이터를 복사하고 AWS로 데이터를 보낸다. S3로 데이터를 이동한 다음 RDS PostgreSQL에서 데이터를 가져온다.

   B. AWS에 RDS Oracle 인스턴스를 생성하고 기존 Oracle 인스턴스에서 새로운 RDS 인스턴스로 마이그레이션한다. 그런 다음 RDS 인스턴스를 PostgreSQL로 변환한다.

   C. Database Migration Service를 사용해서 바로 Oracle 데이터를 새 PostgreSQL의 인스턴스로 가져온다.

   D. 로컬 데이터센터에서 PostgreSQL의 인스턴스를 생성하고, 로컬에서 Oracle 데이터를 PostgreSQL로 마이그레이션한다. 그런 다음 PostgreSQL의 인스턴스를 AWS로 이동한다.

90. 일반 파일을 저장하기 위한 비용 효율적이며 확장성 있고 높은 내구성을 가진 솔루션을 선택해야 합니다. 어떤 AWS 서비스를 사용해야 합니까?

   A. S3

   B. Kinesis

   C. DynamoDB

   D. Aurora

91. 기존 디렉터리 서버에 대한 유지 보수 비용을 절감하기 위해 사용자, 그룹 및 권한을 관리하는 기존의 LDAP 디렉터리 서버를 클라우드 기반의 솔루션으로 교체해야 합니다. 어떤 AWS 서비스를 검토해야 합니까?

   A. IAM

   B. Cognito

   C. AWS Organizations

   D. AWS 디렉터리 서버

92. 사용자, 그룹 및 권한을 관리하고 현재 디렉터리 서버와 코드 기반에 대한 유지 보수 비용을 절감하기 위해 Single Sign-On을 제공하는 기존의 LDAP 디렉터리 서버를 클라우드 기반 솔루션으로 교체해야 합니다. 어떤 AWS 서비스를 검토해야 합니까? (2개 선택)

   A. IAM

   B. Cognito

   C. AWS Organizations

   D. AWS 디렉터리 서버

93. AWS를 많이 사용하는 프로젝트에서 처음으로 비용을 줄이고 보안 위험을 식별하는 작업을 수행해야 합니다. 기존 환경을 살펴본 뒤, 변경 우선순위를 정하기 위해 어떤 도구를 사용할 수 있습니까?

   A. CloudTrail

   B. Trusted Advisor

   C. AWS Organizations

   D. AWS 디렉터리 서버

94. 대규모 온프레미스 애플리케이션 모두를 AWS로 마이그레이션해야 합니다. 회사는 구성 및 관리를 위해 Chef를 많이 사용하고 있으며, 기존의 방식을 변경하지 않을 계획입니다. 어떻게 기존 방식을 유지하면서 비용을 낮출 수 있겠습니까?

   A. CloudTrail

   B. CloudWatch

   C. OpsWorks

   D. Service Catalog

5

영역 5: 운영 면에서 탁월한 아키텍처 정의

✓ **5.1** 솔루션에서 운영 우수성을 지원할 수 있는 설계 기능을 선택한다.

연습문제

1. 표준 SQS 대기열을 사용하는 경우 메시지는 몇 번 배달됩니까?

   A. 한 번에 하나씩

   B. 1회 이상

   C. 대기열에서 관련 메시지 요청당 한 번

   D. 애플리케이션에 따라 다르다.

2. 다음 중 기반 운영체제에 액세스할 수 있는 서비스는 무엇입니까? (2개 선택)

   A. RDS

   B. EC2

   C. EMR

   D. DynamoDB

3. 웹 애플리케이션은 SQS 대기열을 사용하고 있습니다. 사용자는 애플리케이션 인스턴스에서 처리할 대기열의 메시지를 확인할 수 있지만, 12시간이 넘도록 아무 일도 일어나지 않았습니다. 그리고 그 후 대기열에 메시지가 나타나고 처리가 개시됐습니다. 이러한 현상이 발생하는 이유는 무엇입니까?

   A. SQS 대기열에는 제한 시간이 있다. 해당 애플리케이션 인스턴스가 더 빠르게 메시지를 처리할 수 있도록 제한 시간을 단축한다.

   B. SQS 메시지는 12시간마다 만료되며 대기열에 다시 입력해야 한다. 메시지가 보이지 않는 시간 동안 대기열이 원래 발신자에게 메시지를 요청하고 수신하도록 트리거한다.

   C. 애플리케이션 인스턴스에서 처리가 완료되지 않고 중단된다. 처리되는 12시간 동안 SQS 대기열이 'invisible'로 유지하기 때문에 메시지는 사라진다. 만료 시간 전에 처리되지 않으면 메시지는 처리를 위해 대기열에 반환된다.

   D. SQS 대기열을 다시 시작해야 한다. 메시지 대기열이 올바르지 않다. 폴링 간격이 너무 높게 설정돼서 메시지를 확인할 수 없다.

4. 다음 중 EBS 스냅샷에서 작업 수행 방법으로 옳은 것은 무엇입니까?

   A. 사용자 이름과 비밀번호로 AWS Management Console을 사용한다.

   B. 애플리케이션 키로 AWS CLI를 사용한다.

   C. 애플리케이션 키로 AWS REST API를 사용한다.

   D. 모두 해당

5. 다음 중 메일 리스트와 가장 유사한 것은 무엇입니까?

   A. SQS

   B. SNS

   C. SWF

   D. S3

6. 다음 중 메시지를 전달하지 않는 관리형 서비스는 무엇입니까?

   A. SQS

   B. SNS

   C. SWF

   D. Redshift

7. 다음 중 애플리케이션에서 메시지를 가져올 수 있는 기능을 제공하는 관리형 서비스는 무엇입니까?

   A. SWF

   B. SQS

   C. SNS

   D. S3

8. 다음 중 메시지 1회 전달을 보장하는 관리형 서비스는 무엇입니까?

   A. S3

   B. SQS

   C. SNS

   D. SWF

9. 다음 중 메시지를 작업이라고 부르는 관리형 서비스는 무엇입니까?

   A. S3

   B. SWF

   C. SNS

   D. SQS

10. 다음 중 메시지를 알림이라고 부르는 관리형 서비스는 무엇입니까?

   A. S3

   B. SWF

   C. SNS

   D. SQS

11. 다음 중 수신하는 '메시지'를 메시지라고 부르는 관리형 서비스는 무엇입니까?

   A. S3

   B. SWF

   C. SNS

   D. 모두 해당하지 않음

12. 다음 중 다른 애플리케이션 사이에 작업을 조정하는 관리형 서비스는 무엇입니까?

   A. S3

   B. SNS

   C. SWF

   D. SQS

13. SWF는 무엇을 의미합니까?

   A. Simple Workflow Foundation

   B. Simple Workflow Service

   C. Sequential Workflow Service

   D. Synchronous Workflow Foundation

14. 다음 중 컴퓨팅 집약적인 사용자 정의 스크립트를 실행하기에 적합한 서비스는 무엇입니까? (2개 선택)

A. EC2

B. S3

C. Redshift

D. ECS

15. 최소한의 AWS 지식과 직원의 지원이면 사용할 수 있는 웹사이트 호스팅에 최적인 서비스는 무엇입니까?

A. S3 웹사이트 호스팅

B. Amazon Lightsail

C. EC2

D. ECS

16. 루트 볼륨을 스냅샷해서 AMI로 등록했습니다. 그러나 EBS 볼륨에서 악성 코드가 실행되는 것을 발견해서 AMI, EBS 볼륨, 스냅샷을 삭제하고자 합니다. 어떠한 절차로 수행할 수 있습니까? (2개 선택)

A. 즉시 EBS 볼륨 스냅샷을 삭제한다.

B. 즉시 AMI 등록을 취소한다.

C. EBS의 볼륨이 삭제된 후, AMI를 등록 취소한다.

D. AMI 등록을 취소한 후, AMI를 제거하고 EBS 볼륨과 스냅샷을 삭제한다.

17. 다음 중 AWS CLI로 EBS 볼륨에 작업할 수 있는 명령은 무엇입니까?

A. aws ec2 [command]

B. aws ebs [command]

C. aws instance [command]

D. AWS CLI에서는 직접 EBS 볼륨에 작업할 수 없다.

18. applestoapples.net으로 운영 중인 웹사이트가 있습니다. 많은 사용자가 실수로 applestoapples.com을 브라우저에 입력합니다. 이 문제를 해결하기 위해 최근에 도메인 applestoapples.com을 구매해서 그쪽으로 접근하는 사용

자의 요청을 applestoapples.net 도메인으로 전환할 계획입니다. 어떤 DNS 레코드 세트를 사용하면 이를 수행할 수 있겠습니까?

A. MX

B. AAAA

C. CNAME

D. A

19. 정적 콘텐츠가 대부분인 웹사이트에 접근하는 세션은 Elastic Load Balancer 후방의 EC2 인스턴스 집합에서 처리됩니다. 하위 도메인을 만들고 그 하위 도메인으로 향하는 트래픽이 ELB를 통하기를 바랍니다. 어떤 DNS 레코드 집합을 사용하겠습니까?

A. CNAME

B. AAAA

C. SOA

D. MX

20. Route 53에서 도메인을 호스팅하고 관리하고 있습니다. 하위 도메인을 새로 만들고 이 하위 도메인을 Application Load Balancer 뒤의 EC2 인스턴스 집합을 향하게 하려 합니다. 이를 위한 가장 좋은 방법은 무엇입니까?

A. A 레코드를 생성하고 ALB에 별칭으로 구성한다.

B. ALB URL로 향하는 CNAME 레코드를 만든다.

C. A 레코드를 생성하고 ALB의 IP 주소를 가리킨다.

D. 현재 사용 중인 EC2 인스턴스의 IP 주소와 리다이렉션 헤더를 클라이언트에게 보낼 ALB를 설정한다.

21. Route 53은 Zone APEX 레코드를 지원합니까?

A. 그렇다. 모든 도메인을 지원한다.

B. 그렇다. 하지만 AWS에서 도메인을 호스팅하는 경우에만 지원한다.

C. 그렇다. 하지만 AWS에서 서비스를 호스팅하는 경우에만 지원한다.

D. 아니다.

22. 다음 중 옳지 않은 것은 무엇입니까? (2개 선택)

A. Route 53은 기본 도메인 이름에 대해 별칭을 허용하지 않는다.

B. Route 53은 Zone APEX 레코드를 지원한다.

C. Route 53은 AWS에 호스팅된 도메인 별칭을 허용한다.

D. Route 53은 AWS 호스팅 서비스에만 Zone APEX 레코드를 지원한다.

23. 다음 중 옳은 것은 무엇입니까? (2개 선택)

A. Route 53은 Auto Scaling 그룹을 지원한다.

B. Route 53은 등록된 도메인에 대해 DNS 상태 확인을 자동으로 구성한다.

C. Route 53은 자동으로 지정된 서비스에 Auto Scaling 그룹을 설정한다.

D. Route 53은 자동으로 고가용성이다.

24. Route 53으로 몇 개의 도메인을 관리할 수 있습니까?

A. 50개

B. 100개이지만 이것은 소프트 할당량이며, AWS에 증가 요청할 수 있다.

C. 무제한이다.

D. 50개이지만 이것은 소프트 할당량이며, AWS에 증가 요청할 수 있다.

25. RDS 인스턴스의 운영체제 문제를 해결하기 위해 연결할 수 있는 가장 좋은 방법은 무엇입니까?

A. SSH

B. RDP

C. SFTP

D. 모두 해당하지 않음

26. 다음 중 VPC 피어링에 대한 설명으로 옳은 것은 무엇입니까? (2개 선택)

A. VPC 피어링 연결은 단일 리전 내 두 VPC 사이의 네트워크 연결이다.

B. VPC 피어링 연결은 VPN 기반의 연결이다.

C. VPC 피어링 연결은 데이터 전송 및 파일 공유를 쉽게 할 수 있다.

D. 리전 간에도 VPC 피어링을 할 수 있다.

27. 두 리전의 VPC가 피어링돼 있습니다. 이러한 연결을 일컫는 용어는 무엇입니까?

    A. VPC 간 피어링 연결

    B. 리전 간 VPC 피어링 연결

    C. VPC 간 리전 연결

    D. 다중 리전 피어링 연결

28. 다음 중 VPC 피어링에 대한 설명으로 옳지 않은 것은 무엇입니까?

    A. 두 VPC는 같은 리전에 있을 필요가 없다.

    B. 두 VPC는 같은 AWS 계정에 있을 필요가 없다.

    C. 두 VPC는 연결이 생성되면 자동으로 라우팅이 설정된다.

    D. 기본적으로 피어링된 VPC 사이에서 트래픽은 양방향으로 전송된다.

29. 다음 중 VPC 피어링에 대한 설명으로 옳은 것은 무엇입니까?

    A. 두 VPC는 같은 리전에 있어야 한다.

    B. 두 VPC는 같은 AWS 계정에 있어야 한다.

    C. 각각의 VPC는 고유한 보안 그룹을 사용해야 한다.

    D. 두 VPC의 CIDR 블록은 중첩될 수 없다.

30. VPC 피어링은 어떠한 연결입니까?

    A. 서브넷 사이의 일대일 연결

    B. VPC 사이의 일대일 연결

    C. 서브넷 사이의 일대다 연결

    D. VPC 사이의 일대다 연결

31. VPC A는 VPC B와 VPC C 모두와 피어링돼 있다. VPC B에서 VPC C로 트래픽을 전송하게 하려면 어떤 방법을 수행해야 합니까?

    A. AWS에서는 전이적 피어링이 불가능하다.

    B. VPC A에서 라우팅 포워딩을 활성화해야 한다.

    C. VPC B와 VPC C를 피어링해야 한다

    D. VPC B에 라우팅 포워딩을 활성화해야 한다.

32. VPC C와 VPC D의 CIDR 블록이 중첩돼 있습니다. 다음 중 옳은 것은 무엇입니까? (2개 선택)

 A. VPC C와 VPC D는 피어링할 수 있다.

 B. VPC C와 VPC D는 피어링할 수 없다.

 C. VPC C와 VPC D를 피어링하려면 CIDR에서 중첩을 제거해야 한다.

 D. VPC C와 VPC D를 피어링하려면 한 VPC는 IPv6 주소로 전환해야 한다.

33. 두 VPC 사이에 몇 개의 피어링 연결을 할 수 있습니까?

 A. 1개

 B. 2개

 C. 각 VPC 내 서브넷당 1개

 D. 각 VPC에 연결된 NACL당 1개

34. 한 VPC에 몇 개의 피어링을 할 수 있습니까?

 A. 1개

 B. AWS 계정의 전체 할당량 내에서 무제한

 C. 각 VPC 내 서브넷당 1개

 D. 각 VPC에 연결된 NACL당 1개

35. AWS에서 VPC 사이에 전이적 피어링을 생성하는 방법은 무엇입니까?

 A. 배스천 호스트를 사용하는 경우에만 전이적 피어링이 가능하다.

 B. 허브&스포크 네트워크 모델을 사용하는 경우에만 전이적 피어링이 가능하다.

 C. AWS에서는 전이적 피어링이 불가능하다.

 D. 원본 VPC로부터 허브 VPC로 연결할 때 IPv4를 사용하고 허브에서 원본 VPC로 연결할 때 IPv6를 사용한다.

36. AWS에서 VPC 피어링에 IPv6 통신을 지원하는 방법은 무엇입니까? (2개 선택)

 A. AWS는 VPC 피어링에서 IPv6 통신을 지원하지 않는다.

 B. IPv6를 VPC 모두에 연결하고 라우팅에 IPv6 주소를 사용한다.

 C. IPv6를 VPC 모두에 연결하고 보안 그룹에 IPv6 주소를 사용한다.

 D. 두 VPC가 같은 리전에 있어야 한다.

37. 인스턴스를 EC2-Classic 대신 VPC에서 만들었을 때의 장점은 무엇입니까? (2개 선택)

    A. 인스턴스에 여러 개의 IP 주소를 할당할 수 있다.

    B. 인스턴스는 자동으로 멀티 테넌트 하드웨어에서 실행된다.

    C. 인스턴스에 여러 개의 네트워크 인터페이스를 연결할 수 있다.

    D. 네트워크를 계층적으로 구성하지 않고 수평적으로 구성할 수 있다.

38. 다음 중 기본 VPC와 사용자 정의 VPC의 차이점은 무엇입니까? (2개 선택)

    A. 기본 VPC에는 인터넷 게이트웨이가 있지만 사용자 정의 VPC에는 없다.

    B. 사용자 정의 VPC에는 퍼블릭 서브넷이 있지만 기본 VPC에는 없다.

    C. 사용자 정의 VPC에는 인터넷 게이트웨이가 있지만 기본 VPC에는 없다.

    D. 기본 VPC에는 퍼블릭 서브넷이 있지만 사용자 정의 VPC에는 없다.

39. 기본 VPC에서 퍼블릭 서브넷이 인터넷과 통신할 수 있게 하는 수단은 무엇입니까? (2개 선택)

    A. 인터넷에 라우팅하는 기본 라우팅 테이블

    B. 가상 프라이빗 게이트웨이

    C. 인터넷에 액세스를 허용하는 기본 보안 그룹

    D. 인터넷 게이트웨이

40. 다음 중 기본 서브넷이 아닌 곳에서 시작된 인스턴스에 할당되는 것은 무엇입니까?

    A. 프라이빗 IPv6 주소

    B. 퍼블릭 IPv4 주소

    C. 프라이빗 IPv4 주소

    D. 퍼블릭 IPv6 주소

41. 기본 서브넷이 아닌 서브넷의 인스턴스가 인터넷에 액세스하게 해야 합니다. 무엇을 수행해야 합니까? (2개 선택)

    A. 인스턴스에 프라이빗 IP 주소를 할당한다.

    B. 인스턴스에 퍼블릭 IP 주소를 할당한다.

C. 서브넷이 있는 VPC에 인터넷 게이트웨이를 연결한다.

D. 서브넷에 NAT 인스턴스를 연결한다.

42. AWS Management Console에 Single Sign-On을 적용하기 위해 어떤 기술을 사용해야 합니까?

   A. JSON

   B. CloudFormation

   C. YAML

   D. SAML

43. 새로운 사용자를 IAM에서 생성했을 때, 이 사용자의 기본 권한은 무엇입니까?

   A. 모든 AWS 서비스에 대해 읽기 액세스

   B. 모든 AWS 서비스에 대해 읽기와 쓰기 액세스

   C. 어떤 AWS 서비스에도 액세스할 수 없음

   D. IAM 서비스에만 읽기 액세스

44. IAM은 무엇을 의미합니까?

   A. Interoperative Access Management

   B. Identity and Access Management

   C. Independent Access Management

   D. Identity and Authorization Management

45. 새로운 IAM 사용자를 생성해서 로그인 URL을 전달했습니다. AWS Management Console에 로그인하려면 추가로 무엇이 더 필요합니까? (2개 선택)

   A. 사용자 이름

   B. 사용자 액세스 키 ID

   C. 사용자 비밀번호

   D. 사용자 보안 액세스 키

46. 다음 중 IAM 그룹의 사용자가 모든 AWS 서비스와 상호작용할 수 있게 하는 것은 무엇입니까?

A. Administrator

B. Power User

C. 기본 IAM 권한은 이러한 수준의 액세스를 제공한다.

D. Support User

47. 새 IAM 사용자를 생성하고 사용자에게 자격 증명을 주었습니다. 그러나 여전히 AWS Management Console에 로그인할 수 없습니다. 무엇이 문제입니까?

A. 멀티 팩터 인증을 사용하도록 설정하지 않았다.

B. 사용자 로그인 정책을 활성화하지 않았다.

C. 사용자에게 액세스 키 ID를 제공하지 않았다.

D. 사용자에게 사용자 로그인 링크를 제공하지 않았다.

48. 수백만 사용자와 모바일 게임의 애플리케이션 기반을 구축해야 합니다. 다음 중 모바일 클라이언트의 메시지를 수신하고 처리하는 데 사용할 수 있는 서비스는 무엇입니까?

A. EC2, 모바일 SDK

B. Amazon Kinesis, 모바일 SDK

C. Amazon Kinesis, RDS

D. EC2, Lambda

49. 다음 중 AWS에서 회사의 계정을 새로 만들 때 설정해야 하는 것은 무엇입니까?

A. 회사 이름

B. 회사 이메일

C. 회사 계정 소유자의 사용자 이름

D. 회사 URL

50. AWS가 IAM 정책으로 제공하는 S3와 EC2 서비스에 대한 읽기와 쓰기 액세스 권한은 다음 중 무엇입니까? (2개 선택)

A. Administrator

B. Network Administrator

C. Support User

D. Power User

51. AWS에서 하나 이상의 권한 집합을 정의하는 문서를 무엇이라고 합니까?

A. 프로그램 단위

B. 조직 단위

C. 정책

D. 그룹

52. AWS 서비스에서 ECS는 무엇의 약어입니까?

A. Elastic Compute Service

B. Elastic Container Service

C. Elastic Computer Service

D. Encapsulated Container Service

53. AWS에서 EC2 인스턴스를 사용하지 않고 애플리케이션을 컨테이너에서 실행할 때의 장점은 무엇입니까? (2개 선택)

A. 자동으로 애플리케이션을 확장할 수 있다.

B. 대형 애플리케이션을 컨테이너에서 실행할 수 있다.

C. 애플리케이션의 시작 시간을 줄일 수 있다.

D. 전문적으로 서버를 관리하고 프로비저닝하는 일을 피할 수 있다.

54. 다음 중 전통적인 AWS 컨테이너 스택에서 사용되는 서비스 집합은 무엇입니까?

A. ECR, ECS, EC2

B. ECS, EMR, EC2

C. Fargate, ECS, S3

D. ECR, ECS, S3

55. 다음 중 일반적으로 ECS와 연결된 서비스는 무엇입니까?

A. EMR

B. S3

C. ECR

D. ECC

56. 다음 중 AWS에서 애플리케이션에 컨테이너를 사용하는 이유는 무엇입니까?

(2개 선택)

A. 전체 비용을 절감할 수 있다.

B. 기존의 컴퓨팅 인스턴스를 좀 더 효율적으로 사용하고 싶다.

C. 기존 EC2 인스턴스를 관리하기 위한 리소스가 제한돼 있다.

D. 애플리케이션을 확장 또는 축소해야 한다.

57. 컨테이너 기반과 Lambda 기반 애플리케이션의 차이는 다음 중 무엇입니까?

(2개 선택)

A. 컨테이너는 부하와 사용률에 따라 확장한다. Lambda는 이벤트에 따라 확장한다.

B. 컨테이너는 컴퓨팅 인스턴스에 기반한다. Lambda 코드는 기반 컴퓨팅 인스턴스가 필요하지 않다.

C. 컨테이너는 Lambda만큼 확장성이 높지 않다.

D. 컨테이너는 전체 애플리케이션 스택을 실행할 수 있다. Lambda는 코드 일부만 실행할 수 있다.

6

영역 6: 종합 문제

1. 영화를 스트리밍하는 웹사이트의 성능을 최적화해야 합니다. 기능을 검사한 결과, 타이틀 라이브러리의 데이터베이스가 항상 검색되며 데이터베이스 사용량이 급증하는 것을 발견했습니다. 현재 아키텍처는 엑스트라 라지^{extra-large} 크기의 인스턴스에서 PostgreSQL 데이터베이스로 구성돼 있습니다. 부하를 더 잘 처리하기 위해서는 아키텍처를 어떻게 변경해야 하겠습니까? (2개 선택)

   A. 프로비저닝된 IOPS와 EBS 볼륨을 볼륨 유형으로 사용해 더 큰 인스턴스에 데이터베이스 인스턴스를 다시 만들 수 있다.

   B. 미디어 라이브러리 데이터베이스의 읽기 성능을 향상하기 위해 RDS 다중 AZ 설정을 추가한다.

   C. 공통 데이터를 여러 번 읽어서 검색하기 때문에 캐시에 데이터를 저장할 수 있도록 ElastiCache를 추가한다.

   D. 여러 복사본으로 여러 인스턴스에 설치된 공유 데이터베이스

2. 다음 중 ElastiCache에서 사용되는 엔진은 무엇입니까?

   A. reddit, memcached

   B. redis, memcached

   C. Sharding, redis

   D. memcached, Redshift

3. 다음 중 데이터를 S3 버킷의 객체로 저장할 때 AWS에서 지원하는 저장 중 데이터 암호화 솔루션은 무엇입니까? (2개 선택)

   A. memcached용 ElastiCache

   B. AWS Key Management Service

   C. 고객 제공 키

   D. AWS Encryptic

4. 하나의 새로운 조직에 20개 이상의 여러 AWS 계정을 관리합니다. 조직의 비용 관리를 개선하기 위해 AWS Organizations의 통합 결제 기능을 사용하려고 합니다. 다음 중 이러한 목적으로 활용할 수 있는 통합 결제의 장점은 무엇입니까? (2개 선택)

   A. 여러 계정을 결합하고, 그 결합을 통해 모든 계정의 총 비용을 줄여서 할인을 받는다.

B. AWS Organizations 내의 계정 간 데이터 트래픽에는 요금이 부과되지 않는다.

C. AWS Organizations의 모든 계정은 통합 결제할 경우 5% 절감된 금액으로 청구된다.

D. 모든 계정은 하나의 도구를 통해 개별적으로 추적할 수 있다.

5. 최근에 클라우드를 사용하기 시작했으며, 조직의 보안을 개선해야 합니다. 다섯 명의 개발자, 재무 관리자, 두 명의 지원 엔지니어가 있습니다. 현재 여덟 명의 사원은 AWS 루트 사용자를 사용하고 있습니다. 보안을 향상하기 위해 무엇을 개선해야 합니까? (2개 선택)

A. 모든 사용자가 AWS CLI를 다운로드하고 루트 암호를 변경한다.

B. 모든 직원 각각에 대해 IAM 사용자를 생성하고 각 사용자에게 자격 증명을 제공한다.

C. Power Users 그룹에 개발자, Billing 그룹에 재무 관리자, Support User 그룹에 지원 엔지니어를 포함한다.

D. IAM 서비스에 액세스할 수 있도록 새로운 그룹을 생성하고 하나 이상의 개발자를 그룹에 포함시킨다.

6. 대용량 고부하의 Oracle 데이터베이스를 인스턴스 클러스터에 설치해야 합니다. 데이터베이스 인스턴스에 사용자 정의 플러그인을 설치해야 하므로 RDS는 사용할 수 없습니다. 인스턴스에 어떤 EBS 볼륨 유형을 사용해야 합니까?

A. 콜드 HDD

B. 처리량 최적화 HDD

C. 범용 SSD

D. 프로비저닝된 IOPS SSD

7. 대규모 AWS 환경의 사용자 정의 VPC 내에 몇 개의 퍼블릭 및 프라이빗 서브넷이 있습니다. 프라이빗 서브넷에는 대략 300개의 인스턴스가 있고 NAT를 통해 인터넷과 통신합니다. 매일 오전 11시에 인스턴스는 데이터를 인터넷상의 AWS 외부 저장소에 API를 통해 데이터를 전송합니다. 그러나 일부 데이터가 인터넷으로 전송되지 않는 것을 발견했고, 몇몇 인스턴스에서는 API 호출

이 실패한 것으로 확인됐습니다. API에는 문제가 없음을 확인했습니다. 이 문제를 해결하기 위해 취해야 할 조치는 무엇입니까? (2개 선택)

A. VPC의 인터넷 게이트웨이를 사용하기에 인스턴스 수가 너무 많다. VPC에 추가 인터넷 게이트웨이를 연결해야 한다.

B. 트래픽을 처리하기에 NAT 인스턴스의 크기가 너무 작을 수 있다. 더 많은 CPU를 장착한 큰 인스턴스로 NAT 인스턴스를 다시 프로비저닝한다.

C. SQS 대기열을 설정해서 필요한 전송을 대기열의 항목으로 넣도록 설정한다. EC2 인스턴스가 대기열을 폴링하고 대기열이 완전히 비워질 때까지 데이터를 전송하게 한다. Lambda 작업을 추가해 전송 실패를 감지하고 실패한 작업을 SQS 대기열에 다시 넣는다.

D. 인스턴스가 필요한 처리량을 지원하지 않는다. 프로비저닝된 IOPS로 EBS 볼륨을 변경한다.

8. 다음 중 EBS와 관련해 AWS가 허용하지 않는 것은 무엇입니까? (2개 선택)

A. 기존 EBS 볼륨을 암호화한다.

B. 암호화된 스냅샷의 암호화되지 않은 복제본을 만든다.

C. EC2 인스턴스에 암호화 볼륨을 연결한다.

D. 암호화되지 않은 스냅샷의 암호화된 복사본을 만든다.

9. EU West 2 리전의 S3 버킷, photoData에 읽기 및 쓰기 액세스를 할 수 있는 URL로 올바른 것은 무엇입니까?

A. https://photoData.s3-eu-west-2.amazonaws.com

B. https://s3.eu-west-2.amazonaws.com/photoData

C. https://s3-eu-west-2.amazonaws.com/photoData

D. https://photoData.s3.eu-west-2.amazonaws.com

10. EC2 인스턴스 집합에 로깅을 변경하고 있습니다. VPC 흐름 로그를 인스턴스 그룹에 설정하고 보안 위반 등의 특정 유형의 이벤트에 대한 로그를 모니터링합니다. 로그가 전송되는 서비스는 무엇입니까?

A. RDS

B. S3

C. CloudWatch

D. Redshift

11. 복잡한 애플리케이션에서 작업과 이벤트 수준의 추적이 필요합니다. 작업과 이벤트에 사용자 지정 코드를 연결해야 합니다. 신속하게 상용 서비스를 해야 하므로 바로 기능을 구현할 수 있는 서비스를 적용할 필요가 있습니다. 인프라 코딩을 최소화해서 사용할 수 있는 서비스는 무엇입니까?

A. SQS, Lambda

B. SWF, CloudWatch

C. SWF, Lambda

D. Elastic Beanstalk, CloudWatch

12. 사용자 정의 VPC에 2개의 서브넷이 있으며, 데이터베이스 인스턴스가 있는 한 서브넷에서 인터넷에 접근할 수 없습니다. 다른 서브넷에는 웹 서버를 실행하는 EC2 인스턴스가 있습니다. 인스턴스에는 퍼블릭 IP 주소가 할당된 일래스틱 네트워크 인터페이스가 연결돼 있습니다. 그러나 인터넷에서 두 인스턴스에 액세스할 수 없으며, 두 인스턴스에서도 인터넷에 연결할 수 없습니다. 이러한 문제의 원인은 무엇입니까? (2개 선택)

A. 인스턴스는 일래스틱 네트워크 인터페이스가 아닌 퍼블릭 IP 주소를 사용해야 한다. 일래스틱 네트워크 인터페이스를 제거한다.

B. VPC에 인터넷 게이트웨이가 필요하다. VPC에 인터넷 게이트웨이를 연결하고 인스턴스에서 인터넷으로 향하는 트래픽을 인터넷 게이트웨이로 경유하도록 라우팅 테이블을 변경한다.

C. 인스턴스에 연결된 기본 보안 그룹 때문에 인터넷에 액세스할 수 없다. 인터넷으로 향하는 트래픽을 허용하도록 보안 그룹에 권한을 추가한다.

D. 퍼블릭 서브넷의 EC2 인스턴스에 인바운드 HTTP 및 HTTPS 트래픽을 허용하도록 EC2 인스턴스가 있는 서브넷의 NACL을 변경한다.

13. EC2 인스턴스가 NAT 인스턴스를 통해 인터넷 연결을 설정할 때 종종 빠뜨려서 통신이 실패하는 일반적인 단계는 무엇입니까?

A. 인터넷으로 트래픽이 나갈 수 있게 하는 NAT 인스턴스용 보안 그룹에 규칙을 추가한다.

B. 프로비저닝된 IOPS EBS 볼륨을 사용해서 NAT 인스턴스를 시작하도록 설정한다.

C. EC2 인스턴스가 인터넷으로부터의 트래픽을 허용하도록 서브넷의 NACL을 설정한다.

D. NAT 인스턴스에서 원본/대상 확인 옵션이 비활성화돼 있어야 한다.

14. 다음 중 가장 내구성 있는 S3 스토리지 클래스는 무엇입니까?

A. S3

B. S3-IA

C. S3 One Zone-IA

D. 모든 클래스는 내구성이 같다.

15. 기존 RDS에서 대형 이미지를 읽어오는 애플리케이션의 스토리지를 구성해야 합니다. Lambda 함수를 통해 이미지에 메타 데이터와 필터를 추가합니다. Lambda 코드는 저렴하고 필요할 때 쉽게 다시 실행할 수 있습니다. 이미지를 처리한 뒤 저장할 곳을 선택해야 합니다. 각 이미지는 한 달 동안 1회에서 5회 정도 액세스되며 액세스하는 데 지연 시간이 짧아야 합니다. 비용과 사용자 경험이 가장 중요한 결정사항입니다. 어떤 S3 스토리지 클래스를 사용하면 되겠습니까?

A. S3

B. S3 IA

C. S3 One Zone-IA

D. Glacier

16. 데이터 스토리지로 EBS 볼륨을 사용하는 EC2 인스턴스 집합이 있습니다. 각 인스턴스는 다른 인스턴스의 데이터에 액세스해야 합니다. 사용자 정의 복제 스크립트가 점점 복잡해져서 정체되는 경우가 많아지고 있습니다. 현재 EBS 볼륨의 사용과 복제를 대체하기 위해 추천할 수 있는 서비스는 무엇입니까?

A. EBS

B. DynamoDB

C. EFS

D. 서비스 카탈로그

17. 새로운 웹 기반의 온라인 데이트 사이트의 아키텍처를 설계해야 합니다. 사용자 지정 VPC에서 퍼블릭 서브넷을 만들어야 합니다. VPC에는 이미 EC2 인스턴스와 서브넷이 있습니다. 이 서브넷을 퍼블릭으로 전환하기 위해 취해야 할 조치는 무엇입니까? (2개 선택)

   A. VPC에 고객 게이트웨이를 연결한다.

   B. AWS CLI와 서브넷 명령을 사용해 서브넷을 퍼블릭으로 만든다.

   C. VPC에 인터넷 게이트웨이를 연결한다.

   D. 연결된 게이트웨이를 통해 인터넷으로 향하는 경로를 인스턴스가 있는 서브넷에 추가한다.

18. 다음 중 S3 요청 헤더로 옳은 것은 무엇입니까? (2개 선택)

   A. x-amz-date

   B. Content-Length

   C. x-aws-date

   D. Content-Size

19. 다음 중 AWS에서 제공하는 지원 수준은 무엇입니까? (2개 선택)

   A. 개발자^{Developer}

   B. 전문가^{Professional}

   C. 비즈니스^{Business}

   D. 기업^{Corporate}

20. 다음 중 RDS로 사용할 수 있는 데이터베이스는 무엇입니까? (2개 선택)

   A. DynamoDB

   B. Aurora

   C. DB2

   D. MariaDB

21. 여러 개의 인스턴스를 포함한 Auto Scaling 그룹이 복수의 가용 영역에 걸쳐 있습니다. 현재 Auto Scaling 그룹에서 10개의 인스턴스가 실행 중이며, 20개까지 확장 조정하고, 3개까지 축소 조정하는 규칙이 있습니다. 목표 용량을 변

경해서 인스턴스 비용을 절감하고자 합니다. 조정을 마치고 난 후 몇 개의 인스턴스가 실행되고 있겠습니까?

- **A.** 10개
- **B.** 5개
- **C.** 15개
- **D.** 20개

22. 다음 중 CloudFormation 템플릿 작성에 사용되는 것은 무엇입니까? (2개 선택)

- **A.** XML
- **B.** YAML
- **C.** MML
- **D.** JSON

23. 미국 캘리포니아, 일본 도쿄, 호주 시드니에 있는 사용자를 대상으로 하는 애플리케이션을 구축하려고 합니다. 애플리케이션을 세 주요 사용자 기반의 지역에 가까운 리전에서 호스팅해 사용자가 자신의 리전에서 제공되는 현지화된 콘텐츠에 접근할 수 있게 하려고 계획합니다. 이 애플리케이션에 대해 Route 53에서 고려해야 하는 라우팅 정책은 무엇입니까?

- **A.** 장애 조치 라우팅
- **B.** 지연 시간 기반 라우팅
- **C.** 지리 위치 라우팅
- **D.** 가중치 기반 라우팅

24. ELB를 전방에 두고 4개의 인스턴스에서 웹 콘텐츠를 제공하고 있습니다. Route 53에서 ELB로 트래픽을 보내도록 지정해야 합니다. Route 53에서 어떤 유형의 레코드를 생성해야 합니까?

- **A.** A 레코드
- **B.** MX 레코드
- **C.** CNAME 레코드
- **D.** AAAA 레코드

25. 솔루션스 아키텍트로서 온프레미스 데이터 저장소에서 DynamoDB로 대규모 마이그레이션을 수행해야 합니다. 마이그레이션의 목적으로 사용자 액세스와 권한 부여도 관리해야 합니다. 그러나 조직에서는 Active Directory의 현재 사용자 이름을 유지할 필요가 있습니다. 이러한 이전을 수행하기 위해 취해야 할 작업 순서는 무엇입니까? (2개 선택)

A. 자격 증명 공급자를 선택한다.

B. 데이터의 사용자를 위해 새로운 IAM 사용자를 만든다.

C. AWS Security Token Service를 사용해 임시 토큰을 만든다.

D. 가져온 데이터를 위해 AWS Organizations에서 서비스 제어 정책을 만든다.

26. 매일 오후 6시와 8시 사이에 반복적으로 트래픽이 급증해서 애플리케이션 성능을 높일 필요가 있습니다. Auto Scaling 정책을 설정해서 그 시간대에 부하가 급증하더라도 대처하게 했지만 대처 속도가 너무 느립니다. 이러한 트래픽 급증을 사전에 대처하기 위해 애플리케이션이 이러한 상황에 어떻게 대처하게 하겠습니까?

A. Auto Scaling 그룹에서 축소 조정할 임곗값을 낮게 설정한다. 50%에서 시작하는 것을 검토한다.

B. 매일 오후 7시 반에 로그인해서 수동으로 애플리케이션을 확장한다.

C. 애플리케이션에 CloudWatch의 모니터를 설정한다. 확장을 트리거하는 Lambda 함수를 생성하고, CloudWatch 모니터에 Lambda 함수를 연결하고 트리거 임곗값을 설정한다.

D. 오후 7시 45분에 애플리케이션이 확장하고 오후 8시 반에 축소할 수 있도록 예약된 조정을 설정한다.

27. 기존 DynamoDB의 데이터베이스 성능을 높이고자 합니다. 현재 CPU 사용률이 가장 큰 문제이며, 부하에 대응하기보다 선제적으로 리소스를 추가하고자 합니다. 어떤 방법으로 이를 수행할 수 있겠습니까?

A. 데이터베이스를 정지하고, 프로비저닝된 IOPS SSD EBS 볼륨을 사용해 다시 프로비저닝한다.

B. 읽기 성능을 향상하기 위해 읽기 전용 복제본을 구성한다.

C. 다중 AZ 설정을 사용하도록 DynamoDB를 구성한다.

D. 이 중 어느 것도 아니다. DynamoDB는 자동으로 확장하며 사용자는 하위 수준에서 리소스를 관리할 수 없다.

28. 프로덕션 애플리케이션에 대한 비용을 절감해야 합니다. 현재 CloudWatch는 세부 모니터링이 활성화돼 있으며, 1분마다 지표를 수집합니다. 비용 절감을 위해 CloudWatch를 기본 설정으로 업데이트합니다. 모니터링 비용을 절감한다는 취지는 환영하지만 그에 따라 지표를 수집하는 주기가 어떻게 되는지 확인하고자 합니다. 어떻게 설명할 수 있겠습니까?

A. CloudWatch는 2분마다 지표를 수집하도록 기본 설정돼 있다.

B. CloudWatch는 5분마다 지표를 수집하도록 기본 설정돼 있다.

C. CloudWatch는 10분마다 지표를 수집하도록 기본 설정돼 있다.

D. CloudWatch의 기본 설정은 통계가 수집되는 간격을 지정하지 않는다.

29. 대용량 데이터베이스에서 검색을 수행하는 데이터 기반 시스템이 있습니다. 데이터베이스는 RDS MySQL로 구축돼 있으며, 현재 82%의 CPU 사용률을 보입니다. 성능이 우려됩니다. 어떤 절차를 수행해서 개선하겠습니까? (2개 선택)

A. 사용자 기반에 지리적으로 가까운 리전을 선택해서 다중 AZ로 RDS를 설정한다.

B. RDS 데이터베이스의 읽기 전용 복제본을 설정한다.

C. 데이터베이스 앞에 ElastiCache 인스턴스를 추가한다.

D. 3개의 데이터베이스 복사본을 만들고 지리적으로 분산된 리전에 옮긴다.

30. 기존 애플리케이션의 몇몇 이벤트에 사용자 지정 코드를 연결하고자 합니다. 애플리케이션은 신속하게 업데이트돼야 하며 작성할 코드를 최소화해야 합니다. 어떤 AWS 솔루션을 사용하면 이러한 목적을 신속하게 달성할 수 있겠습니까?

A. SWF

B. SQS

C. Kinesis

D. Redshift

31. SQS 대기열을 사용하고 있는 애플리케이션에서 메시지가 대기열에 있지만 대기열에서 수신된 순서대로 처리되지 않는다는 사실을 발견했습니다. 순서대로 처리하게 하려면 어떠한 작업을 수행해야 합니까?

A. 표준 전송을 사용하도록 대기열을 업데이트해서 전송이 한 번 이상 이뤄지게 한다.

B. 대기열을 FIFO 대기열로 변경한다. 순서는 보장될 것이다.

C. AWS CLI를 통해 '순서대로 전송' 옵션을 사용하도록 대기열을 업데이트한다.

D. 대기열을 LIFO 대기열로 변경한다. 순서는 보장될 것이다.

32. 다음 중 Route 53의 라우팅 정책으로 옳지 않은 것은 무엇입니까?

A. 단순 라우팅 정책

B. 장애 조치 라우팅 정책

C. 로드 밸런싱 라우팅 정책

D. 지연 시간 기반 라우팅 정책

33. 사용자에게 미디어 중심의 애플리케이션을 제공하는 서비스를 Elastic Load Balancer 뒤의 EC2 인스턴스 클러스터에서 운영하고 있습니다. 애플리케이션은 예기치 않은 때에 요청이 폭증하기 시작했습니다. 인스턴스는 요청에 과부하가 되고 자주 응답이 없습니다. 이러한 문제를 해결하려면 애플리케이션을 어떻게 다시 설계해야 하겠습니까?

A. 사용량 급증을 위해 스팟 시장을 사용하는 인스턴스로 애플리케이션을 옮긴다.

B. EC2 인스턴스의 크기를 늘리고 높은 CPU 등급의 인스턴스를 선택한다.

C. AWS에 Elastic Load Balancer를 미리 준비하도록 요청해서 급격한 트래픽 증가에 대응하게 한다.

D. SQS 대기열 같은 애플리케이션 구성요소를 추가해서 요청을 대기열로 옮긴다. 그러면 인스턴스가 사용자 요청을 직접 처리하기보다 대기열에서 요청을 처리한다.

34. 장기 실행 배치 처리 프로세스를 스팟 인스턴스로 옮겨 비용을 절감하려 합니다. 이러한 배치 프로세스가 스팟 시장에서 효과적으로 작동하려면 어떤 사항을 검토해야 합니까? (2개 선택)

A. 프로세스는 중지 및 재시작해도 실패 또는 데이터 손실이 없어야 한다.

B. 프로세스를 언제든지 실행할 수 있어야 한다.

C. 프로세스는 1분 실행 기간 내에 100개 이상의 API 요청을 실행하면 안 된다.

D. 프로세스는 S3나 RDS 외부의 AWS 서비스를 사용하지 않아야 한다.

35. 새로운 애플리케이션은 클라우드에서 내구성 있는 스토리지가 필요합니다. 최대한의 내구성을 가진 S3 스토리지 클래스를 선택해야 합니다. 어떤 S3 스토리지 클래스가 최대한의 내구성을 제공합니까?

A. S3 Standard

B. S3 Standard, S3-IA

C. S3 Standard, S3-IA, S3 One Zone-IA

D. S3 Standard, S3-IA, S3 One Zone-IA, Glacier

36. 인스턴스에 연결된 루트 EBS 볼륨에 데이터를 저장하는 것과 S3에 데이터를 저장하는 것의 차이는 무엇입니까? (2개 선택)

A. S3는 객체 수준 스토리지를 사용하는 반면, EBS는 블록 수준 스토리지를 사용한다.

B. S3는 블록 수준 스토리지를 사용하는 반면, EBS는 객체 수준 스토리지를 사용한다.

C. EBS 볼륨은 기본적으로 임시 저장소이며, S3는 영구 저장소다.

D. S3 스토리지는 기본적으로 임시 저장소이며, EBS 스토리지는 그렇지 않다.

37. 회사의 데이터베이스는 RDS 데이터베이스에서 작동하는데 애플리케이션 클러스터가 요구하는 속도보다 느립니다. 데이터베이스 성능을 높이는 동시에 낮은 비용을 유지해야 합니다. RDS는 MySQL을 사용합니다. 다음 중 고객에게 추천할 수 있는 것은 무엇입니까?

A. 데이터베이스를 RDS에서 EC2 인스턴스로 옮겨 설치한다. 애플리케이션의 요구에 따라 데이터베이스 크기를 조정하고 사용자 정의 설치를 진행한다.

B. RDS에서 MySQL로부터 Aurora로 옮긴다. Aurora는 지속해서 MySQL보다 더 나은 성능을 보여주고 있다.

C. RDS에서 MySQL로부터 Oracle로 옮기고 전체 RDS 클러스터의 크기를 늘리는 데 필요한 Oracle 라이선스를 추가한다.

D. RDS 클러스터를 중지하고 모든 인스턴스 크기를 조정한다. 클러스터를 재시작하고, 그대로 MySQL 데이터베이스를 유지한다.

38. 고가용성, 내결함성의 솔루션 구성요소로 사용되는 AWS 서비스는 무엇입니까? (2개 선택)

A. Lightsail

B. AWS Organizations

C. ELB

D. DynamoDB

39. 다음 중 자동으로 중복성을 갖고 있지 않으며 고가용성 구성이 필요한 AWS 서비스는 무엇입니까? (2개 선택)

A. EC2

B. S3

C. SQS

D. RDS

40. 대규모 프로젝트의 애플리케이션에서 모든 퍼블릭 통신 API 엔드포인트에 취약점을 검사하고 있지만, 검사는 실패하고 AWS에서 잘못된 사용에 관한 경고를 받았습니다. 문제는 무엇입니까?

A. AWS는 인스턴스의 취약점 스캔을 허용하지 않는다.

B. AWS는 취약점 스캔을 허용하지만, AWS의 자체 서비스와 도구를 사용해서 실행돼야 한다.

C. AWS는 취약점 스캔을 허용하지만, AWS 인스턴스에서 실행돼야 한다.

D. AWS는 취약점 스캔을 허용하지만, AWS에 사전 통지하고 승인을 받아야 한다.

41. 비영리 대형 유전자연구소에서 수백 테라바이트 데이터를 가져와서 복잡한 쿼리 작업을 수행해야 합니다. 쿼리는 몇 시간이 걸리며 때때로 며칠이 걸리기도 합니다. 쿼리를 재시작하지 않고 장애에서 복구할 수 있도록 상태를 S3에 자주 저장합니다. 낮은 비용으로 이 작업을 처리하길 원합니다. 다음 중 제안할 기술 및 권장사항은 무엇입니까? *(2개 선택)*

A. SQS 인스턴스를 생성하고 모든 데이터를 참조할 수 있도록 대기열에 넣는다. EC2 인스턴스로 대기열을 읽을 수 있게 한다.

B. EC2 인스턴스가 S3 저장소에 데이터를 기록할 수 있게 하는 새로운 IAM 역할을 만든다.

C. SQS 대기열에서 읽는 EC2 인스턴스를 배치 그룹으로 설정하고 참조 데이터에 대해 쿼리를 실행한다.

D. SQS 대기열과 S3에서 읽도록 EC2 스팟 인스턴스를 설정하고 인스턴스에서 쿼리를 실행한다.

42. 애플리케이션에서 온디맨드 인스턴스에서 작업 노드를 온디맨드 인스턴스와 스팟 인스턴스로 처리 노드를 구성해서 사용하고 있습니다. 애플리케이션은 정보를 취합하는데, 작업 노드에서 사용자로부터 정보가 오는 대로 처리합니다. 그런 다음 처리 노드에서 매일 저녁 분석을 수행합니다. 스팟 인스턴스에서 대부분의 처리를 수행하고 높은 부하가 있어서 과부하에만 온디맨드 인스턴스를 사용하는 것이 목표입니다. 그러나 스팟 인스턴스가 후반에 자주 종료되어 온디맨드 인스턴스를 사용하게 됩니다. 스팟 인스턴스의 사용률을 높이는 방법은 무엇이겠습니까?

A. 온디맨드 처리 인스턴스를 스팟 인스턴스로 전환해서 더 많은 스팟 인스턴스가 가용하게 한다.

B. 작업 노드 인스턴스를 스팟 인스턴스로 전환해서 더 많은 스팟 인스턴스가 가용하게 한다.

C. 낮은 요금으로 인스턴스를 사용하기 위해 낮은 스팟 인스턴스 요금을 입찰한다.

D. 종료까지의 시간을 길게 하도록 스팟 인스턴스 요금을 올린다.

43. 대용량 데이터 자산을 클라우드로 옮기고 온프레미스의 스토리지 비용을 절감하고자 합니다. 그러나 클라우드에 데이터를 옮겨놓았을 때의 액세스 성능을 우려하고 있습니다. 어떻게 Storage Gateway를 설정하면 자주 액세스하는 파일에 대한 지연 시간을 최소화할 수 있겠습니까?

A. 파일 게이트웨이

B. 캐싱 볼륨 게이트웨이

C. 테이프 게이트웨이

D. 저장 볼륨 게이트웨이

44. 다음 중 AWS에서 전통적인 방화벽 어플라이언스를 대신하는 것은 무엇입니까?

A. NACL, IAM, WAF

B. 보안 그룹, IAM, WAF

C. NACL, 보안 그룹

D. 보안 그룹, VPC, VPG

45. 다음 중 AWS가 모든 AWS 계정에서 자동으로 기본 VPC에 생성하도록 설정하는 것은 무엇입니까? (2개 선택)

A. 인터넷 게이트웨이

B. 가상 프라이빗 게이트웨이

C. 퍼블릭 서브넷

D. NAT 게이트웨이

46. 다음 중 Auto Scaling 그룹에서 인스턴스를 종료하는 기준을 높은 순위부터 낮은 순위로 맞게 정리한 것은 무엇입니까?

A. 가장 오래된 시작 구성이 있는 인스턴스, 가장 많은 인스턴스가 있는 가용 영역의 인스턴스, 다음 청구 시간에 가까운 인스턴스

B. 가장 많은 인스턴스가 있는 가용 영역의 인스턴스, 가장 오래된 시작 구성이 있는 인스턴스, 다음 청구 시간에 가까운 인스턴스

C. 가장 오래된 시작 구성이 있는 인스턴스, 다음 청구 시간에 가까운 인스턴스, 가장 많은 인스턴스가 있는 가용 영역의 인스턴스

D. 가장 많은 인스턴스가 있는 가용 영역의 인스턴스, 다음 청구 시간에 가까운 인스턴스, 가장 오래된 시작 구성이 있는 인스턴스

47. AWS는 반가상화 및 하드웨어 가상 머신, 두 가지 유형의 가상화를 지원합니다. 각 가상화의 특징은 무엇입니까?

   A. 반가상화는 강화된 네트워킹과 GPU 처리 같은 하드웨어 확장을 사용하지만, 하드웨어 가상화는 사용하지 않는다.

   B. 하드웨어 가상화는 강화된 네트워킹과 GPU 처리 같은 하드웨어의 확장을 지원하지만 반가상화는 그렇지 않다.

   C. 하드웨어 가상화는 특정 인스턴스 유형에서만 작동하고 반가상화는 모든 유형의 인스턴스에서 작동한다.

   D. 반가상화와 하드웨어 가상화 기능은 같은 방식이다. 성능은 같다.

48. 최고 성능의 일관성이 필요한 OLTP 워크로드에 적합한 EBS 볼륨은 무엇입니까?

   A. 프로비저닝된 IOPS 볼륨

   B. 범용 SSH 볼륨

   C. 마그네틱 스토리지

   D. 처리량 최적화 HDD

49. 보안 그룹에서 HTTPS로 인스턴스 접근이 허용되지 않는다는 사실을 발견하고 HTTPS 수신을 허용하는 규칙을 추가했습니다. 변경한 후 인스턴스에 적용되는 데 걸리는 시간은 얼마입니까?

   A. 즉시

   B. 약 30초

   C. 약 1분

   D. 인스턴스에서 즉시, 그러나 인스턴스가 ELB에 연결돼 있으면 더 길다.

50. 야간에 데이터베이스 스크립트가 실행될 때 프로덕션 데이터베이스 인스턴스가 90%에 이르도록 급증합니다. 스크립트는 복잡한 쿼리를 수행하고 다음 날 이메일로 전송되는 데이터 수집 레포트를 수행합니다. 부하가 발생하면 데이터베이스의 성능은 낮아지고, 쿼리 완료가 다음 날까지 이어지기 시작했습니

다. 저녁에 사용량이 최고조에 이르는 것을 해결하기 위해 어떤 작업을 수행해야 합니까?

   A. 데이터베이스 인스턴스에 연결된 메모리를 늘린다.

   B. 다중 AZ 데이터베이스로 두 번째 데이터베이스 인스턴스를 설정하고 다중 AZ 데이터베이스에 쿼리를 실행한다.

   C. 데이터베이스 인스턴스에 읽기 전용 복제본을 설정하고 읽기 전용 복제본에 대해 쿼리를 실행한다.

   D. 데이터베이스 인스턴스의 앞에 ElastiCache 인스턴스를 설정한다.

51. 버전 관리를 활성화했을 때, 누가 S3 버킷에서 객체를 삭제할 수 있습니까?

   A. 버킷을 수정할 수 있는 IAM 권한이 있는 모두

   B. 버킷에서 객체를 삭제할 수 있는 IAM 권한이 있는 모두

   C. 버킷 소유자만

   D. 버전 관리가 활성화되면, 어떤 객체라도 완전히 삭제될 수 없다.

52. 고객이 애플리케이션에서 저장 중 객체를 암호화하도록 지시했습니다. 고객은 자주 특정 정부 정책을 규정 준수한다는 것을 감사에서 증명해야 합니다. 어떤 암호화 방식을 추천하겠습니까?

   A. SSE-C

   B. SSE-KMS

   C. SSE-S3

   D. 클라이언트 제공 암호화 키

53. 기본 데이터베이스 인스턴스에서 3개의 읽기 전용 복제본을 설정했습니다. 기본 데이터베이스에 큰 용량의 쓰기가 이뤄진 후, 읽기 전용 복제본으로부터 일관되지 않은 읽기 결과가 나타난다는 사실을 알게 됐습니다. 무엇이 문제입니까?

   A. 정상이다. 기본 인스턴스에서 읽기 전용 복제본으로 복제 시간은 항상 30초에서 60초 정도 걸린다.

   B. 정상이다. 기본 인스턴스에서 읽기 전용 복제본으로 비동기로 복제되며, 거의 즉시 복제될 때도 있지만, 어떤 때는 완료하는 데 시간이 더 걸리기도 한다.

C. 읽기 일관성을 보장하기 위해 복제 모델을 비동기에서 동기로 전환할 필요가 있다.

D. 기본 인스턴스와 복제본 간에 네트워크 지연 시간을 검사해야 하고, 복제본을 기본 인스턴스와 같은 가용 영역으로 이전하는 것을 검토해야 한다.

54. 하나의 AWS 계정에서 S3 버킷은 기본적으로 몇 개 만들 수 있습니까?

A. 20

B. 50

C. 100

D. 기본 한도가 없다.

55. 사용자 지정 VPC에서 퍼블릭 서브넷을 만들려고 합니다. 다음 중 수행할 필요가 없는 작업은 무엇입니까?

A. 인터넷 게이트웨이

B. 일래스틱 IP 주소

C. 인터넷 게이트웨이로 라우팅하도록 하는 라우팅 테이블

D. 위의 모두 퍼블릭 서브넷에 필요하다.

56. 프로비저닝 IOPS EBS 볼륨의 최대 볼륨 크기는 얼마입니까?

A. 4TiB

B. 12TiB

C. 16TiB

D. 32TiB

57. 다음 중 EBS 볼륨과 EC2 인스턴스에 대한 설명으로 옳지 않은 것은 무엇입니까?

A. 하나의 EBS 볼륨을 여러 EC2 인스턴스와 동시에 연결할 수 있다.

B. 하나의 EC2 인스턴스에 여러 EBS 볼륨을 동시에 연결할 수 있다.

C. 하나의 EBS 볼륨을 여러 EC2 인스턴스에 한 번씩 연결할 수 있다.

D. 기본적으로 인스턴스가 종료됐을 때 연결된 루트가 아닌 EBS 볼륨은 삭제되지 않는다.

58. 다음 중 키-값으로 데이터를 저장하지 않는 AWS 서비스는 무엇입니까?

A. S3

B. DynamoDB

C. IAM 프로그래밍적 인증서

D. RDS

59. 3개의 웹 기반 데이터 집약적 애플리케이션을 실행하고 있는 EC2 인스턴스 몇 개의 EBS 볼륨을 감사하고 있습니다. 범용 SSD나 프로비저닝된 IOPS SSD가 아닌 처리량 최적화 하드 디스크 드라이브로 구성했다는 것을 확인했습니다. 그 이유로 옳은 것은 무엇입니까? (2개 선택)

A. 비용 감소가 주요 고려사항이다.

B. 데이터 처리량이 주요 고려사항이다.

C. 애플리케이션은 주로 고성능이 필요한 워크로드를 사용한다.

D. 처리량 최적화 하드 디스크 드라이브는 프로덕션 환경이 아닌 테스트 환경에서만 사용된다.

60. 다음 중 RDS를 지원하지 않는 데이터베이스는 무엇입니까?

A. MariaDB

B. SQL Server

C. Aurora

D. InnoDB

61. 다음 중 표준 AWS 계정에서 만든 기본 서브넷에 대한 설명으로 옳은 것은 무엇입니까? (2개 선택)

A. 기본 서브넷에서 생성된 인스턴스는 기본적으로 퍼블릭이다.

B. 기본 서브넷에서 생성된 인스턴스에는 기본적으로 퍼블릭 일래스틱 IP가 있다.

C. 기본 서브넷에서 생성된 인스턴스는 기본적으로 인터넷 게이트웨이를 통해 인터넷과 통신한다.

D. 기본 서브넷이 생성된 VPC에는 가상 프라이빗 게이트웨이와 인터넷 게이트웨이가 연결돼 있다.

62. 다음 중 Classic Load Balancer에서 지원하는 트래픽 유형은 무엇입니까? (2개 선택)

    A. HTTPS

    B. SSH

    C. FTP

    D. HTTP

63. 다음 중 S3와 가용성 및 내구성이 같은 스토리지 클래스는 무엇입니까?

    A. S3 Standard

    B. S3-IA

    C. S3-RRS

    D. S3 One Zone-IA

64. S3에서 객체가 실수로 삭제되지 않게 하고, 삭제된 파일에는 감사 추적이 유지될 수 있어야 합니다. 어떤 방법을 선택하겠습니까? (2개 선택)

    A. SSE-KMS

    B. MFA Delete

    C. 버전 관리

    D. CloudWatch로 상세 모니터링

65. 웹 콘텐츠를 제공하는 EC2 인스턴스 집합이 있습니다. 인스턴스의 사용량은 75%와 90% 사이에서 실행되며, 다음 36개월 동안 사용량이 계속 증가할 것으로 보입니다. 이러한 인스턴스 실행의 비용을 줄이기 위해 무엇이 필요하겠습니까?

    A. 스팟 인스턴스

    B. 예약 인스턴스

    C. 온디맨드 인스턴스

    D. 배치 그룹

부록 　문제 풀이

영역 1: 복원력을 갖춘 아키텍처 설계

1. B. 다양한 S3 클래스를 이해하는지 확인하고 있으며, AWS 시험에 자주 출제되는 문제다. S3와 S3-IA의 내구성은 같지만, S3의 가용성은 S3-IA보다 9가 하나 더 많다. 즉, S3의 가용성은 99.99%이고 S3-IA의 가용성은 99.9%다. Glacier는 S3보다 지연 시간이 길다. 따라서 C와 D는 모두 옳지 않다.

2. B. 스토리지를 선택할 때 로컬에 데이터를 저장할 수 있어야 한다는 것이 주요 고려사항이다. 데이터를 로컬에 저장하거나 로컬에 저장된 것으로 보이게 하는 것이 중요하다. Storage Gateway는 이를 위한 최고의 선택이다. 따라서 B와 D로 선택이 줄어든다. B는 파일을 로컬과 S3에 저장하면서 로컬의 사본을 캐시해서 사용할 수 있고, D는 파일을 로컬에 저장하고 백업으로 S3에 푸시한다. 경영진이 원본 파일을 클라우드에 두는 것을 우려하고 있으므로 B가 제일 나은 선택이다. 로컬 파일을 데이터의 원본으로 사용하는 한편, 클라우드를 기본 스토리지로 사용하지 않으면서도 클라우드 스토리지를 시험해볼 수 있다.

3. B. AWS의 허용 범위를 알고 있으면 틀린 보기를 찾을 수 있다. S3에서 크기가 제한되는 것은 객체이며, 단일 객체의 최대 크기는 5TB다. 따라서 A와 C는 답에서 벗어난다. D에서 최대 객체 크기를 50GB로 늘린다고 하지만, 이미 최대 객체 크기는 5TB다. B가 답이다. 100MB보다 큰 객체는 멀티 파트 업로드를 사용하는 것이 좋다.

4. C, D. 새로운 객체 PUT은 쓰기 후 읽기 일관성이 있다. S3에서 DELETE와 덮어쓰기 PUT은 최종 일관성이 있다.

5. C. 'S3 Standard 클래스'라는 것은 문제의 핵심과 관련 없다. S3 객체는 0바이트일 수 있다. 0바이트 파일을 S3에 업로드할 수 있다.

6. A. URL을 주의 깊게 살펴봐야 한다. FQDN(정규화된 도메인 이름) 뒤에 '/' 구분 기호와 버킷 이름이 따른다. C는 답이 아니다. 또한 amazonaws.com 앞에 리전 코드가 나온다. D는 옳지 않다. A와 B가 남는다. 둘 중에서 완전한 리전 코드는 us-east-2, A가 답이다.

7. C. URL의 각 부분을 잘 살펴봐야 하는 까다로운 문제다. 첫 번째 단서는 S3 버킷에 직접 액세스하지 않고, S3에서 호스팅하는 웹사이트에 액세스한다는 것이다. 웹사이트 호스팅을 활성화하려면 버킷 이름에 FQDN을 지정해야 한다. 버킷에 직접 액세스하려면 FQDN 맨 앞에 버킷 이름을 넣어서 구분해야 한다. A와 B가 유효하지 않다는 뜻이다. 버킷 이름 다음에 FQDN의 하위 도메인으로 s3-website가 리전 코드와 '-'로 연결돼서('.'으로 구분되는 하위 도메인이 아님) 표기된다는 사실을 암기하고 있어야 한다. 이 경우 유일한 선택은 C다.

8. A. 암기해야 풀 수 있는 문제다. S3와 S3-IA의 내구성은 같다. 그러나 S3의 가용성(99.99%)은 S3-IA(99.9%)보다 높다. Glacier와 S3-IA는 모두 S3 Standard의 내구성과 같으므로 C와 D는 옳지 않다.

9. B. S3 클래스를 구분하는 중요 사항을 묻는 문제다. S3 Standard, S3-IA, S3 One Zone-IA는 모두 내구성이 뛰어나지만, One Zone-IA에서는 가용 영역이 파괴되면 데이터가 손실된다. S3의 가용성은 99.99%, S3-IA는 99.9%, S3 One Zone-IA는 99.5%다. 따라서 가용성이 모두 같다고 한 B는 옳지 않다.

10. A, C. 문제를 잘 살펴봐야 한다. S3 버킷은 리전 내에서 생성되지만, AWS Management Console과 계정에는 항상 모든 S3 버킷이 표시된다. 특정 리전에서 버킷을 만들어도 버킷 이름은 글로벌로 고유하다. IAM 권한은 글로벌이며 모든 리전에 영향을 미친다. RDS와 EC2 인스턴스는 리전별로 다르며 AWS Management Console에서는 해당 리전의 리소스만 나타난다.

11. A, D. EBS 볼륨은 블록 기반 스토리지이므로 A는 옳고 B는 옳지 않다. 기본 EBS 볼륨은 SSD이므로 C는 옳지 않다. 그러나 EBS 볼륨에서는 마그네틱 및 SSD 유형을 선택할 수 있으므로 D는 옳다.

12. D. AMI는 특정 리전에만 존재한다. 계정이나 보안 그룹과는 무관하다. B와 C는 답에서 벗어난다. A는 옳지만, 인스턴스가 S3에 연결할 수 있는 권한 또는 역할이 없다. 따라서 D가 답이다. 올바르게 작동하기 위해서는 AMI를 복사한 후 수동 구성해야 한다.

13. D. 주의를 기울이지 않으면 틀릴 수 있는 약간 까다로운 문제다. S3 0바이트 객체를 저장할 수 있고, 요금도 0바이트를 기준으로 청구한다. 하지만 S3-IA에서는 128KB보다 작은 용량의 객체도 128KB로 요금을 청구한다. 따라서 S3-IA에는 128KB보다 작은 객체를 저장할 수 있고, 요금은 128KB로 간주하고 청구한다.

14. A, D. 다중 AZ 설정은 가장 일반적이며 쉬운 솔루션이다. 읽기 전용 복제본은 자동으로 다른 AZ 또는 리전에 설치되지 않으므로 B의 읽기 전용 복제본 활성화는 확실한 답이 아니다. 교차 리전 복제본 구성을 통해 여러 리전을 사용할 수 있으며, Storage Gateway는 RDS가 아닌 S3를 지원한다. 따라서 D는 옳고, C는 옳지 않다.

15. A, D. 시작 구성은 주로 새 인스턴스 생성과 관련이 있으며 해당 인스턴스의 세부 구성 항목을 추상화한다. 따라서 인스턴스의 AMI 및 IAM 역할은 구성의 일반적인 사항이며, 생성하는 모든 인스턴스에 적용한다. A와 D가 답이다. 지연 시간에 대한 폴링 시간은 새 인스턴스 시작과 연결되지 않는다. 인스턴스마다 다른 EBS 볼륨을 연결하며 한 EBS 볼륨은 여러 인스턴스와 연결할 수 없다.

16. D. 시작 구성에서 새 인스턴스의 생성(시작)에 대한 세부 정보를 지정하므로, D가 답이다. 보안 그룹에서는 시작한 인스턴스에서 송수신할 트래픽 허용을 지정한다. 나머지 A와 C는 이 문제의 맥락과 관련 없다.

17. D. EBS 루트 볼륨은 연결된 인스턴스가 종료될 때 삭제되는 것이 기본 설정이다. 하지만 변경할 수도 있다. 그러므로 A는 답이 아니다. 스냅샷을 만들더라도 EBS 볼륨은 여전히 삭제되며, B도 문제에 대한 답이 되지 않는다. C는 인스턴스 종료와 관련된 사항이므로 문제와 관련 없다. AWS CLI(또는 AWS Management Console)에서 인스턴스 종료 후 루트 볼륨이 유지되도록 설정할 수 있는데, D가 그 방법이다.

18. B. EBS 볼륨은 S3에 증분 백업한다.

19. B. EBS 볼륨은 하나의 인스턴스에만 연결할 수 있다.

20. A, B. AWS의 모든 인스턴스와 서비스에는 태그를 지정할 수 있으며, 이것이 메타 데이터다. 인증서는 SSL과 관련이 있으며 사이트 또는 전송의 자격 증명

을 정의하는 데 사용한다. 정책은 권한 및 역할과 관련이 있으며 레이블은 현재 AWS 구성이 아니다.

21. A, B. 리전 선택의 기준 중 옳은 보기는 사용자와 가까운 위치에 스토리지를 배치해서 네트워크 지연 시간을 줄이는 것과 온프레미스 데이터센터와의 거리다. 온프레미스 데이터센터와의 거리는 재해 복구 시나리오에 핵심이지만 이 문제에서는 명확하지 않다. 재해에 대비하는 시나리오에서는 재난의 영향권에 있는 같은 지역에 스토리지를 두지 않고, 영향권 밖의 원거리를 검토하기 때문이다.

22. B. EC2 인스턴스를 생성할 때 가용 영역을 선택해야 한다. 다른 설정은 기본값을 사용해도 되지만, 가용 영역은 사용자가 선택해서 지정해야 한다.

23. C. AWS에서 분산형 배치 그룹은 비교적 최근에 소개됐으며, 인스턴스를 여러 가용 영역에 배치할 수 있다. 클러스터 배치 그룹은 가용 영역에 걸쳐 사용할 수 없다. 배치 그룹은 일반적으로 클러스터 배치 그룹을 의미한다. 교차 리전 배치 그룹이라는 것은 없다.

24. C. Amazon VPN 연결의 사용자 측 연결점은 고객 게이트웨이다. Storage Gateway는 데이터를 캐싱 또는 저장해서 S3에 연결하기 위한 것이다. 가상 프라이빗 게이트웨이도 VPN 연결의 요소이지만 AWS 쪽에 구성한다. VPN은 가상 프라이빗 네트워크의 약어다.

25. B. 온프레미스 사이트와 AWS 간의 VPN 연결은 고객 측의 고객 게이트웨이와 AWS 측의 가상 프라이빗 게이트웨이로 구성된다.

26. B. 일반적인 VPN 연결은 중복성을 위해 2개의 터널을 사용한다. 고객 게이트웨이와 가상 프라이빗 게이트웨이 사이의 2개 터널로 네트워크 트래픽이 이동한다.

27. D. 온프레미스 사이트(즉, 고객 게이트웨이)에서 시작된 트래픽은 인터넷을 통해 AWS의 가상 프라이빗 게이트웨이에 전송된다. 그런 다음 게이트웨이에서 Amazon VPC로 트래픽이 흐른다.

28. A, C. 대부분의 인터넷을 통한 트래픽은 퍼블릭 IP 주소로만 전송된다. VPN 연결 시 고객 게이트웨이와 가상 프라이빗 게이트웨이에 퍼블릭 IP 주소가 필

요하며, 사용자가 구성해야 한다. VPC와 VPN 터널은 자체적으로 IP 주소를 갖고 있지 않다. 따라서 B와 D는 옳지 않다.

29. A. Storage Gateway는 데이터를 캐싱 또는 저장하고 S3에 연결하는 데 사용되므로 정답이다. 고객 게이트웨이는 Amazon VPN 연결의 고객 측 연결점이며, 가상 프라이빗 게이트웨이는 AWS 측 연결점이다. 가상 프라이빗 네트워크는 VPN이다.

30. A, B. 파일 및 볼륨 게이트웨이는 클라우드 기반 스토리지에 연결하기 위한 솔루션을 제공한다. AWS에 캐싱 게이트웨이라는 것은 없다. 가상 프라이빗 게이트웨이는 VPN 연결을 생성할 때 사용된다.

31. A. 보기 모두 Storage Gateway에서 선택할 수 있는 구성이다. 파일 게이트웨이는 게이트웨이와 데이터를 송수신할 때 NFS 유형의 프로토콜을 사용하므로 문제에 가장 적합한 솔루션이다.

32. D. 테이프라는 용어가 문제에도 나오고, 보기에도 있으므로 정답을 찾기 쉽다. 테이프 게이트웨이는 Amazon Glacier로 데이터를 백업하는 동시에 기존 테이프 백업 시스템을 활용할 수 있는 가상 테이프 인프라를 제공한다.

33. C. 저장 볼륨 게이트웨이는 데이터를 온프레미스 데이터 저장소에 저장하면서 비동기식으로 S3에 백업해서 재해 복구를 지원한다. 그러나 가장 중요한 것은 데이터를 로컬에 저장함으로써 네트워크 지연 시간을 최소화한다는 것이다. 보기 중에서 저장 볼륨 게이트웨이만 데이터 세트 전체에 빠르게 액세스할 수 있도록 로컬 데이터를 제공한다.

34. C. 대규모 데이터를 AWS로 이동해야 할 때는 항상 Snowball을 검토한다. Snowball은 네트워크를 통해 데이터를 전송하지 않으면서 AWS로 물리적 장치를 통해 데이터를 전달할 수 있다. 네트워크 중단이나 속도 저하를 유발하지 않는 유일한 솔루션이다.

35. A, C. 캐싱 볼륨 게이트웨이는 자주 사용하는 데이터를 로컬에 저장하고(D), 전체 데이터 세트를 S3에 유지한다. 이를 통해 온사이트의 스토리지 비용을 줄일 수 있다(B). A와 C는 캐싱 볼륨 게이트웨이를 사용하는 이유가 아니다.

36. A. 주의가 필요한 문제다. 테이프 게이트웨이가 가장 옳은 것처럼 보이지만, 대부분의 백업 솔루션은 테이프 백업을 사용하지 않는다. 대개는 NFS나 파일 기반 백업을 사용하는데, 이는 파일 게이트웨이가 가장 잘 지원한다.

37. B. 캐싱 볼륨 게이트웨이는 데이터 세트의 일부에 문제가 있을 때 이상적이다. 가장 많이 사용하는 데이터를 온프레미스의 로컬 캐시에 저장한다. 전체 데이터 세트가 온프레미스에 있어야 하면 저장 볼륨 게이트웨이를 사용한다.

38. C. 전체 데이터 세트가 필요한 경우 캐싱 볼륨 게이트웨이보다 저장 볼륨 게이트웨이가 더 적합하다. 저장 볼륨 게이트웨이는 전체 데이터 세트를 온프레미스에 저장하므로 모든 데이터에 빠르게 액세스할 수 있다.

39. D. 테이프 게이트웨이는 원격지 테이프 디렉터리를 대체하는 데 이상적이다. 테이프 게이트웨이는 가상 테이프 디렉터리이며 실제 테이프를 원격 위치로 옮기는 비용을 줄일 수 있다.

40. D. 이 문제는 쉽게 풀 수 있어야 한다. Glacier는 Amazon이 제공하는 장기 보존 스토리지다.

41. B, D. 시작 구성은 EC2 인스턴스와 마찬가지로 리전에 따라 다르다. S3 버킷은 리전에서 생성되지만 이름은 글로벌이다. IAM 사용자도 계정의 모든 서비스 및 리전에 적용된다.

42. A. 일반적으로 성공 응답은 HTTP 200이며, S3 업로드도 마찬가지다.

43. D. 틀리기 쉬운 문제다. 모든 S3 스토리지 클래스(S3 Standard, S3-IA, S3 One Zone-IA)의 내구성은 모두 99.999999999%다.

44. D. 틀리기 쉬운 문제다. 모든 S3 스토리지 클래스(S3 Standard, S3-IA, S3 One Zone-IA)의 내구성은 모두 99.999999999%다.

45. D. 모든 S3 스토리지 클래스(S3 Standard, S3-IA, S3 One Zone-IA)의 내구성은 모두 99.999999999%다.

46. A. 모든 S3 스토리지 클래스의 내구성은 같지만, 가용성은 다르다. S3-IA는 99.9%, S3 One Zone-IA는 99.5%, S3 Standard는 99.99%다.

47. B. 모든 S3 스토리지 클래스의 내구성은 같지만, 가용성은 다르다. S3-IA는 99.9%, S3 One Zone-IA는 99.5%, S3 Standard는 99.99%다.

48. C. 모든 S3 스토리지 클래스의 내구성은 같지만, 가용성은 다르다. S3-IA는 99.9%, S3 One Zone-IA는 99.5%, S3 Standard는 99.99%다.

49. D. S3의 모든 스토리지 클래스는 전송 중 데이터에 SSL과 저장 중 데이터에 암호화를 지원한다.

50. D. 모든 S3 스토리지 클래스는 전송 중 데이터에 SSL을 사용하고 저장 중 데이터에 암호화를 지원한다.

51. D. 모든 S3 스토리지 클래스는 특정 리전에 버킷을 만든다. 그다음 버킷의 객체를 스토리지 클래스에 따라 해당 리전 내 가용 영역에 저장한다.

52. D. S3는 버킷의 객체를 가용 영역에 저장하지만, 가용 영역을 직접 선택하지는 않는다. S3 One Zone-IA에서도 사용할 가용 영역을 지정하지 않는다.

53. A. S3는 키를 기반으로 하는 스토리지다. 키는 문자열이며, 값은 업로드한 객체다.

54. C, D. S3는 SSH, SFTP, 표준 FTP 액세스를 제공하지 않는다. AWS Management Console이나 HTTP를 통한 REST 인터페이스를 통해 데이터에 액세스할 수 있다.

55. B, C. S3는 애플리케이션 사용량이 많을 때 자동으로 확장되도록 설계됐다. Auto Scaling을 활성화할 필요는 없다(A). 오히려 자동으로 확장하므로 B가 옳은 답이다. 또한 S3는 AWS 네트워크에서 균등하게 확장되는 경향이 있다(C). D는 AWS가 추구하는 방향과 정반대다.

56. B. 모든 S3 스토리지 클래스의 내구성은 같다. 그러나 비용 면에서는 S3 One Zone-IA가 확실히 저렴하다. Glacier가 더 저렴하지만, S3 One Zone-IA가 더 빠른 파일 액세스를 제공한다.

57. D. 까다로운 문제다. 일반적으로 S3는 무한대의 확장성을 제공하며, 여러 스토리지 클래스의 확장성은 크게 차이가 없다. 데이터 검색 속도와 데이터 중요도를 알지 못하면 S3 Standard, S3-IA, Glacier 중에서 선택할 수 없다.

58. C. 기본적으로 모든 AWS 계정에서 100개까지 버킷을 생성할 수 있다. 그러나 AWS에 요청하면 할당량을 쉽게 높일 수 있다.

59. B. 기본적으로 S3에서 하나의 PUT은 하나의 업로드 작업으로 이뤄진다. AWS는 100MB가 넘으면 멀티 파트 업로드를 사용하도록 권장한다.

60. B. 업로드하는 파일의 크기에 따라 멀티 파트 업로드 사용 여부가 결정된다. AWS에서는 100MB보다 큰 파일에 사용하도록 권장하며, 10GB라면 멀티 파트 업로드의 장점을 충분히 활용할 수 있다.

61. A, C. 멀티 파트 업로드에 관한 문제는 비교적 쉬운 편이다. 대용량 객체를 전송하기 위해서는 네트워크가 안정적이어야 한다(A). 그러나 네트워크가 불안정해서 파일을 전송할 때 어떤 것은 성공하고 어떤 것은 더 용량이 작은데도 실패하면 전체 장애율만 높아진다(C). 인바운드 데이터에 비용이 청구되지 않으며(B), D는 전혀 상관없는 사항이다.

62. A, C. 미리 서명된 URL은 AWS 자격 증명이 없는 사용자가 특정 리소스에 액세스할 수 있게 한다(C). 그리고 권한은 URL 사용자(B)가 아니라 URL 작성자(A)가 부여한다. 자격 증명은 URL과 연결돼 있지만, URL 자체에 암호화돼 있는 것은 아니다.

63. D. 미리 서명된 URL은 특정 AWS 서비스와 연결돼 있지 않다. 이는 작성자가 권한과 제한 시간을 URL과 연관시킬 수 있다는 점을 제외하고는 일반 URL에서 제공하는 모든 것을 포함할 수 있다.

64. D. 미리 서명된 URL은 생성할 때 항상 유효한 TTL$^{Time\ to\ Live}$을 구성한다. 이 기간은 매우 짧거나 상당히 길 수 있다.

65. B, D. 덮어쓰기 PUT과 DELETE는 최종 일관성을 제공한다. 새 객체의 PUT은 쓰기 후 읽기 일관성을 제공한다.

66. D. 모두 S3와 일치한다. A는 새 객체를 버킷에 추가하는 동작이다. B와 C는 DELETE 작업 결과가 즉시 나타나지 않는 최종 일관성의 결과다.

67. C. 모든 리전에서 덮어쓰기 PUT 및 DELETE에 최종 일관성을 제공한다.

68. A, D. 모든 S3 스토리지 클래스는 객체 기반이며 EBS 및 EFS는 블록 기반이다.

69. B. EBS는 Elastic Block Storage를 나타낸다.

70. B. PUT으로 업로드한 새 객체에는 쓰기 후 읽기 일관성이 제공된다. 덮어쓰기 PUT은 최종 일관성 모델이 적용된다.

71. C. AWS의 최근 변경사항을 반영한 문제다. S3는 2018년까지 초당 100 PUT 의 강한 제한이 있었지만, 이 제한은 이제 초당 3,500 PUT으로 늘었다.

72. B. S3 식별자(s3), 리전(여기서는 us-west-1), amazonaws.com 순으로 표시하 고 그 뒤에 S3 버킷 이름을 표시한다. 즉, B와 같이 https://s3-us-west-1. amazonaws.com/prototypeBucket32로 나타낸다. A는 리전이 다르며, C와 D는 옳지 않다.

73. A. S3 식별자(s3), 리전(여기서는 us-east-1), amazonaws.com 순으로 표시하 고 그 뒤에 S3 버킷 이름을 표시한다. 즉, https://s3-us-east-1.amazonaws. com/prototypeBucket32가 될 것이다. 그러나 미국 동부의 버킷은 특별하 게 고유 엔드포인트를 s3.amazonaws.com으로 사용해야 한다(A).

74. B, C. s3와 리전은 '-' 기호로 분리해야 하므로, A는 올바른 형식이 아니다. B 는 옳고, C는 미국 동부(버지니아 북부)의 고유 URL이다. D는 형식은 맞지만 jp-west-2라는 리전은 AWS에 없다.

75. A, D. S3는 가상 호스팅 방식 및 경로 방식의 두 가지 버킷 URL 방식을 지원 한다. 가상 호스팅 방식 URL은 http://bucket.s3-*aws-region*.amazonaws. com 형식이며 경로 방식 URL은 기존에 알고 있는 https://s3-*aws-region*. amazonaws.com/*bucket-name* 방식이다.

76. B, D. A는 S3 URL이 아니다. B는 경로 방식 URL로 가장 일반적인 S3 버킷 주 소다. C는 존재하지 않는 리전(mx-central-1)을 사용하고 있다. D는 가상 호 스팅 방식 URL 형식을 사용하고 있다.

77. D. AWS Storage Gateway는 온프레미스 사이트와 S3 사이에서 특정한 구성 을 통해 데이터를 로컬 캐싱할 수 있게 하는 가상 어플라이언스다.

78. B. AWS Storage Gateway는 가상 어플라이언스이며, 하드웨어 어플라이언 스로는 사용할 수 없다.

79. B, D. S3 버킷은 특정 리전에 만들지만(A) 버킷 이름은 글로벌하게 고유하며 글로벌 네임스페이스에 있어야 하므로 B는 옳지 않다. 버킷은 객체 기반이므 로 C는 옳고, 단일 객체는 5TB로 제한되지만 버킷의 총 스토리지 용량은 무 제한이므로 D는 옳지 않다.

80. A, D. S3는 새 객체의 PUT에 대한 쓰기 후 읽기 일관성과 덮어쓰기 PUT 및 DELETE에 대한 최종 일관성을 지원한다.

81. C, D. S3 객체에는 키, 값, 버전 ID가 있으므로 정답은 C와 D다.

82. C. MFA Delete는 객체가 실수로 삭제되지 않게 하는 가장 좋은 방법이다. MFA를 사용하면 객체를 삭제할 때 여러 형태의 인증을 요구한다.

83. B. Amazon 특화 요청 헤더는 모두 x-amz로 시작한다. 오답을 피하는 데 도움이 되므로 기억해야 한다. x-amz-mfa가 정답이다.

84. B, C. MFA Delete는 버킷이 아닌 객체 삭제에 적용되므로 A는 옳지 않다. 버킷의 버전 관리 상태를 변경하거나 객체(또는 해당 객체의 버전)를 영구적으로 삭제하는 데 영향을 준다. B와 C는 옳은 답이다. 객체를 그대로 유지하면서 객체의 메타 데이터를 삭제하는 데는 MFA Delete가 필요하지 않다.

85. A. 암기해야 할 문제다. MFA Delete 인증 코드는 Google Authenticator 같은 가상 MFA 장치 또는 하드웨어에서 가져온다.

86. D. 약간 까다로운 문제다. 루트 계정만 MFA Delete를 활성화할 수 있다. 버킷을 생성한 AWS Management Console 사용자라도 루트 사용자가 아니면 버킷에서 MFA Delete를 활성화할 수 없다.

87. B. 버킷 소유자, 루트 계정, 버킷에 권한을 가진 모든 IAM 사용자는 버전 관리를 활성화할 수 있다.

88. A, B. S3의 각 객체에는 이름, 값(데이터), 버전 ID, 메타 데이터가 있다. 버전 기록은 버전 관리를 설정하지 않으면 존재할 수 없으므로 항상 옳은 답은 아니다.

89. B. AWS의 모든 메타 데이터는 이름-값 페어인 태그로 AWS Management Console에서 입력한다.

90. D. 객체 삭제 방법과 관계없이 모든 버전의 객체가 저장된다.

91. D. S3 버킷에서 버전 관리가 활성화된 후에는 비활성화하거나 해제할 수 없다. 버전 관리는 일시 중단할 수는 있지만 실제로 버전 관리 기능은 해제되지 않으며 이전 버전은 유지된다.

92. B, C. CloudFront는 원본 서버에서 정적 파일을 캐시해서 사용자 또는 클라이언트로 전달한다. EC2 또는 다른 웹 서버로부터 CloudFront를 통해 동적 콘텐츠를 제공할 수도 있다. CloudFront는 스토리지 시설이 아니라 배포 메커니즘이기 때문에 객체 기반 스토리지라는 것은 옳지 않다.

93. D. CloudFront는 원본 서버^{origin server} 의 콘텐츠(일반적으로 정적 파일 및 동적 응답)를 제공한다. 이러한 원본 서버는 주로 정적 콘텐츠의 경우는 S3 버킷이고, 동적 콘텐츠의 경우는 EC2 인스턴스다.

94. A, D. CloudFront는 원본 서버의 콘텐츠(일반적으로 정적 파일 및 동적 응답)를 제공한다. 이러한 원본 서버는 주로 정적 콘텐츠는 S3 버킷이고, 동적 콘텐츠는 EC2 인스턴스다(A, D).

95. B, D. CloudFront는 원본 서버의 콘텐츠(일반적으로 정적 파일 및 동적 응답)를 제공한다. 이러한 원본 서버는 주로 정적 콘텐츠의 경우는 S3 버킷이고, 동적 콘텐츠의 경우는 EC2 인스턴스다(C). EC2 인스턴스 대신 컨테이너를 사용하므로 A도 옳은 답이다. B와 D는 원본 서버가 될 수 없다.

96. B. CloudFront는 전 세계의 엣지 로케이션에 콘텐츠를 저장하고 캐싱한 콘텐츠를 사용자에게 제공한다.

97. C, D. CloudFront는 EC2와 직접 연결하지 않고 ELB와 연결해서 콘텐츠를 배포할 수 있으며, Route 53 레코드 세트와도 연결해서 콘텐츠를 배포할 수 있다. 이를 통해 콘텐츠가 여러 인스턴스에서 제공될 수 있다. C와 D는 원본 서버가 될 수 없다.

98. D. CloudFront 배포는 전 세계 엣지 로케이션의 집합이다.

99. B. 먼저 각 리전에 여러 가용 영역이 있으므로 가용 영역은 리전보다 많다(A, D 제외). 가용 영역보다 엣지 로케이션이 많으므로 B가 답이다.

100. A, B. 이 문제는 엣지 로케이션, 가용 영역, 리전 순으로 개수가 많다는 사실을 기억하면 간단하다. A와 B가 답이다.

101. B, D. 가용 영역은 콘텐츠 저장 장치가 아니라 가상 데이터센터다. 엣지 로케이션은 CloudFront 배포에서 캐시된 콘텐츠를 저장하는 데 사용된다. Route 53은 Amazon DNS 서비스다. EC2 인스턴스는 프로세스로 콘텐츠를 제공할 수 있다.

102. A, D. 엣지 로케이션은 일반적으로 클라이언트에서 읽기로 사용하지만, 저장으로도 사용할 수 있다. 엣지 로케이션에 객체를 저장하고 읽을 수도 있다.

103. A, C. 명백한 답은 S3 버킷이다. EC2는 컴퓨팅 서비스이며 스토리지가 아니다. 가용 영역은 가상 데이터센터다. 엣지 로케이션에 객체를 저장할 수 있다.

104. A. TTL은 Time to Live로, CloudFront 엣지 로케이션에서 객체가 캐싱되는 시간이다.

105. B, D. B와 D를 모두 수행한다. 단, D를 수행하기 전에 B를 수행하거나 배너 광고를 다시 캐싱한다. 캐싱된 객체를 수동으로 만료하면 비용이 발생한다.

106. B. 엣지 로케이션의 기본 TTL은 24시간이다.

107. B. S3 버킷을 만들면 기본적으로 비공개, 프라이빗이다.

108. B, C. 정답은 ACL(액세스 제어 목록) 및 버킷 정책이다(B, C). NACL은 VPC 및 개별 인스턴스 보안에 사용되는 네트워크 액세스 목록이며, JSON은 정책 작성에 사용된다.

109. C. S3 버킷 정책은 JSON^{JavaScript Object Notation}으로 작성된다. XML은 AWS에서 많이 사용되지 않으며, YAML은 CloudFormation에 자주 사용된다. AML이라는 것은 없다.

110. A. 볼륨에 저장하고 사용 중인 데이터는 비동기식으로 S3에 백업된다. 이로써 볼륨에 저장된 데이터에 접근하는 클라이언트에 지연이 발생하지 않게 한다.

111. A. VLT(가상 테이프 라이브러리)라는 말을 들어본 적이 있다면 문제를 쉽게 풀 수 있다. 테이프 볼륨은 가상 테이프 라이브러리다. 다행히 VTL에 대해 들어본 적이 없더라도 다른 보기를 보고 VTL을 정답으로 추론할 수 있다. VPC는 가상 사설 클라우드, VPN은 가상 사설 네트워크, NetBackup은 테이프 볼륨이 아닌 백업 애플리케이션이다.

112. A. Snowball은 대규모 데이터 세트를 전송하는 AWS 솔루션이다.

113. D. Snowball은 실제로 어떤 코드도 지원하지 않는다. 데이터를 장치로 전송하고 Amazon에 보내기만 하면 된다. CloudFormation은 언어가 아니다. YAML 등을 사용해 CloudFormation 템플릿을 작성한다.

114. A. AWS Direct Connect는 온프레미스 네트워크와 AWS 간 전용 고속 연결이다. 이 때문에 Direct Connect는 데이터를 저장하고 되돌려보내는 Snowball보다 더 나은 방법이다.

115. A. 모든 Snowball 디바이스는 데이터를 전송하는 방법이지만, Snowball Edge는 데이터를 AWS로 되돌려보내기 전에 '엣지에서' 데이터를 제공한다 (A).

116. C. Snowball은 S3로 가져오거나 S3에서 내보내기 모두 할 수 있다.

117. C. 결합 해제는 주로 전체 애플리케이션의 장애를 줄이기 위해 애플리케이션 계층을 분리한다. 애플리케이션 상호 종속성을 줄이면 한 애플리케이션 계층의 장애가 다른 계층에 영향을 미치지 않도록 제한할 수 있다.

118. D. Redshift는 데이터 웨어하우징에 적합한 OLAP[online analytics processing] 서비스다.

119. B. 별도로 VPC와 서브넷을 사용하면 어느 정도 중복성을 제공하지만, 추가 VPC 또는 서브넷이 원본과 분리돼 있음(가용 영역이 분리돼 있음)을 나타내고 있지 않다. 따라서 별도 리전에서 인스턴스를 시작하는 B가 제일 나은 선택이다. D는 문제와 관련 없다.

120. A. CloudFront는 엣지 로케이션을 사용한다. Snowball은 Snowball Edge를 제공하지만 엣지 로케이션과 혼동해서는 안 된다.

121. C. 매우 기본적인 문제다. 한 AZ에 장애가 있더라도 애플리케이션은 계속 실행할 수 있으므로 두 가용 영역에서 애플리케이션을 실행하면 내결함성이 제공된다.

122. B, D. 모두 스토리지 기반 서비스이지만 A와 C는 데이터베이스다. B와 D, 즉 S3와 EBS는 파일 스토리지다.

123. B, C. 다소 까다로운 문제다. S3는 확실한 선택이다. Redshift는 분석 데이터에 적합하므로 대용량 객체를 위한 것은 아니다. EC2는 컴퓨팅이다. RDS나 EC2에 설치된 Oracle을 사용해 BLOB 유형 필드에 대용량 객체를 저장할 수 있다.

124. B. S3 Transfer Acceleration은 애플리케이션에 비용이 추가되지만, S3로 전송 속도를 높인다. Snowball은 데이터 마이그레이션을 위한 것이다(A). AWS는 네트워크를 관리하므로 C는 옳지 않고 D는 해당 사항 없다.

125. B. 가장 많은 이점을 누리는 사용자는 버킷에서 가장 멀리 있는 사용자다. 이러한 사용자는 업로드 시간이 가장 오래 걸리기 때문에 S3 Transfer Acceleration을 사용할 때 속도가 향상되는 영향을 가장 많이 받기 때문이다.

126. A, C. 여기서 핵심은 Transfer Acceleration으로 해결될 문제를 이해하는 것이다. Transfer Acceleration은 일반적으로 상당한 거리에서 전송하는 대용량 데이터 세트와 관련된 문제를 해결한다. A와 C가 답이다. 성능(B)과 지연 시간(D)은 전송 속도와 연관되지만, Transfer Acceleration과 확실하게 연결돼 있지는 않다.

127. A, C. 간단한 문제다. EC2에서 웹사이트를 쉽게 호스팅할 수 있으며, S3는 정적 웹사이트를 호스팅한다.

128. C. 암기할 내용이다. B는 유효한 S3 버킷 URL이지만 웹사이트 호스팅을 위한 URL은 아니다. D는 리전이 다르며 s3-website와 리전 이름 사이에 '-' 대신 '.'이 있다. A는 도메인 이름에서 s3-website와 리전 이름 사이에 '-' 대신 '.'이 사용돼 옳지 않다.

129. D. 먼저 도메인 이름이 올바른지 확인한다. A는 s3-website와 리전의 구분 표시가 잘못돼 있고, C는 리전이 잘못됐다. B는 웹사이트 호스팅을 위한 형식, URL에 버킷 이름이 없다. 정답은 D다.

130. A. 먼저 도메인에서 s3-website와 리전 사이의 구분 기호가 잘못된 D가 정답에서 제외된다. 그런 다음 도메인 뒤의 URL 부분에 public_html이 있는 C가 제외된다. 여기서 도메인 뒤의 URL 부분은 대소문자를 구분한다는 사실을 알고 있어야 정답을 고를 수 있다. phoneboothPhotos의 올바른 대소문자를 사용한 A가 정답이다.

131. A, D. 컴퓨팅 리소스를 최소화하려면 EC2 및 Lambda를 피해야 한다. S3 버킷에서 정적 웹사이트 호스팅을 활성화하는 것이 더 좋다. 자체 도메인을 사용하려면 Route 53을 사용해 자체 도메인 이름으로 향하는 트래픽을 S3 버킷으로 보낸다.

132. C, D. 웹사이트가 정적 콘텐츠이면 S3 버킷 호스팅이 이상적이다. 그러나 동적 콘텐츠를 지원하려면 EC2 또는 Lambda 같은 컴퓨팅 서비스가 필요하다. 요청이 발생하지 않을 때 비용을 최소화하고 추가 비용이 없도록 Lambda를 이용해 필요한 만큼 사용하는 서버리스로 응답을 처리한다. Route 53을 사용하면 자체 도메인으로 향하는 트래픽을 Lambda로 보낼 수 있다.

133. A, C. EC2는 서버 기반이다. 정적 웹사이트 호스팅은 S3, 서버리스에 기반을 둔 콘텐츠 제공은 Lambda를 이용한다. Route 53은 DNS를 제공하지만, 자체적으로 웹사이트 콘텐츠를 제공할 수 없다.

134. B, C. S3는 정적 콘텐츠를 제공할 수 있지만 코드를 처리하거나 동적 콘텐츠를 제공하는 기능은 없다. EC2는 서버 중심 컴퓨팅을 통해 동적 콘텐츠를 제공하고 Lambda는 서버리스 컴퓨팅을 통해 동적 콘텐츠를 제공한다.

135. A, C. Elastic Beanstalk은 코드 배포에 중점을 둔다. 또한 로드 밸런싱, Auto Scaling, 상태 모니터링, 용량 프로비저닝을 제공한다(C).

136. B, D. Elastic Beanstalk은 코드 배포(A)에 중점을 둔다. 또한 로드 밸런싱, Auto Scaling, 상태 모니터링, 용량 프로비저닝을 제공한다(C). 보안과 로그 검사는 제공하지 않는다.

137. A, D. AWS에서 일반적으로 사용하는 언어와 기술을 알고 있어야 한다. 일반적으로 Docker 및 컨테이너는 항상 지원된다. Node.js, JavaScript, Java, PHP, Perl도 일반적으로 지원된다. C++와 Scala는 지원 목록에 없다.

138. D. 이 문제를 풀려면 공통으로 지원하는 언어인 Node.js와 Python을 알고 있어야 한다. Java를 지원하는지는 확실하지 않아도, 나머지 두 언어가 지원됨을 알고 있다면 답은 자연히 D여야 한다.

139. A, B. Elastic Beanstalk은 DynamoDB뿐만 아니라 모든 RDS를 지원한다. EC2에서 실행되는 Oracle은 RDS에서 지원하지 않으므로 Elastic Beanstalk의 자동 프로비저닝에는 적합하지 않다. Redshift는 지원하지 않는 데이터베이스 기술이다.

140. C. Elastic Beanstalk을 사용해 프로덕션에 완벽하게 배포할 수 있다. 다른 데이터베이스를 사용하도록 다른 Elastic Beanstalk 환경을 구성하기만 하면 된다.

141. D. EC2 및 ECS는 컴퓨팅 서비스이지만 관련 지식이 필요하고 필요한 리소스를 다룰 수 있어야 한다. DynamoDB는 데이터베이스이므로 코드를 실행할 수 없다. Lambda는 사용자가 기반 컴퓨팅 리소스를 관리하지 않아도 코드를 실행할 수 있으므로, D가 답이다.

142. A, D. Elastic Beanstalk과 Lambda는 다른 서비스이지만 문제의 맥락에서 둘 다 옳은 답이다. Elastic Beanstalk은 일종의 '코드 배포 마법사'이며 Lambda는 서버리스로 코드를 배포한다. 둘 다 사용자가 개입하지 않고 환경을 프로비저닝한다.

143. A. Lambda에 배포한 코드는 서버에서 실행된다. 그러나 AWS는 사용자가 관리하지 않도록 세부 정보를 추상화한다.

144. A, B. AWS에서 일반적으로 사용하는 언어와 기술을 알고 있어야 한다. Node.js, JavaScript, Java, PHP, Perl이 일반적으로 지원된다. C++와 Scala는 지원 목록에 없다.

145. B, C. A는 말이 되지 않는다. Oracle을 설치하려면 EC2 인스턴스를 사용해야 하므로 Lambda의 사용 사례가 아니다. B와 C가 답이다. Lambda는 다른 AWS 서비스가 트리거하거나 상태 변경에 응답하는 데 잘 맞으며, 사용자가 개입하지 않아도 확장성을 갖는다. D는 옳지 않다. 이는 EC2 또는 Elastic Container Service의 사용 사례다.

146. A. 파일을 다양한 형식으로 변환하는 것을 트랜스코딩이라고 하고 Elastic Transcoder에서 제공하는 기능이다.

147. B. QuickSight는 클라우드 기반 비즈니스 분석 서비스다. 여러 데이터 원본으로 분석 및 시각화를 제공한다.

148. B. SNS는 Simple Notification Service이며, AWS 환경에서 특정 이벤트가 발생할 때 알림(경고 및 경보)을 제공한다.

149. A. AWS Cognito를 사용하면 웹 애플리케이션 및 Single Sign-On에 사용자 가입, 로그인, 액세스 제어를 추가할 수 있다. 또한 Facebook 및 Google 같은 자격 증명 공급자를 사용할 수 있다.

150. B. 리전은 특정 지역에 있으며, 대륙만큼 큰 리전은 없다.

151. D. VPC는 가상 프라이빗 클라우드다. 단일 AWS 계정의 전용 가상 네트워크다.

152. C. ECS는 Elastic Container Service다. 컴퓨팅 리소스인 컨테이너(Docker)를 관리하고 빠르게 확장/축소할 수 있다.

153. B. RDS는 Relational Database Service로, 애플리케이션을 위한 관리형 데이터베이스 서비스를 제공한다.

154. D. Route 53은 AWS의 관리형 DNS 서비스다. 도메인 관리 및 등록을 제공한다.

155. D. 고객 게이트웨이를 사용하면 온프레미스 사이트에서 AWS로 Peer-to-Peer VPN을 연결할 수 있다. 가상 네트워킹 장치다.

156. A. S3는 스토리지와 관련 있다. 수명주기 관리는 특정 S3 스토리지 클래스에서 다른 S3 스토리지 클래스로 데이터를 전환한다.

157. D. Amazon Lightsail은 웹 애플리케이션을 위한 컴퓨팅 솔루션이며, 웹 호스팅에 필요한 데이터베이스 스토리지뿐만 아니라 컴퓨팅, 스토리지, 네트워킹을 함께 제공한다. 웹 호스팅에 필요한 서버를 시작하고 필요한 서비스를 구성한다. AWS는 Lightsail을 컴퓨팅 서비스로 분류하지만, 이 서비스를 통해 추가 리소스도 연결하고 제어할 수 있다.

158. C. Elastic Beanstalk은 다양한 서비스, 특히 컴퓨팅을 확장하고 관리하는 Amazon 서비스다. 다른 서비스 유형으로 분류할 수도 있겠지만, 주로 Beanstalk을 코드 배포 도구로 사용하므로 컴퓨팅 서비스로 분류한다.

159. A. EFS는 스토리지와 관련한 확장 가능한 파일 시스템인 Elastic File System이다.

160. C. Redshift는 AWS의 OLAP 도구이며 데이터베이스 서비스로 분류된다. 주로 데이터베이스와 같이 대량의 데이터를 수신하고 해당 데이터를 작업하는 데 사용된다(광의의 개념).

161. B. CloudFront는 AWS의 배포 네트워크다. 궁극적으로는 AWS에서 네트워킹 구성요소인 콘텐츠 캐싱 시스템 기능을 제공한다.

162. D. Athena는 데이터베이스이며 RDS를 통해 사용할 수 있지만 궁극적으로 Redshift 및 Elastic MapReduce 같이 분석을 위한 서비스다.

163. B. EMR은 Elastic MapReduce이며, 대용량 데이터 세트의 데이터 처리 및 분석을 제공한다.

164. C. Cloud9은 개발자 환경으로, AWS 개발자를 위한 IDE로 설계됐다.

165. D. Direct Connect는 온프레미스 사이트와 AWS 간의 고속 연결을 위한 AWS 서비스다.

166. D. Amazon Workspaces를 사용하면 클라우드를 통해 데스크톱 서비스를 제공할 수 있다. 이 서비스를 통해 전 세계 사람들이 확장 가능한 데스크톱을 활용할 수 있다.

167. B. Kinesis는 대규모 데이터 스트림을 처리하고 실시간 통찰력을 제공할 수 있는 데이터 분석 서비스다.

168. C. Elastic Transcoder는 해상도와 형식에 따라 다양한 장치에 적합한 형식으로 비디오를 처리한다.

169. D. OpsWorks는 AWS가 AWS Management Console에서 '관리 도구'로 분류하는 운영 관리 서비스다. Puppet 및 Chef 같은 도구와 통합할 수 있다.

170. A. Lex는 음성 인식과 채팅봇을 구축하기 위한 Amazon 서비스다.

171. A. CloudWatch는 특정 지표(네트워크 처리량, 요청, 디스크 IO 등)를 설정하고 대시보드와 보고서를 통해 이러한 지표를 모니터링하는 기능을 제공한다.

172. D. 가용 영역^{AZ}은 재해 발생 시 재해의 영향으로부터 충분히 떨어져 있는 거리로 분리된 리전 내의 가상 데이터센터로서 중복성을 제공한다. AZ에는 이중화가 없으므로 B는 옳지 않다. 이것은 리전의 정의다.

173. B. 리전은 지리적 영역으로 가용 영역을 둬서 중복성이 있다. 각 AZ는 다른 AZ와 분리돼 있으며 본질적으로 가상 데이터센터다(A, C).

174. A, B. 리전 및 가용 영역과 관련한 문제가 나온다. 개념에 주의를 기울여 쉽게 풀 수 있어야 한다. 리전은 2개 이상의 가용 영역을 통해 중복성을 갖춘 지리적 영역이다. 관리형 서비스는 특정 리전과 연결돼 있지 않은 경우도 있으므로 A는 옳지 않다. 리전에 가상 데이터센터가 포함돼 있다고 하므로 B도 옳지 않다. 리전 자체가 가상 데이터센터는 아니다.

175. B, D. 가용 영역은 가상 데이터센터이며 지연 시간이 짧은 네트워크 연결을 제외하고는 서로 격리돼 있다. AZ는 컴퓨팅 리소스를 호스팅한다. AZ는 자체적으로 중복성을 제공하지 않는다. 이를 수행하는 것은 AZ의 조합이다.

176. C, D. 일래스틱 IP는 특정 가용 영역의 인스턴스에 할당되지만, 장애가 발생한 경우 해당 일래스틱 IP를 다른 AZ로 다시 매핑한다. A는 옳지 않다. 리전에는 정확히 2개가 아니라 2개 이상의 가용 영역이 포함되므로 B도 옳지 않다. 리소스를 더 분산할 수 있도록 AWS 계정 내에 여러 이름의 AZ에 리소스를 배포한다. C는 사실이다. 보통 인스턴스를 시작할 때 기본으로 설정된 AZ를 선택하더라도 AZ를 지정할 수 있다. D는 사실이다.

177. A, C. 어려운 문제이지만 풀어볼 가치가 있다. 최소한 AWS 리전에 익숙해야 문제를 풀 수 있다. US, EU, AP 같은 여러 주요 리전이 있다는 사실을 알고 있어야 한다. CA, SA 등 다른 리전도 있지만, 주요 리전은 US, EU, AP다. 이를 알면 A와 C가 옳다는 것을 알 수 있다. JP는 답이 아니며, UK는 EU여야 한다. UK라는 리전 이름은 없다.

178. B, D. 이것은 AWS 리전을 외우는 것보다 표기 형식을 이해하는 문제다. 리전 표기는 리전의 이름으로, 일반적으로 국가 또는 지역(eu, us 등)과 지리적 지역(southeast, west, east 등), 그리고 숫자로 표기한다. B와 D가 답이다. A는 '읽을 수 있는' 이름이고 C는 끝에 추가된 문자(a)로 인해 가용 영역을 의미하므로 정답이 아니다.

179. A. 가용 영역을 표기할 때는 리전 표기 끝에 문자를 추가한다. 리전을 표기할 때는 일반적으로 국가 또는 지역(eu, us 등)과 지리적 지역(southeast, west, east 등), 그리고 숫자로 표기한다.

180. C. EFS^Elastic File System 는 여러 컴퓨팅 인스턴스에서 액세스할 수 있는 확장 가능한 스토리지를 제공한다. EBS는 Elastic Block Storage이며, 한 번에 하나의 인스턴스에 연결되므로 NAS^network attached storage 의 기능을 하지 않는다. DynamoDB는 NoSQL 데이터베이스이며, 테이프 게이트웨이는 클라우드가 아닌 로컬에서 S3와 상호작용하기 위한 클라이언트 장치다.

181. C. 이 문제에 주의하자. ElastiCache는 캐싱을 위한 AWS 서비스이지만 실제 캐싱에는 memcached와 redis를 엔진으로 사용한다. 따라서 캐싱 엔진은

ElastiCache가 아닌 memcached다.

182. A, C. ElastiCache는 memcached와 redis 캐싱 엔진을 사용한다.

183. C. EC2와 RDS 모두에서 예약 인스턴스를 사용할 수 있으므로 정답은 C다.

184. D. AWS가 제공하는 거의 모든 것에 예약 인스턴스를 사용할 수 있다. 이는 ElastiCache 노드뿐만 아니라 모든 구성의 RDS에도 적용된다.

185. A, B. 먼저 수동으로 장애 조치를 수행할 수 있다는 사실을 알아야 한다(A). 그런 다음 다중 AZ 설정은 재해 복구를 위한 것이므로 기본 가용 영역에 장애가 발생해서 장애 조치가 이뤄진다는 것을 알아야 한다(B). 보조 AZ의 장애로 장애 조치가 이뤄지지 않으며(C), 몇 번의 읽기 실패로 장애 조치가 이뤄지지도 않는다(D).

186. A, D. 이 문제에 두 가지 방법으로 접근할 수 있다. RDS에서 선택할 수 있는 것과 할 수 없는 것이며, 인스턴스를 배포할 데이터베이스 유형과 AZ는 선택할 수 있고(A, D), 성능 및 장애 조치와 관련한 매우 자세한 문제는 지정할 수 없다(B, C).

187. A, B. 조금 까다로운 문제다. I/O가 잠시 중단될 수 있지만, 데이터베이스는 완전히 중단되지 않는다(C). I/O 일시 중단으로 인해 지연 시간이 증가하고 (A), 응답 속도가 느려질 수 있다(B). 그러나 네트워크 요청은 여전히 처리되며, 요청에 응답하지 않는 일은 없다(D).

188. C, D. RDS는 Aurora, PostgreSQL, MySQL, MariaDB, Oracle, Microsoft SQL Server를 지원한다.

189. A, D. RDS는 다중 AZ 배포를 지원한다. 자동 백업은 기본적으로 활성화된다. Aurora 같은 일부 RDS 데이터베이스는 RDS 관리형 서비스를 통해서만 지원된다. 그리고 모든 RDS 데이터베이스는 SQL 인터페이스를 제공한다.

190. D. MySQL은 기본적으로 3306을 사용한다. 또한 데이터베이스는 일반적으로 1024 이상의 예약되지 않은 포트에서만 사용 가능하다는 사실을 기억하자. 1024 미만의 포트는 기본 통신 서비스용으로 예약돼 있다.

191. A. OLAP는 'online analytics processing'이며, 비즈니스 인텔리전스와 연관돼 있다. Redshift 등의 AWS 서비스는 OLAP에 이상적이다.

192. D. OLTP는 'online transaction processing'이며, 일반적으로 AWS의 관계형 데이터베이스 분야에 해당한다.

193. A. Redshift는 OLAP 서비스를 제공하는 AWS의 주요 사례다.

194. D. RDS 관리형 서비스인 Aurora는 관계형 데이터베이스다. 관계형 데이터베이스는 일반적으로 AWS에서 OLTP에 대한 제일 나은 선택이다.

195. B, D. OLTP에 관한 문제에서는 관계형 데이터베이스를 찾는다. Oracle 및 SQL Server이므로 정답이다. memcached는 ElastiCache의 엔진에 해당하며, DynamoDB는 NoSQL 데이터베이스다.

196. D. Redshift는 AWS에서 제공하는 데이터 웨어하우스 서비스이며, OLAP와 밀접하게 관련돼 있다.

197. A. EMR^{Elastic MapReduce}은 빅데이터 처리에 잘 맞는다. Hadoop 및 Spark 프레임워크를 사용하며, 대용량 데이터 세트를 처리하기 위한 관리형 서비스다.

198. C. 이와 같은 문제를 쉽게 푸는 방법은 Kinesis를 스트리밍 데이터 및 실시간 분석과 연결해 기억하는 것이다. Kinesis는 데이터 스트림을 가져와서 즉시 처리할 수 있다.

199. B. QuickSight는 AWS 스터디 가이드에서 많이 나오지 않지만, AWS 시험에서 한 문제는 나온다. QuickSight는 애플리케이션에 대한 '시각'을 제공한다. 데이터를 시각화하는 가장 손쉬운 방법이다.

200. D. 이것은 매우 어려운 문제다. 특히 Kinesis와 Athena가 모두 보기에 있으면 특히 까다로울 수 있다. Kinesis는 데이터 스트림을 처리하고 실시간 분석을 수행한다. Athena는 좀 더 대화형이다. Athena에서는 데이터를 분석하지만, 표준 SQL 쿼리를 사용할 수 있다. 이 때문에 Athena가 Kinesis보다 나은 답이 될 수 있다.

201. B, D. EMR^{Elastic MapReduce}에서는 Hadoop과 Spark를 가장 일반적으로 사용한다. 이것은 암기해야 하는 사항이다. Hadoop과 Spark가 데이터 처리에 적합하다는 사실을 알고 있지 않으면 이 문제를 풀 수 있는 방법이 없다.

202. D. Aurora는 장애 조치 및 재해 복구를 위해 3개의 가용 영역에 걸쳐 무려 6개의 데이터 사본을 저장한다.

203. B. Aurora는 장애 조치 및 재해 복구를 위해 3개의 가용 영역에 걸쳐 무려 6개의 데이터 사본을 저장한다.

204. C. RDS 관리형 서비스인 Aurora는 MySQL보다 다섯 배 빠르고, PostgreSQL보다 세 배 빠르다. 이것을 기억하는 가장 쉬운 방법은 AWS 시험에서 성능이나 속도에 관한 문제가 나오면 일반적으로 AWS가 제공하는 솔루션이 답일 경우가 많다는 것이다. AWS가 MySQL이나 Oracle이 자체적으로 제작한 데이터베이스보다 빠르다고 할 이유가 없기 때문이다.

205. A. RDS 관리형 서비스인 Aurora는 기본적으로 3개의 가용 영역에 6개의 데이터 복사본을 저장한다. AWS 시험에서 복원력에 관한 문제의 답은 일반적으로 AWS가 제공하는 서비스일 경우가 많다.

206. B, C. Aurora는 PostgreSQL 및 MySQL과 모두 호환된다. RDS로 관리하는 관계형 데이터베이스이기 때문에 쉽게 사용된다.

207. B, D. RDS는 SQL 상호작용뿐만 아니라 RDS 웹 API를 통한 액세스를 제공한다. RDS 인스턴스는 SSH 또는 RDP를 통한 액세스를 허용하지 않는다.

208. C. RDS는 최대 35일까지 백업을 보존한다.

209. A. 관리형 서비스를 사용하지 않고 EC2에 Oracle을 설치한다고 문제에 명시돼 있으므로 RDS는 사용할 수 없다. 가장 빠른 디스크 공간을 원하고 있으므로 EBS^{Elastic Block Storage}를 사용한다.

210. B, D. OLTP가 나오면 RDS 지원 데이터베이스를 찾고, 없다면 관계형 데이터베이스를 찾는다. 이 문제에서 이러한 기준에 맞는 보기는 MariaDB와 Aurora다.

211. A, C. OLTP가 나오면 RDS 지원 데이터베이스를 찾고, 없다면 관계형 데이터베이스를 찾는다. 이 문제에서 이러한 기준에 맞는 보기는 PostgreSQL과 SQL Server다. 적합하지 않은 것을 묻고 있으므로 정답은 Kinesis(A)와 Redshift(C)다.

212. A, C. 다중 AZ를 설정하면 보조 데이터베이스로 재해 복구를 구현할 수 있다. 또한 그 결과로 데이터 중복성도 이룰 수 있다.

213. B, D. 읽기 전용 복제본을 설정하면 읽기 작업을 담당할 데이터베이스가 추가된다. 이에 따라 단일 데이터베이스 인스턴스의 부하를 줄일 수 있다. 또한 여러 인스턴스에 트래픽을 분산시켜 네트워크 지연 시간을 줄이는 '부수 효과'도 얻을 수 있다.

214. A, C. 읽기 전용 복제본을 설정하면 읽기 작업을 담당할 데이터베이스가 추가된다. 이에 따라 단일 데이터베이스 인스턴스의 부하를 줄일 수 있다. 애플리케이션이 복제본에서 읽기는 가능하지만(A), 쓰기는 할 수는 없다(B), RDS 및 AWS에서는 기본 인스턴스만 변경사항 복제를 통해 읽기 전용 복제본에 '쓰기'할 수 있다(C).

215. C. 다중 AZ를 설정하면 보조 인스턴스로 재해 복구를 구현한다(A, B). 모든 RDS 데이터베이스는 다중 AZ를 지원한다(D). C만 남으므로 이것이 정답이다. 기본 인스턴스에만 액세스하므로 표준 RDS 설정보다 성능이 나아질 것은 없다.

216. B. 다중 AZ 설정은 재난 복구를 위해 동기식 복제 방식으로 데이터를 보조 인스턴스에 백업한다.

217. D. 읽기 성능을 향상하기 위해 읽기 전용 복제본을 사용해서 가능할 때마다 비동기식으로(D) 데이터를 읽기 전용 복제본으로 복제한다.

218. A. 읽기 전용 복제본은 애플리케이션의 읽기를 향상하기 위해 인스턴스를 추가하므로 확장성을 높인다.

219. C. 다중 AZ 설정은 재해 복구 및 내구성에 관한 것이다. 자동 백업을 제공하고(A), 기본 데이터베이스에서 업그레이드가 발생하면 복제된다(B). 보통 기본 인스턴스와 하나의 보조 인스턴스로 구성된다(D). 높은 내구성, C가 답이다.

220. B. AWS는 하나의 데이터베이스 인스턴스에 최대 5개의 읽기 전용 복제본을 지원하며, AWS Management Console에서 구성할 수 있다.

221. A, B. DynamoDB는 NoSQL 데이터베이스이며, 읽기 전용 복제본은 RDS에 관한 것이므로 A가 답이다. Redshift는 데이터베이스가 아니라 데이터 웨어하우징 도구다. MySQL과 MariaDB는 모두 RDS로 읽기 전용 복제본을 지원한다.

222. A, C. DynamoDB는 NoSQL 데이터베이스이며 실제로 즉각적인 규모 조정을 제공한다(A). RDS 인스턴스에서는 인스턴스 크기를 변경해서 확장하지만, DynamoDB에서는 그럴 필요 없이 언제든지 데이터베이스 크기를 확장할 수 있다(C).

223. B, C. DynamoDB는 확장을 위해 읽기 전용 복제본이나 인스턴스 크기 변경이 필요하지 않기 때문에 RDS보다 확장이 쉽다(A). DynamoDB는 SSD 드라이브를 사용한다(B). 또한 AWS 설명서에 따르면 지리적으로 분리된 3개의 데이터센터에 분산돼 있다(D).

224. A. DynamoDB는 최종적 일관된 읽기를 지원한다. 즉, 최근 쓰기 결과가 읽기에 즉시 반영되지 않을 수 있다. 그 밖의 보기는 실제 일관성 모델이 아니다.

225. A, D. DynamoDB는 최종적 일관된 읽기를 지원한다. 즉, 최근 쓰기 결과가 읽기에 즉시 반영되지 않을 수 있다. 또한 가장 최근의 쓰기 작업을 항상 반영하는 강력한 일관된 읽기 모델을 지원한다.

226. A, D. 마지막 쓰기 작업한 데이터를 반환할 수 없을 때 강력한 일관된 읽기 모델에서는 지연이 발생한다. 강력한 일관된 읽기 모델은 최신 데이터를 반환해야 하므로 해당 데이터를 사용할 수 있을 때까지 응답을 보낼 수 없다(A, D). B는 복제에 관한 것이지 이 문제와는 관계없다. C는 쓰기보다는 읽기에 해당한다.

227. D. VPC에서는 서브넷 유형과 수의 제한이 상대적으로 적다. 또한 단일 서브넷, 복수의 서브넷을 구성할 수도 있고, 프라이빗 서브넷과 퍼블릭 서브넷을 구성할 수도 있다.

228. A, D. 기본 VPC에서 모든 인스턴스는 시작할 때 기본적으로 퍼블릭과 프라이빗 IP 주소가 할당된다.

229. C, D. EC2 인스턴스는 퍼블릭 및 프라이빗 주소, 일래스틱 주소, IPv4/IPv6 주소를 모두 할당할 수 있다.

230. B, C. VPC 자체로 피어링하는 개념이 없으며, VPC는 서브넷이 아닌 다른 VPC와 피어링할 수 있다(A, D). VPC는 같은 계정 또는 다른 계정에서 다른 VPC와 피어링할 수 있다(B, C).

231. A. /16은 65,536개의 IP 주소를 제공한다. CIDR 표기를 사용할 때 표기 숫자가 작을수록 IP 주소 풀은 더 크다.

232. A. SWF는 Simple Workflow이며, Amazon SWF는 Amazon Simple Workflow Service다.

233. D. HTTP 요청 및 응답 방식의 상호작용을 관리할 수 있는 한, SWF는 워크플로우에 언어 제한이 없다.

234. B. SWF는 API를 제공하지만, AWS 전용 API도 아니고 언어에 특화된 API도 아니다. SWF는 표준 HTTP 요청 및 응답을 지원한다.

235. D. SWF는 AWS 관리형 서비스인 Simple Workflow를 나타낸다. 여기서 중요한 실마리는 워크플로우 관리다. SWF를 사용해 애플리케이션 구성요소에서 작업을 처리하고 조정할 수 있다.

236. C. SWF는 일반적으로 비동기식 서비스로 생각하지만, 필요하면 동기식 작업도 지원한다.

237. B. SES는 Simple Email Service이며, AWS 애플리케이션 및 서비스에서 필요한 이메일 송수신에 사용된다.

238. D. SQS는 Simple Queue Service다. 문제에서 키워드는 메시지이며 문제를 푸는 비결이다. SQS는 대기열을 관리하지만 아울러 궁극으로는 대기열 기반의 메시지 전송 시스템이다.

239. C, D. SNS는 Simple Notification Service이고, SQS는 Simple Queue Service다. 두 서비스는 서로 바꿔서 사용할 수 없다(A는 옳지 않음). SNS는 알림을 내보내지만[Push] SQS는 메시지를 가져올 수[Pull] 있다(B는 옳지 않고, D는 옳음). 마지막으로 SNS는 알림을 처리하고 SQS는 메시지를 처리한다(C).

240. B, D. 작업자 노드(D)는 새 메시지를 SQS로 폴링한 다음(B), 사용 가능한 메시지를 가져온다. SNS에는 알림이 연결되고, SWF에는 작업이 연결된다.

241. B, C. SNS는 푸시 기반 서비스(C)로, 주제에 가입된 모든 항목에 알림(B)을 푸시한다.

242. A, B. SWF는 작업과 연결돼 있으며 모든 작업을 한 번에 전달할 수 있으므로 SQS 등과 다르다.

243. A, B. SNS에서는 주제를 구독할 수 있다. 해당 주제와 관련된 알림을 모든 주제 구독자에게 전달^{Push}한다.

244. A. SWF 작업은 한 번에 하나씩 할당된다.

245. B. 약간 난해한 문제이지만, 정답을 선택할 수 있는 근거는 확실해야 한다. 주제는 구독자가 알림을 연결하고 받을 수 있는 이름 또는 '범주'다. 따라서 연결된 목록과 메시지 이름은 해당하지 않는다(AWS 설명서에서도 볼 수 없는 AWS 요소다). IAM 역할은 AWS의 요소이지만, 권한과 관련돼 있다. 마지막으로 남은 B, Amazon Resource Name이 정답이다.

246. D. SQS에서는 메시지가 최소 한 번 전송되도록 보장하며 해당 메시지는 다시 전송될 수 있다.

247. C. SWF의 워크플로우 집합은 도메인이다.

248. D. SQS 대기열은 메시지를 순서대로(FIFO 방식으로) 전달하려고 '시도'하지만 FIFO를 보장하지는 않는다. FIFO가 필요하면 지정할 수 있다.

249. B. SQS 대기열은 메시지를 순서대로(FIFO 방식으로) 전달하려고 '시도'하지만 FIFO를 보장하지는 않는다. FIFO가 필요하면 지정할 수 있다. B는 주문이 접수된 순서대로 처리되게 한다.

250. C, D. 보기가 약간 이상할 수 있다. 모든 VPC가 허브와 통신할 수 있으므로 C와 D를 선택하면 모든 VPC를 포함할 수 있다.

251. B, D. 허브&스포크 모델에서 스포크는 피어링된 다른 VPC(D)를 포함해서 허브하고만 직접 통신할 수 있다(B).

252. B, C. 허브&스포크 모델에서 스포크는 허브하고만 직접 통신할 수 있으므로 B는 옳고, A는 옳지 않다. 허브(VPC G)는 모든 스포크와 통신할 수 있으므로 C는 옳고, D는 옳지 않다.

253. C, D. 허브&스포크 모델의 스포크는 허브하고만 직접 통신할 수 있다. A와 B는 옳고 C와 D는 옳지 않으므로, 정답은 C와 D다.

254. B. NACL은 상태 비저장이며 인바운드와 아웃바운드 규칙을 지정해야 한다. 보안 그룹은 상태 저장이며 인바운드를 허용하면 아웃바운드는 자동으로 허용된다.

255. A. NACL은 상태 비저장이며 인바운드 및 아웃바운드에 대한 규칙이 있어야 한다. 보안 그룹은 상태 저장이다. 인바운드를 허용하면 자동으로 회신을 허용한다.

256. B. NACL은 상태 비저장이며 인바운드 및 아웃바운드에 대한 규칙이 있어야 한다. 보안 그룹은 상태 저장이다. 인바운드를 허용하면 자동으로 회신을 허용한다.

257. B. ALB는 2개 이상의 서브넷에 걸친다.

258. A, D. 약간 까다로운 문제다. 기본 VPC에서는 자동으로 서브넷이 생성되지만, VPC를 추가하면 서브넷이 만들어지지 않는다. 보안 그룹, 라우팅 테이블, NACL은 자동으로 만들어지므로 A와 D가 답이다.

259. C, D. 이 문제의 핵심 단어는 '기본 VPC'다. 사용자 지정 VPC를 추가할 때는 서브넷이 생성되지 않지만, 기본 VPC에서는 서브넷과 인터넷 게이트웨이가 자동으로 생성된다. 새롭게 만드는 VPC 모두에는 라우팅 테이블, NACL, 보안 그룹이 생성된다.

260. A, C. 이 문제의 핵심 단어는 '기본 VPC'다. 사용자 지정 VPC를 추가할 때는 서브넷이 생성되지 않지만, 기본 VPC에서는 서브넷과 인터넷 게이트웨이가 자동으로 생성된다. 새롭게 만드는 VPC 모두에는 라우팅 테이블, NACL, 보안 그룹이 생성된다.

261. A. 암기가 필요한 어려운 문제다. 기본 VPC의 CIDR 블록은 /16이며, 각 AZ에 있는 기본 서브넷은 /20이다.

262. B. 암기 문제다. 기본 VPC에는 /16 CIDR 블록이 할당된다.

263. D. 사용자 지정 VPC에는 기본 CIDR 블록이 없다. 기본 VPC에서는 CIDR 블록이 /16이지만, 사용자 지정 VPC에는 블록을 입력해야 한다.

264. B. 일반적으로 빗금 기호 뒤의 숫자가 작을수록 CIDR 블록은 더 크다. /16은 가장 큰 블록이다. /16은 65,536개의 IPv4 주소를 제공한다.

265. C, D. 기본 VPC에는 기본 서브넷과 라우팅 테이블, NACL, 보안 그룹, 인터넷 게이트웨이가 있다.

266. B. 기본 VPC에는 인터넷 게이트웨이가 있고 인스턴스에 퍼블릭 IP 주소가 있으므로 B가 답이다. 기본 VPC를 생성할 수는 없으며(A), 보안 그룹은 특정 액세스를 제어할 뿐, VPC나 그 내부 인스턴스의 프라이빗이나 퍼블릭을 결정하지는 않는다(C).

267. A, B. 기본 VPC에는 인터넷 게이트웨이가 연결돼 있지만 사용자 지정 VPC에는 없다. 시험에서 알고 있어야 하는 중요 사항이다.

268. A, C. A는 기본 VPC와 사용자 정의 VPC에 모두 해당한다. 모든 VPC에는 NACL이 자동으로 생성된다. 외부로 전송되는 트래픽은 기본적으로 허용하며 (C), 내부로 들어오는 트래픽은 기본적으로 차단한다(B). 인바운드 HTTP 트래픽도 마찬가지다(D).

269. A, D. 모든 VPC에는 NACL, 보안 그룹 및 라우팅 테이블이 자동으로 생성된다. 그러나 기본 서브넷과 인터넷 게이트웨이가 자동으로 생성되는 것은 기본 VPC만이다.

270. B, D. 모든 VPC에는 NACL, 보안 그룹, 라우팅 테이블이 자동으로 생성된다. 그러나 사용자 지정 VPC와는 달리 기본 VPC에만 기본 서브넷과 인터넷 게이트웨이가 만들어진다.

271. B, C. 기본 VPC에 있는 모든 EC2 인스턴스는 퍼블릭 및 프라이빗 IP 주소가 있다. 일래스틱 IP 주소는 없으며 기본적으로 생성된 보안 그룹은 직접 변경하지 않는다면 인바운드 트래픽을 허용하지 않는다.

272. C, D. 기본 VPC에 있는 모든 EC2 인스턴스에는 퍼블릭 및 프라이빗 IP 주소가 모두 있다. 따라서 웹 콘텐츠를 제공하는 유일한 방법은 보안 그룹에서 웹 트래픽을 허용하는 것이다.

273. C, D. 기본 VPC에 있지 않은 인스턴스에는 일래스틱 IP나 퍼블릭 IP를 만들어야 한다(A). VPC에는 인터넷 게이트웨이가 필요하다(B). 보안 그룹에서 웹 트래픽을 허용해야 한다(C).

274. B, C. VPC 엔드포인트는 VPC와 S3 등의 서비스 사이에 Amazon 네트워크를 통한 연결을 제공한다(B). 이렇게 하면 내부 네트워크를 벗어나 퍼블릭 인터넷을 거치는 것을 피할 수 있어서 본질적으로 트래픽에 대한 보안을 강화한다(C).

275. D. VPC 엔드포인트에 연결하기 위해 이들 중 어느 것도 필요하지 않다. 보기의 구성을 모두 사용하면 외부와 프라이빗 연결할 수 있으며, AWS와 내부 통신을 하기 위한 훌륭한 구성요소가 될 수 있다.

276. B, C. VPC 엔드포인트는 AWS가 (자동으로) 중복성을 제공하는 가상 장치다. B와 C는 옳고, A는 옳지 않다. VPC 엔드포인트는 수평 확장한다.

277. B, D. VPC 엔드포인트는 S3 및 DynamoDB뿐만 아니라 다양한 추가 AWS 서비스에 연결할 수 있으므로 B는 옳다. 인터넷 게이트웨이나 VPN 연결이 필요하지 않으며 트래픽이 퍼블릭 인터넷을 거치지 않는다(D).

278. A, C. VPC 엔드포인트에는 두 가지가 있다. 하나는 일래스틱 네트워크 인터페이스 및 프라이빗 IP 주소를 제공하는 인터페이스 엔드포인트이고, 다른 하나는 라우팅 테이블에서 특정 경로를 대상으로 하는 게이트웨이 엔드포인트다.

279. A, D. 매우 어렵고 CSA 시험에 나올 법한 문제다. 게이트웨이 엔드포인트는 엔드포인트를 지원하는 AWS 서비스의 모든 트래픽을 처리한다. 또한 Kinesis 데이터 스트림은 게이트웨이 엔드포인트를 지원하지 않는다(C). 남은 A, B, D 중에서 프라이빗 트래픽을 Route 53으로 라우팅하는 것은 옳지 않다(B). 남은 A, D가 답이다.

280. A, C. 어려운 문제다. 인터페이스 엔드포인트는 프라이빗 IP 주소로 특정 AWS 서비스에 접근할 수 있게 한다. DynamoDB 등의 일반적인 서비스는 해당하지 않는다. 그리고 VPN은 전혀 다른 유형의 연결이므로 옳지 않다(B). API 게이트웨이와 Kinesis 데이터 스트림이 남는다(A, C).

281. C, D. VPC 엔드포인트를 이용하는 인스턴스에는 퍼블릭 IP 주소나 NAT 인스턴스가 필요 없다. 대신 엔드포인트에 대한 경로를 구성해야 하며(D), AWS 네트워크를 통해 트래픽을 연결된 서비스로 보낸다(C).

282. C. 인스턴스를 생성하는 절차를 생각해보면 기억하기 쉽다. 모든 인스턴스에는 보안 그룹이 연결돼야 한다. 보안 그룹은 인스턴스 수준에서 작동한다(C).

283. A. 보안 그룹은 허용 규칙만 제공한다(A). 모든 트래픽은 자동으로 거부하고 허용 규칙으로만 트래픽을 허용할 수 있다.

284. A, C. 보안 그룹에서 트래픽에 특정 허용 규칙이 있지 않으면 모든 트래픽은 거부된다.

285. A. 보안 그룹은 트래픽 처리 방법을 결정하기 전에 그룹의 모든 규칙을 평가한다.

286. D. 보안 그룹은 트래픽 처리 방법을 결정하기 전에 그룹의 모든 규칙을 평가한다.

287. B. 계정당 리전별로 5개의 VPC가 허용된다. AWS에 요청하면 할당량을 높일 수 있다.

288. B. 모든 사용자 지정 VPC에는 라우팅 테이블과 NACL이 있으며, 인터넷 게이트웨이는 없으므로 A, C, D는 옳지 않다. 따라서 B만 남는다. 기본적으로 다른 가용 영역에 있는 서브넷과 통신할 수 있다.

289. D. 배스천 호스트가 프라이빗 인스턴스에 SSH를 연결할 수 있게 한다(D). NAT 게이트웨이 또는 NAT 인스턴스를 사용하면 프라이빗 인스턴스에 트래픽을 라우팅할 수 있지만, 배스천 호스트는 프라이빗 인스턴스에 SSH를 허용한다.

290. A, C. NAT 인스턴스와 NAT 게이트웨이는 모두 프라이빗 서브넷 내의 인스턴스에서 인터넷으로 향하는 트래픽을 제공한다.

291. A. VPC에 연결할 수 있는 인터넷 게이트 수는 하나다.

292. C. 한 리전에 만들 수 있는 VPC는 기본적으로 5개이지만 AWS에 요청해 이 할당량을 높일 수 있다.

293. C. 한 VPC에 둘 수 있는 인터넷 게이트웨이는 하나다. 이 제한은 리전(D)이 아니라 VPC(C)를 기준으로 한다.

294. A, D. 우선 제시된 보기가 인터넷 애플리케이션을 호스팅하기 위한 솔루션 일부라는 것을 알아두자. 하지만 이 문제에서는 가장 간단하거나 직접적인 솔루션을 요구한다. 따라서 적합한 솔루션은 인스턴스에 퍼블릭 IP 주소를 설정하고(D) 인터넷 게이트웨이를 VPC에 추가하는 것이다. 또한 송수신 라우팅이나 보안 그룹 등이 필요할 수 있다.

295. B, C. 인터넷 게이트웨이가 연결됐다면, 그다음 발생할 수 있는 문제는 인스턴스에 액세스할 IP 주소와(C) Web/HTTP 트래픽 허용에서(B) 가장 많이 발생한다.

296. D. VPC에는 단일 인터넷 게이트웨이와 여러 서브넷이 있을 수 있다. 그러나 VPC 내 인스턴스의 퍼블릭 주소에서는 중지될 때 기존 주소가 해제되고 다시 시작할 때 새 IP가 다시 할당된다.

297. B. VPC는 다른 VPC와 무제한으로 피어링할 수 있으므로 B는 옳지 않다. 서브넷은 AZ에 걸칠 수 없다. VPC는 다른 계정의 VPC와 피어링할 수 있다. 서브넷의 퍼블릭 또는 프라이빗 상태와 VPC의 인터넷 게이트웨이와는 관련 없다.

298. D. A에서 C까지 NAT 인스턴스에 대한 설명은 옳지 않다. NAT 인스턴스는 사용자가 관리하는 반면 NAT 게이트웨이는 AWS가 관리하므로 더 선호된다.

299. D. VPC는 전용 호스팅 테넌시에서 기본 호스팅으로 변경할 수 없다. VPC를 다시 만들어야 한다.

300. A. 보안 그룹의 변경은 즉시 적용된다. 참고로 D는 약간 잘못된 것이다. 보안 그룹은 다양한 수준에서 작동하지만, VPC에 절대적으로 영향을 미치므로 D는 옳지 않다.

301. A. 이 문제는 라우팅에 관한 것이다. 인스턴스는 아웃바운드 트래픽을 VPC의 인터넷 게이트웨이로 보내야 하며, 그 트래픽은 인터넷으로 전송돼야 한다.

302. A. CloudFront는 정적 콘텐츠와 동적 콘텐츠를 모두 지원한다.

303. A, C. 제시된 정보 내에서 최상의 선택은 데이터베이스와 동적 콘텐츠에 초점을 맞추는 것이다. 문제에서 웹 애플리케이션 서버라는 점은 문제가 되지 않는다. 데이터베이스 인스턴스 크기(A)와 동적 콘텐츠 캐싱(C)을 확인해야 한다. B와 D는 웹 애플리케이션 인스턴스에 초점을 두고 있으며, 문제 해결과는 거리가 있다.

304. B, C. 인터넷 트래픽을 처리하려면 인터넷 게이트웨이가 필요하며, VPC 엔드포인트는 인스턴스에 S3를 연결하는 데 적합하다. 고객 게이트웨이는 VPN 또는 Site-to-Site 연결을 설정하는 데 사용되며, NACL 변경이 필요한 경우 새로운 NACL이 아닌 기존 NACL에서 변경한다.

305. C, D. 여기서 핵심은 기본 VPC에 이미 인터넷 게이트웨이가 연결돼 있으므로 인터넷 게이트웨이가 추가로 필요하지 않다는 점이다(B). 고객 게이트웨이는

VPN 또는 Direct Connect에 사용된다. C와 D가 남는데, S3와 통신하기 위한 VPC 엔드포인트와 엔드포인트 및 게이트웨이에 대한 NACL 규칙 업데이트가 필요하다.

306. A, D. 가장 문제가 될 수 있는 것은 VPC 서브넷의 라우팅 테이블과 가상 프라이빗 게이트웨이다. Storage Gateway(B)와 NAT 인스턴스(C)는 Direct Connect 솔루션의 일부가 아니다.

307. B. 경로 전파는 라우팅 테이블에 경로를 자동으로 전파하는 라우팅 옵션이므로 VPN 경로를 수동으로 입력할 필요가 없다. Direct Connect의 가장 일반적인 설정이다. A는 너무 광범위하며 모든 경로가 자동으로 복사되는 것은 아니다. C는 옳지 않으며, D에서는 Storage Gateway가 Direct Connect 솔루션의 일부, 필수가 아님을 알아야 한다.

308. B. 암기 문제다. 인스턴스의 모든 메타 데이터는 http://169.254.169.254의 /latest/meta-data에 있다. /latest/instance-data는 실제로 요청에 응답하는 URL이 아니다.

309. A. S3는 내구성이 뛰어나고 데이터를 키-값으로 저장한다.

310. B. B는 보기 중에서 유일하게 빈번하지 않게 액세스하지 않는 경우다. Glacier는 액세스가 빈번하지 않고 빠른 액세스 시간이 필요하지 않은 파일에 가장 적합하다.

311. A, D. 가장 적합한 답은 MFA Delete를 활성화하는 것이다(D). MFA Delete를 위해서는 버전 관리도 필요하다(A). 개발자가 삭제하지 못하게 하는 것은 실용적이지 않으며(B) 서명된 URL은 이 문제를 해결하지 못한다.

312. C. 신규 AWS 계정에서는 리전당 20개의 인스턴스를 시작할 수 있다. 그러나 AWS 지원에 요청해서 이 한도를 늘릴 수 있다.

313. C. 보기 중에서 적합한 답은 C, NAT 인스턴스의 크기를 늘리는 것이다. VPC에 인터넷 게이트웨이가 이미 하나 있는데 다른 하나를 추가하는 것은 불가능하며(A), EC2 인스턴스에 일래스틱 IP를 추가해도 성능에는 영향을 미치지 않는다(B).

314. B. 인스턴스가 자주 확장되고 축소된다는 것은 인스턴스 추가와 종료가 자주 일어나도록 임곗값이 설정됐음을 의미한다. 수요에 대응하기 위해 확장의 수를 줄이지는 않을 것이기 때문에, 축소의 임곗값을 높여야 한다. B에서 제시한 사항이다. 사전에 확장/축소는 문제 해결과는 멀고(A) C는 실제로 없는 것이다.

315. A, C. 퍼블릭 인터넷으로 향하는 트래픽을 NAT 인스턴스로 라우팅하도록 설정하는 것은 가장 중요한 단계다(A). 또한 자주 놓치게 되는 것이 원본/대상 확인을 비활성화하는 것이다(C). NAT 인스턴스는 프라이빗 서브넷에 두어서는 안 되며(B), D는 옳지 않다.

316. B. 외워야 하는 어려운 문제다. CloudWatch 기본 측정 지표에는 디스크 읽기 작업, CPU 사용량, 인바운드 네트워크 트래픽이 포함되지만, 메모리 사용량은 포함되지 않는다.

317. A, B. 인스턴스는 퍼블릭과 통신하기 위해 일래스틱 IP가 필요하며(A) 다른 인스턴스와 같은 ELB에 연결해야 한다(B). 프라이빗 서브넷에 추가하면 퍼블릭 인터넷과 통신할 수 없다(C). D는 맞는 듯이 보이지만 인스턴스가 다른 인스턴스와 같은 서브넷에 있으면 자동으로 경로가 정해진다. 라우팅 테이블은 특정 인스턴스가 아닌 서브넷에 적용된다.

318. D. 퍼블릭 인터넷의 주소는 0.0.0.0/0이다.

319. A. 퍼블릭 인터넷 주소는 0.0.0.0/0이고, 대상은 VPC 내 인터넷 게이트웨이여야 한다.

영역 2: 성능이 뛰어난 아키텍처 정의

1. D. 추측할 필요 없는 암기 문제다. RDS 데이터 복제와 관련한 요금은 없다.

2. C, D. 모두 옳다. 흔하지는 않지만, 온프레미스 인스턴스에서 읽기 전용 복제본을 설정할 수도 있다. 또한 기본 인스턴스에서 멀리 있는 클라이언트의 접근 속도를 향상하기 위해 클라이언트와 가까운 리전에 읽기 전용 복제본을 생성할 수 있다.

3. C. 읽기 전용 복제본 구성은 데이터베이스 성능, 특히 RDS 인스턴스에서 데이터 읽기 성능을 향상하는 데 목적이 있다.

4. D. 세 데이터베이스는 모두 읽기 전용 복제본을 지원한다. RDS에서 지원하는 다른 데이터베이스(예: Oracle 또는 Aurora)는 AWS 읽기 전용 복제본 기능을 지원하지 않지만 읽기 전용 복제본과 유사한 다른 방법을 제공한다.

5. B. 현재 RDS의 읽기 전용 복제본은 MariaDB, MySQL, PostgreSQL만 지원한다.

6. A, C. 읽기 전용 복제본은 기본 인스턴스의 스냅샷에서 생성된 데이터베이스의 읽기 전용 인스턴스다(A). 읽기 전용 복제본은 기본 인스턴스와 같은 인스턴스 또는 다른 인스턴스에 있을 수 있다. 따라서 B는 옳지 않다. 읽기 전용 복제본은 기본 데이터베이스에서 가장 성능이 뛰어난 접근 방식인 비동기식 복제를 통해 업데이트된다.

7. C, D. 읽기 전용 복제본은 기본 인스턴스와 다른 리전에 있을 수 있으며(D), 기본 인스턴스의 모든 데이터베이스를 복제한다(C). 단일 인스턴스에서 한 번에 최대 5개 읽기 전용 복제본을 둘 수 있으므로 A는 옳지 않다. MySQL과 MariaDB는 지원하지만, Aurora는 지원하지 않는다(B).

8. D. 여기서 근본적인 문제는 5개의 읽기 전용 복제본만 설정할 수 있다는 점이다. 이는 AWS에서 요청해서 해결할 수 있는 한도에 관련된 사항이 아니다(따라서 C는 옳지 않음) A로는 문제를 해결하지 못한다. 이러한 사항과 관련된 EU에서의 제한은 없으므로 B도 답이 아니다. 새로운 인스턴스를 만들 수 있는 유일한 답은 D다. 기존 인스턴스를 종료하면 원하는 리전에서 다섯 번째 복제본을 새로 만들 수 있다.

9. C, D. 읽기 전용 복제본은 성능에 중점을 두므로 재해 복구와 관련된 보기는 제외할 수 있다(A). 읽기 전용 복제본은 RDS 데이터베이스와 작동한다(B). 온프레미스 데이터베이스는 지원하지 않는다. C와 D는 옳다.

10. B, C. 기본 인스턴스를 비롯한 모든 인스턴스에서 백업은 자동으로 수행되지 않으므로 A는 옳지 않다. 각 읽기 전용 복제본에는 자체 데이터베이스 인스턴스가 실행되므로 B와 C 모두 사실이다. 복제는 동기식이 아닌 비동기식이므로 D는 옳지 않다.

11. A, B. 기본 인스턴스와 같은 AZ에 읽기 전용 복제본을 만들 수도 있어서 A는 옳지 않다. 반드시 다중 AZ로 설정할 필요는 없다. 읽기 전용 복제본에는 재해 복구가 없으므로 B는 옳지 않다. C와 D는 모두 사실이다.

12. A. A만 사실이다. 다중 AZ 설정은 재해 복구 및 내결함성에 목표를 두고 있으며, 읽기 전용 복제본은 성능과 확장성을 목표로 한다.

13. D. 애플리케이션이 읽기 전용 복제본과 통신하는 방법은 일반 인스턴스와 통신하는 것과 차이가 없다. 실제로, 애플리케이션은 쓰기가 불가능한 것 이외에 읽기 전용 복제본과 통신하고 있다는 것을 '알지 못한다'.

14. A, D. A와 D는 모두 읽기 전용 인스턴스를 추가하면 도움이 되는 솔루션이다. 레코드 업데이트는 여전히 기본 인스턴스에서만 가능하므로 B는 올바른 답변이 아니다. 읽기 전용 복제본은 쓰기를 지원하지 않는다. 읽기 전용 복제본은 자동화된 장애 복구를 제공하지 않기 때문에 C는 옳지 않다.

15. B. 주의가 필요한 문제다. 읽기 전용 복제본은 재해 복구를 위한 솔루션으로 소개되거나 제안되지는 않지만, B에서와 같이 복제본으로 기본 데이터베이스를 대체하려면 다소 수동적인 절차가 필요하다. 자동 백업 또는 장애 조치는 불가능하지만(A, C), 필요한 경우 읽기 전용 복제본 인스턴스를 수동으로 기본 데이터베이스로 승격시킬 수 있다. 만약 다중 AZ로 설정하면 내결함성을 강화하는 솔루션이 된다.

16. A, B. A와 B는 모두 읽기 전용 복제본에 이상적인 상황이다. C는 일반적인 오답이다. 읽기 전용 복제본은 자동 백업을 제공하지 않는다. 그리고 D는 정확하지 않다. 실제 데이터베이스 처리는 향상되지 않는다. 읽기 전용 복제본은 오직 클라이언트의 데이터 읽기를 지원하려고 원본의 복제본을 더 추가하는 것이다.

17. D. AWS는 RDS에서 순환 복제를 지원하지 않는다. RDS가 지원하는 일부 데이터베이스에서는 지원하지만, RDS 자체는 이 기능에 대한 액세스를 제공하지 않는다.

18. A, C. AWS Management Console과 AWS API를 통해 읽기 전용 복제본을 생성할 수 있으므로 A, C가 답이다. 그리고 언급되지는 않았지만 AWS CLI로도 생성할 수 있다.

19. B. 많이 언급된 바와 같이 읽기 전용 복제본은 백업 전략이 아니며 자동 백업을 지원하지 않는다. 그러나 읽기 전용 복제본을 시작하려면 기본 데이터베이스 인스턴스에 자동 백업을 활성화해야 한다.

20. A. 주의 깊게 살펴볼 필요가 있다. Amazon RDS는 순환 복제를 지원하지 않는다. 즉, 한 데이터베이스에서 다른 데이터베이스로 읽기 복제한 다음, 다시 원본 데이터베이스에 복제하는 것을 순환 복제라고 한다. 그러나 한 데이터베이스를 다른 데이터베이스로 복제하고, 그 복제된 데이터베이스에서 또 다른 데이터베이스로 복제하는 것은 가능하다. A가 답이다.

21. D. 윈도 변경 방법(API, AWS Management Console 등)에 따른 백업 윈도의 변경 시간에는 차이가 없다. 모든 변경은 즉시 이뤄진다.

22. B. 암기 문제다. Amazon RDS 백업은 최대 35일 동안 유지될 수 있으며 그 이상은 유지되지 않는다.

23. C. 이 문제에는 Oracle 호스팅에 RDS를 사용할지 EC2를 사용할지와 어떤 스토리지 클래스를 선택할지 두 가지 문제가 포함돼 있다. 일반적으로 RDS가 더 나은 선택이지만 사용자 정의 플러그인이 필요한 시나리오에서 RDS를 사용하지 못할 수도 있다. 따라서 A와 B는 답에서 제외된다. EC2에 설치를 선택하고 나면 프로비저닝된 IOPS와 마그네틱 중 어느 스토리지 등급이 더 빠른가에 관한 보기만 남는다. 정답은 항상 프로비저닝된 IOPS다.

24. B, C. C가 가장 확실한 첫 번째 답이다. 사용자 정의 플러그인이 있으면 RDS를 사용하지 않고 EC2 인스턴스에 데이터베이스를 설치해야 한다. A와 D는 실제로 데이터베이스 주변의 네트워크 경로와 서비스에 관한 것이며, EC2를 선택할지 RDS를 선택할지에 영향을 미치지 않는다. B가 남는데, 논리적으로도 말이 된다. 거의 모든 데이터베이스는 크기가 증가하며, 데이터베이스의 크기가 매우 크다면 RDS의 용량 제한이 제약 요소가 될 수 있다.

25. A, C. 암기하고 있다면 쉬운 문제가 될 것이다. Aurora와 MariaDB가 RDS에 포함되는지 잊을 수는 있지만 DynamoDB는 AWS의 NoSQL 데이터베이스이고 Redshift는 데이터 웨어하우징 솔루션이라는 점을 알면 답이 명확해진다.

26. A. 다중 AZ 배포는 성능이 아니라 장애 조치와 관련돼 있다는 사실을 이해하면 특별히 어렵지 않은 문제다. A가 답이다. 읽기 전용 복제본을 활성화하지

않으면(혹은 지정하지 않으면) 다중 AZ 배포로 특별히 성능이 향상되지 않는다. 기본 데이터베이스만 다중 AZ 배포의 요청에 응답하므로 B는 옳지 않다. C는 실제로는 사실이지만 문제의 주제인 성능과 관련이 없다. 그리고 D는 실제로 문제의 맥락과는 다르다.

27. A. AWS의 기본 설정을 이해해야 하므로 약간 까다로운 문제다. 기본적으로 루트 볼륨은 인스턴스 삭제 시 종료되며 인스턴스에 연결된 기본 추가 EBS 볼륨은 없다. A가 정답이다. 그러나 이 설정은 변경할 수 있음을 알아두자. 또한 D는 어떤 구성에서도 옳지 않다.

28. B. 모든 새 계정에서 S3 버킷 수의 기본값은 100개다. 이는 AWS 전체에서 같으며 구성을 통해 변경되지 않는다(C와 D는 옳지 않음). 그러나 이 값은 AWS에 합리적인 근거로 요청하면 변경할 수 있다. B가 답이다.

29. B. 다중 AZ 설정에서는 복제가 기본 인스턴스에서 보조 인스턴스로 동기식으로 발생한다. 비동기식 복제는 읽기 전용 복제본 설정에서만 발생한다. 다중 AZ 설정에 추가해서 활성화할 수 있다.

30. C. 기본 복제본에서 다양한 읽기 전용 복제본으로 복제는 비동기식으로 이뤄진다. 결과적으로, 읽기 전용 복제본에 대한 동시 업데이트는 보장되지 않는다. 다중 AZ 설정에서 동기식 복제가 이뤄진다.

31. A, B. Classic Load Balancer는 IPv4와 IPv6를 모두 지원한다. 또한 HTTP/1과 HTTP/1.1을 지원하지만, HTTP/2는 Application Load Balancer만 지원한다. 또한 Classic Load Balancer에는 대상 그룹이 아닌 개별 인스턴스를 등록해야 한다. 대상 그룹 등록은 Application Load Balancer에서만 사용할 수 있는 기능이다.

32. A. AWS 계정은 기본적으로 리전당 5개의 일래스틱 IP 주소를 만들 수 있다. 대부분의 AWS 기본값과 마찬가지로 AWS에 요청해 합리적인 근거를 제공함으로써 이를 높일 수 있다.

33. C. 공식적으로는 인스턴스에 최대 28개까지 연결할 수 있다. 이렇게 연결할 수 있는 것 중 하나는 네트워크 인터페이스가 사용하며, EBS 볼륨이 27개까지 연결할 수 있다. 손쉬운 접근 방법은 인스턴스에 루트 볼륨과 2개 이상의

여러 볼륨을 연결할 수 있다고 기억하는 것이다. 이렇게 하면 A와 B를 제외하고, 인스턴스에 무제한 연결할 수는 없으니, 이것도 제외한다. 남은 C가 정답이다.

34. A. EC2 인스턴스에 몇 개의 EBS 볼륨을 연결할 수 있느냐가 아니라는 점에 주의하자. 한 EBS 볼륨은 한 번에 하나의 인스턴스에만 연결할 수 있다.

35. B, C. 쉽게 답할 수 있어야 한다. Classic Load Balancer와 Application Load Balancer는 HTTP 및 HTTPS만 지원한다.

36. A, C. RDS는 데이터베이스를 백업하는 두 가지 방법(자동 백업 및 자동 스냅샷)을 제공한다. S3 수명주기 관리 정책은 RDS 데이터베이스에 적용할 수 없으며, 데이터 파이프라인은 이 문제와 관련 없다.

37. B. 캐시에 읽고 쓰는 데이터는 임시적이며 인스턴스가 해당 데이터를 자주 읽고 쓰는 경우 데이터가 누락되지 않도록 스냅샷하는 유일한 방법은 인스턴스를 중지한 다음 스냅샷을 만드는 것이다(B). A와 C는 모두 스냅샷을 생성하지만 캐시된 데이터가 누락될 수 있다. D에서는 인스턴스에서 루트 볼륨을 분리할 수 없으며(캐시된 데이터가 EBS, EFS, 혹은 다른 스토리지 장치에 있는지 명확하지 않다) 안전한 선택이 아니다.

38. B, C. 다중 AZ는 재해 복구 솔루션이므로 A는 적당하지 않다. (읽기 전용 복제본도 설정되지 않은 경우) 정상 상태라면 기본 데이터베이스만이 트래픽에 응답한다. B는 적합한 솔루션이다. 사용자 데이터를 캐시하면 데이터베이스에 대한 접근이 줄어들고 사용자의 지연도 줄어든다. 읽기를 위한 데이터베이스를 추가하면 RDS 인스턴스가 하나 있을 때보다 네트워크 지연 시간이 줄어서 C도 의미가 있다. 웹 계층 자체 문제라기보다 자격 증명 검색에 문제가 있는 것으로 보이므로 D는 도움이 되지 않는다.

39. C. S3 Standard를 선택하는 것(A)도 나쁘지는 않지만 가장 비싸다. S3 Standard와 S3-IA(B)는 더 나은 가용성과 복원력 때문에 S3 One Zone-IA보다 비싸다. 여기서 중요한 점은 사진이 손실돼도 무방하다는 것이어서 S3 One Zone-IA가 더 나은 선택이라는 점이다. S3 RRS는 더는 AWS에서 권장하지 않는다.

40. C. 바로 정답을 알아챌 수 있어야 한다. 대규모 데이터 전송이 필요할 때는 Snowball을 사용해야 한다(AWS 시험에서는 특히 그렇다). 이러한 문제는 자주 나오며 쉽게 답을 고를 수 있어야 한다.

41. A, D. B가 까다로울 수 있다. 멀티 파트 업로드는 대용량 파일(예: 10GB 이상)을 업로드할 때 도움이 되지만 필요한 것은 아니다. 따라서 B는 가장 적합한 선택은 아니다. A와 D는 둘 다 멀티 파트 업로드가 활성화된 경우에만 가능하다. 보안은 멀티 파트 업로드와 관련이 없으므로 C는 옳지 않다.

42. C. 배치 그룹은 주로 한 가용 영역 내에서 EC2 인스턴스 사이의 네트워크 처리량과 지연 시간 감소를 위해 사용한다. AWS는 분산형 배치 그룹을 통해 여러 AZ에 걸친 배치 그룹을 지원하지만 '분산형'이 구체적으로 언급되지 않았으므로 이 문제에서는 '일반'(또는 '클러스터') 배치 그룹을 말하고 있다고 생각해야 한다.

43. A, B. 클러스터 배치 그룹(배치 그룹의 기본 유형)은 인스턴스가 한 가용 영역 내에 있어야 한다(A). 이로써 네트워크 활동의 처리량이 증가하지만(B), S3에 쓸 때 실제 디스크 성능에는 영향을 미치지 않는다(C). 인스턴스의 유형은 같지 않아도 되므로 D도 옳지 않다.

44. B, C. 분산형 배치 그룹은 여러 가용 영역에 걸쳐 있으며 영역당 최대 7개의 인스턴스를 배포할 수 있다(C). 클러스터 그룹과 마찬가지로 네트워크 활동의 처리량이 증가한다(B). 분산형 배치 그룹을 만들 때는 고유한 기본 하드웨어를 지정해야 한다. D는 옳지 않다.

45. D. 선뜻 답하기가 쉽지 않은 문제다. 모든 S3 스토리지 클래스의 내구성은 같다. S3 One Zone-IA조차도 한 가용 영역에서 일레븐 나인의 내구성이 있다.

46. A. 가용성은 S3가 99.99%이며, S3-IA는 99.9%, S3 One Zone-IA는 99.5%, Glacier는 N/A로 감소한다.

47. D. 이 문제는 수명주기 전환이 보기의 스토리지 클래스 간의 이동이라고 생각하면 쉽게 풀 수 있다. 즉, 보기의 모든 클래스는 수명주기 전환을 지원한다.

48. A, C. S3와 S3-IA 데이터는 단일 리전과 해당 리전 내 3개 이상의 가용 영역에 저장된다. S3 스토리지에는 '글로벌' 리전이 없다.

49. C. 보기 중에서는 Redshift가 OLAP^{online analytics processing}에 적합한 유일한 데이터베이스 서비스다. DynamoDB는 객체 데이터베이스(NoSQL)이며, Aurora와 Oracle은 모두 트랜잭션 처리에 더 적합한 관계형 데이터베이스다.

50. B. RDS가 지원하는 모든 주요 데이터베이스(MariaDB, SQL Server, MySQL, Oracle, PostgreSQL)에서 프로비저닝된 IOPS 볼륨의 최대 스토리지 크기는 16TB다.

51. A. 프로비저닝된 IOPS EBS 볼륨은 Solid State Drive이며 최고의 성능을 제공한다.

52. B. 콜드 HDD는 가장 저렴한 EBS이므로 B가 답이다. Solid State Drive가 아니며(A) 데이터 웨어하우징에 적합하지 않으며(C) 부팅 볼륨으로 사용할 수 없다.

53. A, D. HDD 유형을 부팅 볼륨으로 사용할 수 없다는 점을 기억하면 가장 쉽게 기억할 수 있다. SSD 유형(A, D)이 답이다.

54. B, D. 범용 SSD는 프로비저닝된 IOPS보다 저렴한 SSD이므로 B가 정답이다. 또한 지연 시간이 짧은 성능을 제공하며 부팅 가능하다. A는 프로비저닝된 IOPS가 적합하고, C에는 처리량 최적화 HDD가 더 적합하다.

55. A, B. 마그네틱 볼륨은 많이 사용되지 않는 과거 방식이다. 비용을 절감하거나(A) 데이터에 자주 액세스하지 않을 때(B) 이상적이다.

56. B, C. 프로비저닝된 IOPS 볼륨은 저렴하지 않지만(A), 중요 데이터베이스 워크로드와 처리량에 적합하다(B, C).

57. A, C. SSD 볼륨은 트랜잭션 워크로드에 적합하며, 작은 I/O 크기의 대규모 읽기/쓰기 작업에 사용된다.

58. B, D. HDD 지원 볼륨은 IOPS보다는 처리량을 최대화해야 하는 스트리밍 워크로드에 가장 적합하다.

59. C. 범용 SSD는 대규모 처리를 하지 않는 Oracle을 설치하는 데 충분하지만, 최적의 선택은 프로비저닝된 IOPS SSD인 C다. 프로비저닝된 IOPS는 트랜잭션 처리에 적합하고 Oracle에 필요한 대량의 읽기 및 쓰기 처리를 지원한다.

60. A. 액세스가 많지 않으면서 비용을 최소화해야 하는 사용 사례다. 데이터에 자주 액세스하지 않을 때 비용 절감이 중요하다면 마그네틱 드라이브가 적합하다. 처리량 최적화 HDD는 SSD보다 저렴하지만, 마그네틱이 가장 저렴하며 고성능 액세스가 필요하지 않은 데이터에 적합하다.

61. A, C. 마그네틱 유형뿐만 아니라 모든 SSD 유형에서 EC2 인스턴스를 부팅할 수 있다. HDD는 부팅 볼륨으로 사용할 수 없다.

62. B, C. HDD EBS 볼륨 유형은 부팅 볼륨으로 사용할 수 없으므로 B와 C가 답이다.

63. C. Weighting Load Balancer와 같은 것은 없다.

64. A, C. ELB는 Elastic Load Balancer이며, 일반적으로 Classic Load Balancer를 나타낸다. ALB는 Application Load Balancer다. 따라서 A와 C가 답이다. MLB와 VLB는 로드 밸런서와 관련된 약어가 아니다.

65. C. ALB는 7계층 애플리케이션 계층에서 개별 요청을 처리한다. Network Load Balancer는 4계층 전송 계층에서 연결을 처리한다. 1계층에서는 로드 밸런서가 작동하지 않으며 TCP/OSI 계층에는 8계층이 없다.

66. B. ALB는 7계층 애플리케이션 계층에서 개별 요청을 처리한다. Network Load Balancer는 4계층 전송 계층에서 연결을 처리한다. 1계층에서는 로드 밸런서가 작동하지 않으며 TCP/OSI 계층에는 8계층이 없다.

67. B, C. Classic Load Balancer는 TCP 4계층(전송)과 7계층(애플리케이션) 모두에서 작동한다. ALB는 7계층에서 개별 요청을 처리한다. Network Load Balancer는 4계층에서 작동한다.

68. D. 새로운 ALB는 보기의 사용 사례를 모두 지원한다. ALB는 컨테이너에 부하를 분산한다는 사실을 아는 것이 중요하며 결국 모든 보기가 옳으므로 D가 정답이다.

69. B. 어려운 문제이며, Architect 시험에 나올 만한 내용이다. VPC에서 로드 밸런서를 사용할 수 있다. 인터넷 경계를 사용하는 대신, 내부 로드 밸런서로 트래픽을 VPC의 프라이빗 IP에 분산한다.

70. B. ALB는 가장 유연하게 라우팅과 부하 분산을 지원한다.

71. C. Network Load Balancer는 정적 IP 주소가 연결된 인스턴스 간에 라우팅하는 것은 물론 아주 높은 요청 부하를 처리할 수 있다.

72. B. ALB는 SSL 종단을 지원하고 SSL 프로세스와의 밀접한 통합으로 SSL 단순화가 매우 쉽다. ELB는 SSL 종단을 처리하기는 하지만 ALB가 제공하는 관리 기능은 없다.

73. D. ALB와 ELB 모두 SSL 종단을 제공한다. ACM 통합 때문에 SSL 인증서를 관리해야 한다면 ALB가 더 낫겠지만, SSL 종단만 고려할 때는 ELB와 ALB가 모두 맞는다.

74. D. Route 53에서 지원하는 기본 도메인 수는 최대 50개이며 요청하면 늘릴 수 있다.

75. D. Route 53은 별칭 레코드는 물론 보기의 모든 레코드를 지원한다.

76. A. Route 53은 Zone APEX 레코드를 지원한다.

77. A, B. ElastiCache는 memcached와 redis의 두 가지 엔진을 제공한다. C나 D는 실제 있는 것이 아니다.

78. D. AWS에서 사용하는 ElastiCache는 하드웨어 프로비저닝, 소프트웨어 패치, 설정, 구성, 모니터링, 장애 복구, 백업 등 모든 작업이 기본 처리된다.

79. B, D. 이 문제는 AWS 시험에서 가끔 볼 수 있는 이상한 보기의 예다. 이 문제에서는 모든 보기가 답이므로, B와 D를 선택해야 한다.

80. A, C. ElastiCache는 인스턴스 전체에 샤드를 저장하는(C) 인메모리 데이터 저장소다(A). 그 자체로는 데이터를 분배하는 메커니즘이 아니므로 B는 옳지 않으며, 모니터링 솔루션은 더더욱 아니다(D).

81. D. CloudFront는 CloudFormation, AWS CLI, AWS Management Console, AWS CLI, AWS API 및 AWS가 제공하는 다양한 SDK를 사용할 수 있다.

82. A, C. CloudFront는 AWS Shield, S3, ELB(ALB 포함), EC2 인스턴스 같은 여러 AWS 서비스를 지원한다.

83. B, C. CloudFront는 AWS Shield, S3, ELB(ALB 포함), EC2 인스턴스 같은 여러 AWS 서비스를 지원한다.

84. A, B. CloudFront는 AWS Shield, S3, ELB(ALB 포함), EC2 인스턴스 같은 여러 AWS 서비스를 지원한다. 최근에는 Lambda@Edge도 지원한다.

85. A, C. CloudFront는 일반적으로 성능과 관련이 있으며(A), 그 외의 용도로 사용하는 경우는 많지 않다. 그러나 CloudFront는 S3, EC2, ELB, Route 53 등 많은 관리형 AWS 서비스와 밀접하게 통합된다.

86. B, D. CloudFront는 DDoS로부터 보호하기 위해 AWS Shield Standard를 기본 제공하며, AWS WAF 및 AWS Shield Advanced와도 통합할 수 있다. 이 서비스는 엣지에서 통합해서 콘텐츠를 보호한다. HTTPS일 필요는 없으며(A는 옳지 않음) CloudFront는 KMS와 연결되지 않는다(C).

87. B, D. 엣지 로케이션의 수는 가용 영역보다 많다.

88. A, C. CloudFront는 쉽게 설정할 수 있고 계약 없이 글로벌 콘텐츠 전송 네트워크를 만들 수 있다(A). 또한 짧은 지연 시간으로 콘텐츠를 배포하는 메커니즘이기도 하다(C). B와 D에서 웹사이트 및 실제 파일 스토리지 참조 생성은 각각 CloudFront의 기능이 아니라 Lightsail이나 S3 등의 기능이다.

89. A, B. CloudFront는 S3 정적 콘텐츠와 EC2 인스턴스에서 생성된 동적 콘텐츠를 제공할 수 있다.

90. B. CloudFront 배포를 만들면 정적 및 동적 콘텐츠의 도메인 이름을 등록한다. 클라이언트는 등록한 도메인을 사용해야 한다.

91. A, C. CloudFront는 항상 요청을 처리한다. 요청이 왔을 때 콘텐츠가 캐시돼 있을 때는 캐시된 콘텐츠를 회신하고(A) 캐시돼 있지 않았을 때는 원본 서버에 해당 콘텐츠를 요청해 해당 콘텐츠를 가져온다(C). 클라이언트를 리다이렉션하지 않으며(D) 요청을 원본으로 바로 보내지도 않는다(B).

92. C, D. A와 B는 모두 사실이다. 원본 서버가 아닌 클라이언트에 가장 가까운 엣지 로케이션으로 라우팅되므로 C는 옳지 않다. D도 옳지 않다. RDS는 CloudFront의 원본 서버가 될 수 없다.

93. D. 모든 리전에서 CloudFront 엣지 로케이션으로 전송되는 데이터는 무료다.

94. A, B. S3는 파일을 저장하고 CloudFront는 파일의 복사본을 저장하므로 A는 옳다. 또한 필요에 따라 파일을 암호화한다(B). CloudFront만 파일을 캐시하고(C), 짧은 지연 시간으로 배포한다(D).

95. B, D. CloudFront는 정적(D, HTML과 CSS) 및 동적(B, PHP) 콘텐츠 모두 저장하고 제공할 수 있다. SQL 쿼리를 직접 반환하거나 실제 Lambda 함수를 반환할 수 없다. Lambda@Edge는 함수 결과를 전송할 수 있지만, 함수 자체를 전송하지는 않는다.

96. A, B. CloudFront는 AWS에 있지 않은 원본 서버(A) 및 다양한 원본 서버를 지원한다. 리전과 관계없이 EC2도 지원한다(B). RDS나 SNS는 지원하지 않는다.

97. A. 엣지 로케이션은 CloudFront 콘텐츠를 제공하는 데이터센터다. 엣지 로케이션은 전 세계에 퍼져 있다.

98. B. 배포는 원본 서버와 그 서버의 콘텐츠가 CloudFront로 배포되는 방식에 대한 설정이다. 구체적으로 특정 시점에 캐시된 콘텐츠를 말하는 것은 아니다.

99. D. 엣지 로케이션은 기본적으로 24시간마다 업데이트된 콘텐츠를 확인하지만, 이 값은 변경할 수 있다.

100. A. 엣지 로케이션에서 0초로 만료 기간을 설정할 수 있으며, 이는 캐싱을 하지 않는다는 뜻이다.

101. B, C. 가장 명백한 원인은 만료 기간이 매우 짧다는 것이다(B). 시간을 0에 근접하지 않도록 설정해야 한다. 짧은 만료 기간 이외에도 사용자 요청이 컴퓨팅 리소스 또는 스토리지 리소스 용량을 넘을 수 있다. 원본 서버 추가를 검토해야 한다.

102. A. 만료 기간을 0으로 설정하면 모든 콘텐츠가 만료된다(A). 실제 응답은 느려진다. DDoS 공격과는 관련 없다. 기술적으로 항상 최신 콘텐츠를 전송할 수 있지만(D), 이 절차를 수행하는 것은 바람직하지 않다. 만료 기간을 0으로 설정하면 CloudFront를 사용하는 목적이 사라진다.

103. B, C. 먼저, AWS Management Console(A)이나 AWS CLI(D)에서 CloudFront 배포 또는 엣지 로케이션의 파일에 관해 직접 작업하는 메커니즘은 없다. 파일을 제거하기 위한 올바른 해결책은 만료 시간을 0으로 설정해서 강제로 파일을 읽어오게 하는 것이다.

104. C. 파일은 원본 서버에서 복제되므로 다른 작업을 수행하기 전에 CloudFront의 원본 서버에서 파일을 제거해야 한다. 파일이 존재하면 엣지 로케이션으로

전송된다. 원본 서버에서 파일을 제거한 다음 만료 기간을 0으로 설정하면 캐시 업데이트가 이뤄져 파일이 제거된다.

105. C. 무효화 API는 파일이나 객체를 제거하는 가장 빠른 방법이다. 하지만 일반적으로 추가 비용이 발생한다.

106. A. S3는 항상 가장 높은 가용성을 제공하는 S3 스토리지 클래스다. 쉽게 답할 수 있어야 한다.

107. D. 조금 까다로울 수 있다. S3가 가용성은 더 높지만, S3 기반 스토리지 클래스의 전송 지연 시간(밀리초)은 같다. 가용성은 다르지만, 성능은 같다는 사실을 기억하자.

108. D. 앞의 문제와 유사한 유형의 문제다. Glacier를 제외하고 여러 S3 스토리지 클래스에서 데이터 검색은 이론적으로는 같아야 한다(네트워크가 문제가 될 수 있다). 가용성은 각자 다르지만, 데이터에 액세스하는 속도는 같다. 하지만 해당 데이터에 액세스하는 횟수에 대한 요금은 다르다.

109. C. 표준 클래스를 사용하는 Glacier 데이터 검색은 평균 3~5시간 걸린다.

110. B. S3와 S3-IA의 차이점은 비용과 액세스 빈도다(B). 검색 속도는 같고(A) S3-IA의 데이터는 중복으로 저장된다(C, D).

111. C, D. C와 D는 옳지 않다. RDS 인스턴스는 원본 서버일 수 없으며, 기본 만료 기간은 12시간이 아닌 24시간이다.

112. D. CloudFront에서는 S3, EC2 인스턴스, ALB 등이 모두 원본 서버가 될 수 있다.

113. D. 엣지 로케이션 모음은 배포다.

114. C. RTMP 배포는 Adobe Real-Time Messaging Protocol이며, S3 버킷을 원본 서버로 사용하는 스트리밍 미디어를 제공하는 데 적합하다.

115. A, C. CloudFront는 웹 배포 및 RTMP 배포를 모두 지원한다. 미디어 및 엣지 배포라는 것은 없다.

116. A, B. 엣지 로케이션에서는 직접 객체 읽기와 쓰기 작업이 이뤄진다. 삭제나 업데이트 작업을 직접 수행할 수 없다. CloudFront 서비스만 처리할 수 있다.

117. A, D. ElastiCache는 고부하 비즈니스 인텔리전스뿐만 아니라 고성능 실시간 처리에 이상적이다. 빠른 속도가 필요하지 않은 오프라인 트랜잭션에는 그다지 중요하지 않으며, 장기 보존 혹은 레코드 스토리지에는 맞지 않는다.

118. B, D. ElastiCache는 데이터 임시 저장에만 유용하고 영구 저장소가 아니라고 생각하자. 그러므로 데이터베이스 또는 메시지 서비스의 데이터를 캐싱하는 데 좋다.

119. A, C. ElastiCache는 데이터 임시 저장에만 유용하고 영구 저장소가 아니라고 생각하자. 그러므로 메시지 대기열을 캐싱하거나 매우 빠른 임시 저장소를 제공할 때 좋다.

120. A. ElastiCache에서는 샤드를 개별 redis 노드의 그룹화 메커니즘에 사용한다. 따라서 단일 노드는 샤드의 일부이며, 클러스터의 일부다(A).

121. D. 캐싱 볼륨 Storage Gateway는 AWS S3에 전체 데이터 세트를 저장하는 동안 자주 액세스하는 데이터를 캐시한다.

122. C. 저장 볼륨 Storage Gateway는 모든 데이터를 로컬에 저장하고 AWS의 S3에도 데이터를 백업한다.

123. C. 저장 볼륨 Storage Gateway는 모든 데이터를 로컬에 저장하고 다른 모든 솔루션은 클라우드에 데이터를 저장한다. 로컬에 있는 데이터에 액세스하는 것이 클라우드에 있는 데이터에 액세스하는 것보다 항상 빠르다.

124. A. 저장 볼륨 Storage Gateway는 모든 데이터를 로컬에 저장해 해당 데이터에 대한 짧은 지연 시간 액세스를 제공한다. 또한 재해 복구를 위해 전체 데이터 세트가 S3에 백업된다. S3는 내구성이 뛰어나 가용성이 높지만, 로컬 데이터에 액세스하는 것만큼 빠르지는 않다. VTL은 테이프 백업 인터페이스를 제공하지만 빠르게 데이터에 액세스할 수 없다.

125. B. 이 문제는 개별 폴더에 태그를 지정할 수 있는지 묻고 있다. 접근 권한에 IAM을 사용할 수 있지만 다른 폴더와 별도로 특정 폴더에 태그를 지정할 수 없다. 전체 버킷에만 태그를 지정할 수 있다.

126. D. 저장 볼륨 고객 게이트웨이는 가장 짧은 지연 시간으로 파일에 액세스할 수 있다. 작은 파일 일부가 아닌 파일 대부분을 옮겨야 해서 캐싱 볼륨은 적합하지 않다.

127. A. 고객이 있는 리전 모두에 읽기 전용 복제본을 구성하면 가장 **빠른 속도**로 고객의 요청에 응답할 수 있다(A). 읽기 전용 복제본을 여러 리전에 사용하면 재해 복구에 일부 도움이 되겠지만, 재해 복구에 특화된 접근은 되지 못한다. 네트워크의 처리량을 높이는 데 영향을 미치지는 못하며 복제본에 부하를 분산시키기만 할 뿐이다(C).

128. C. 읽기 전용 복제본의 목적은 궁극적으로 클라이언트에 빠른 읽기 액세스를 제공하는 것이다. 모든 클라이언트가 한 리전에 있는 경우에는 다른 리전에 읽기 전용 복제본을 추가해도 이점이 거의 없다. 대신 클라이언트와 같은 리전에서 복제본을 제공하면 가장 **빠른** 액세스가 가능하다(C).

129. B. 여기서 A는 논쟁의 여지가 있다. 고객이 리소스가 있는 리전에 가까이 있다면 요청이 다른 리전으로 라우팅되지는 않을 것이다(C). D도 말이 되지 않는다. 그러나 기본 리전에 모두 장애가 발생하면 다른 리전의 복제본을 기본 데이터베이스로 전환할 수 있으니, 어느 정도 장점이 있을 수 있다(B).

130. A, D. 읽기 전용 복제본은 읽기는 물론 수동 백업도 가능하다. 실제로는 읽기 전용 인스턴스가 되므로 쓰기는 할 수 없다. 읽기 전용 복제본으로는 장애 조치는 할 수 없다. 기본 인스턴스로 전환할 수 있지만, 장애 조치가 아닌 수동 프로세스다. 따라서 A와 D가 답이다.

131. A, D. 일반적으로 데이터베이스가 제대로 작동하지 않는다는 것 외에 다른 언급이 없으므로 문제를 풀기가 쉽지 않다. 그러나 제시된 보기에서 DynamoDB 전환과 다중 AZ 구성은 성능 향상에 거의 도움이 되지 않는다(DynamoDB는 부하 처리를 위해 자동 확장하므로 전환하면 도움이 되겠지만 최상의 답은 아니다). 이 제한된 환경에서 읽기 전용 복제본을 추가하고 더 큰 인스턴스로 높이는 것이 더 안전하고 나은 답이 될 수 있다.

132. C, D. 여기서 확실하게 효과를 확인할 수 있는 것은 C와 D다. S3에서 PDF를 더 빠르게 제공할 수는 있지만, 여전히 AWS를 오가는 네트워크 트래픽이 크며, 여기에서 주어진 정보로는 S3가 RDS보다 빠르다는 보장도 없다. B는 매력적으로 보이지만 파일 액세스가 빈번하지는 않다. 파일이 캐싱해서 응답할 수 있을 만큼 액세스 빈도가 높지 않기 때문에 응답 시간을 줄이는 데 효과적이지 않음을 의미한다. 가장 좋은 선택은 읽기 전용 복제본을 설정하고 데이

터베이스 인스턴스를 강화하는 것이다.

133. B, C. 데이터베이스 성능 이슈에 대한 문제가 시험에 자주 등장하는데 이 문제가 그 상황에 해당한다. 이 문제의 핵심은 데이터에 자주 액세스하지 않는다는 것을 이해하는 것이다. 즉, 캐싱 솔루션은 도움이 되지 않을 수 있다(A, D). 직원이 사내에 근무하므로 Storage Gateway가 유효한 솔루션이 될 수 있다(C). 그리고 데이터베이스 인스턴스 업그레이드를 검토하는 것이 최소한의 안전한 방법일 것이다.

134. B. 이 문제에서 주요 사항은 자주 데이터에 액세스하지 않는다는 것과 사용자가 지리적으로 분산돼 있다는 것이다. 즉, 여러 곳에 읽기 전용 복제본을 배포하는 것이 가장 좋은 방법임을 의미한다(B). 캐싱은 도움이 되지 않으므로 A와 D는 옳지 않다. Storage Gateway는 사내에서 데이터에 액세스하지 않는 사용자에게는 도움되지 않는다.

135. D. 여러 보기가 가능하므로 이 문제는 어려울 수 있다. 하지만 여기서 중요한 고려사항은 단일 이미지가 하루에 수천 번 액세스된다는 점이다. 인스턴스 성능을 높이거나 읽기 전용 복제본을 추가하기보다(A, B) 이미지를 캐싱하는 것이 전체 데이터베이스 읽기를 줄일 수 있으므로 좋은 방법이다. 일반적으로 캐시에서 이미지를 가져오는 것이 데이터베이스 읽기를 수행하는 것보다 훨씬 빠르다(D).

136. A, C. Route 53은 단순, 장애 조치, 지리적 위치, 지리 근접, 지연 시간 기반, 다중 응답, 가중치 기반 등과 같은 다양한 라우팅 정책을 제공한다.

137. A, B. Route 53은 단순, 장애 조치, 지리적 위치, 지리 근접, 지연 시간 기반, 다중 응답, 가중치 기반 등과 같은 다양한 라우팅 정책을 제공한다.

138. B, C. Route 53은 단순, 장애 조치, 지리적 위치, 지리 근접, 지연 시간 기반, 다중 응답, 가중치 기반 등과 같은 다양한 라우팅 정책을 제공한다.

139. C. 단순 라우팅은 단일 리소스로 모든 트래픽을 보내는 데 이상적이다.

140. B. 장애 조치 라우팅은 단일 리소스로 트래픽을 전송하고 리소스가 비정상이면 보조 리소스로 라우팅을 장애 조치하는 데 사용된다.

141. C. 지리 위치 라우팅은 사용자의 DNS 쿼리 위치를 사용해 경로를 결정한다.

142. B. 지연 시간 기반 라우팅은 리전의 지연 시간을 사용해 사용자를 향하게 할 위치를 정한다.

143. C. 다중 응답 라우팅은 요청을 여러 리소스로 보낼 수 있으며 해당 리소스에 대한 상태 확인도 수행한다.

144. D. 가중치 기반 라우팅은 미리 정의한 가중치대로 트래픽을 여러 리소스에 라우팅하는 방식을 정한다.

145. A. 단일 리소스에 트래픽을 전달할 때는 단순 라우팅이 가장 좋다.

146. A, C. 선택할 수 있는 것은 지리 위치와 지리 근접 라우팅이다. 둘 다 해당 사용자를 리소스로 라우팅하기 전에 사용자의 위치를 평가한다. 지리적 라우팅은 Route 53에 있는 라우팅 정책이 아니다.

147. D. 가중치는 간단한 정수이며 각 리소스에 할당된 가중치를 모두 합해서 전체 트래픽의 총량이 정해지고, 각 리소스 비중별로 라우팅이 정해진다.

148. C. 가중치 기반 라우팅 정책에서 가중치가 0이면 해당 리소스는 서비스에서 제외된다.

149. A. 가중치 기반 라우팅 정책에서는 모든 가중치 숫자를 더하고 각 리소스의 가중치를 전체 합계로 나눈다. 이 문제에서는 가중치 총합이 400이고, A는 25%(100/400), B는 25%(100/400), C는 50%(200/400)다.

150. A, C. 단순 라우팅 정책은 단일 리소스나 여러 리소스를 기본 또는 보조로 지정할 수 있다. A와 C는 사실이다. 가중치 기반 정책은 상태 검사를 하므로 B는 옳지 않다. 가중치가 상태 검사에 영향을 미치지는 않으므로 D는 옳지 않다.

151. A, B. 이 문제는 EU 사용자에 대한 지리 근접과 데이터베이스의 부하 문제를 해결하는 것이다. ElastiCache는 RDS 인스턴스의 부하를 줄이며(A), CloudFront(B)는 응답을 캐시해서 EU 사용자에게 더욱 빠른 서비스를 제공한다.

152. B, D. 암기 문제다. 인스턴스 유형은 T, M, C, R, X, Z, D, H, I, F, G, P로 시작한다. 기억하기 번거롭다. 이와 같은 문제는 자주는 아니지만 가끔 출제된다. E, Q는 실제 사용되는 인스턴스 유형 접두사가 아니다.

153. B. IAM은 AWS 리소스 접근 권한과 AWS 플랫폼 사용자에 대한 액세스 권한을 제공한다.

154. A, C. IAM은 리소스와 리소스 간 상호작용 및 AWS Management Console에 사용자 액세스 권한을 제어한다. 인증 인터페이스나 Single Sign-On은 제공하지 않는다.

155. B. IAM은 Identity and Access Management의 약어다.

156. A, C. IAM은 사용자, 역할, 그룹의 권한에만 적용되며 청구, 비용, 특정 애플리케이션 기능의 액세스에는 적용되지 않는다.

157. B, C. IAM은 AWS 액세스(A)와 EC2-S3 액세스(D)의 사용자 권한을 처리하므로 모두 사실이다. 호스팅하고 있는 애플리케이션 권한을 처리하거나(B) SNS와는 관련이 없으므로 B와 C가 답이다.

158. B. IAM은 S3 버킷의 MFA Delete 설정을 위한 관리형 서비스가 아니다.

159. B. AWS의 단일 계정을 공유할 때마다 보안 위험은 증가한다.

160. C. 이 문제에서 유일한 요구사항은 루트 로그인 링크가 아닌 로그인 링크를 만드는 것이다. 루트 또는 모든 계정에 대해 MFA를 설정할 필요는 없으며, IAM 그룹을 만드는 것은 일반적이지만 액세스의 필수 조건은 아니다.

161. A, B. IAM에는 사용자, 그룹, 역할, 권한, 이와 유사한 구성이 포함된다. AWS Organizations에는 Organization과 Organizational Unit이 포함된다.

162. A, D. IAM에는 사용자, 그룹, 역할, 권한, 이와 유사한 구성이 포함된다.

163. A, C. EC2 인스턴스가 다른 AWS 서비스(이 문제에서는 S3)와 통신할 수 있는 역할을 생성해야 한다. 이 문제와 같은 사용 사례가 기본 역할이지만 기본 역할 이외에 특정 요구사항이 있으면 사용자 정의 정책을 작성할 수 있을 것이다.

164. A, D. IAM을 통해 AWS Management Console 액세스 및 프로그래밍 방식 액세스를 제공할 수 있다. 프로그래밍 방식 액세스는 API와 CLI 액세스 등이 있다.

165. A, C. IAM에는 자격 증명 기반, 리소스 기반, 조직 SCP, 액세스 제어 목록^{ACL, access control list}의 네 가지 정책 유형이 있다.

166. B. IAM 정책은 JSON으로 작성된다.

167. A, C. 자격 증명 기반 정책은 사용자, 그룹, 역할과 리소스 기반 정책을 통해 AWS 서비스 및 구성요소에 IAM 정책을 연결할 수 있다.

168. B. MFA는 Multi-Factor Authentication을 나타내며, IAM의 사용자 계정에서 활성화할 수 있다.

169. A, C. IAM에서는 주로 AWS 사용자(A) 및 인스턴스가 서비스에 액세스할 권한 관리(C)를 통합하고 중앙 집중화해 확장성을 지원한다.

170. C, D. IAM은 권한, 그룹, 사용자, 역할을 제공하고 AWS Organizations는 논리적 그룹 및 계정 관리를 제공한다. 둘 다 모든 AWS 리소스에서 작동한다.

171. C. Power User 액세스는 IAM의 그룹과 사용자 관리를 제외한 모든 AWS 서비스에 액세스할 수 있는 사전 정의된 정책이다.

172. D. 루트 사용자는 IAM과 관련된 모든 작업을 수행할 수 있다.

173. A. Power User는 관리형 서비스에 작업할 수 있지만, IAM 사용자를 생성하거나 관리할 수는 없다.

174. B. AWS에서는 루트 사용자 액세스 키를 삭제하고 IAM 사용자를 생성해서 평상시 작업에 사용할 것을 강력히 권장한다.

175. A, C. 시작할 때는 계정 폐쇄 같은 계정 수준의 작업에 일반적으로 루트 계정이 필요하다는 사실을 항상 고려해야 한다(A). 또한 높은 권한이 부여된 액세스가 필요한데, 여기서는 기본적으로 애플리케이션에 대한 서명된 액세스를 제공하고 매우 신뢰할 수 있는 CloudFront 키 페어를 생성한다. IAM에서는 사용자 및 정책 관리를 할 수 있다(B, D).

176. A, B. 다른 계정에 영향이 있는 작업을 수행하려면 루트 계정 수준 액세스가 필요하다. D가 이에 해당하며, 사용자 권한 복원(C)도 그에 해당한다. A와 B는 루트 사용자가 아니더라도 수행할 수 있다.

177. D. AWS 계정의 루트 사용자의 액세스 권한은 제거할 수 없다.

178. C. 이것은 쉬운 문제이지만 가끔 출제된다. AWS에서는 루트 계정으로는 매주 제한적으로 액세스해야 하며 한 사용자에게 제한되지 않아야 한다고 권장한다. C가 답이다. 루트 계정 수준 액세스를 최대한 제한하려면 가장 작은 규모의 엔지니어 그룹이 맞는다.

179. D. AWS는 Administrator, Power User, Billing 등의 여러 IAM 정책을 정의하고 업데이트한다.

180. A, C. 새로운 사용자에게는 항상 루트가 아닌 로그인 URL을 제공해야 하므로 A가 필수다. 나머지 보기는 권한과 관련 있으며(B는 실제 존재하지 않는다), 개발자 Power User 정책이 읽기 권한만 있는 사용자 정책보다 훨씬 적합하다.

181. D. 고급 기술이나 실제 개발 이슈에 관리자가 관여하지 않는다면 D가 최선이다. 관리자에게 불필요한 권한을 부여하지 않고 AWS에 대한 읽기 전용 액세스를 제공한다.

182. D. Data Scientist 정책이 문제에 맞는 목적을 위해 설계됐다. 데이터 분석 및 비즈니스 인텔리전스에 사용되는 쿼리를 실행한다.

183. A. System Administrator의 역할이다. Power User는 같이 서비스에 대한 권한을 부여하지만, 너무 많은 권한을 부여하는 것일 수 있다. 이 문제의 핵심은 필요한 만큼 권한으로 특정 작업을 수행할 수 있는 역할을 찾는 것이다.

184. B, C. EC2 인스턴스의 루트 사용자 액세스 권한은 제거할 수 없다(B). 또한 IAM은 실행 중인 웹 애플리케이션 액세스가 아닌 AWS의 리소스와 관련 있다.

185. D. IAM 변경사항은 시스템의 모든 사용자에게 즉시 적용된다. 지연이 없으며 로그아웃했다가 다시 로그인할 필요가 없다(D).

186. A. 새로운 사용자는 AWS 서비스에 액세스할 수 없다. '날 것', '텅 빈', '순수한' 사용자이며 (URL이 제공되는 경우) AWS Management Console에만 로그인할 수 있다. AWS 서비스를 변경하거나 서비스를 볼 수 없다.

187. C, D. 신규 사용자는 AWS 서비스에 액세스할 수 없다. Administrators나 Power User와 같이 유효한 AWS 그룹을 통해 로그인(C) 및 권한에 사용하려면 URL이 필요하다. A와 B는 AWS에서 사전 정의하지 않은 그룹이다.

188. A, B. AWS Management Console에 액세스하려면 사용자에게 로그인 URL(A), 사용자 이름, 비밀번호를 부여한다. 보기 B의 액세스 키 ID와 비밀 액세스 키는 아니다. 따라서 A와 B는 사용자가 AWS Management Console에 액세스하는 것을 효과적으로 차단한다. 사용자에 'AWS Management Console에 로그인'이라는 것은 없다.

189. C. AWS 사용자 이름은 해당 사용자가 존재하는 AWS 계정에서 고유해야 한다.

190. B, D. 프로그래밍 방식 액세스에는 액세스 키 ID와 보안 액세스 키가 필요하다. 사용자 이름과 비밀번호는 AWS Management Console 액세스에 사용된다.

191. A, C. AWS Management Console에 액세스하려면 사용자 이름과 비밀번호가 필요하다. 액세스 키 페어는 AWS Management Console 액세스가 아닌 프로그래밍 방식 액세스에 사용된다.

192. B. IAM 정책 문서는 JSON으로 만든다.

193. A. SSO는 Single Sign-On의 약어이며, 여기에는 IAM이 일반적으로 사용된다. JSON은 정책 문서에 사용하는 언어다. SAML^{Security Assertion Markup Language}은 SSO를 구현하는 데 사용한다.

194. C. 외부 Active Directory에 있는 사용자를 연동해서 AWS에 액세스할 수 있게 한다. 기존 사용자를 사용해 개별 사용자를 다시 만들 필요가 없다.

195. D. 정책 문서는 IAM의 권한 집합이다.

196. D. IAM 사용자는 전 세계 AWS 계정에 속하며 리전에 국한되지 않는다.

197. C. IAM 사용자와 마찬가지로 정책 문서는 글로벌로 적용된다. 전체적으로 작업을 수행하기 위해 수행해야 할 변경이나 단계는 없다.

198. A, B. Auto Scaling은 용량 관리에 가장 중점을 두며(B) 충분한 용량을 유지해 애플리케이션을 실행할 수 있게 한다. 또한 이를 실행하기 위해 최소한의 모니터링을 수행한다(A). 비용을 제한할 수는 없지만, 비용을 줄이는 데 도움이 된다. 권한 관리와는 관련 없다.

199. A, C. Auto Scaling을 사용하면 조정을 신속하게 설정할 수 있고(C) 비용을 최소화할 수 있다(A). 네트워크 성능에 영향을 미치지는 않으며, 오버헤드가 줄어들지만, 개별 VPC의 유지 관리와는 관련 없다(D).

200. A, C. Aurora(특히 읽기 전용 복제본) 및 DynamoDB 모두에 Auto Scaling을 적용할 수 있다.

201. A, D. ECS 컨테이너뿐만 아니라 EC2 인스턴스도 Auto Scaling을 통해 확장 및 축소할 수 있다.

202. C. 부하를 처리하려고 EC2 인스턴스 같은 구성요소 집합을 확장 또는 축소하는 것은 Auto Scaling 그룹이다.

203. B, D. Auto Scaling 그룹을 생성할 때 목표 용량, 조정 정책, 최소 및 최대 크기를 지정할 수 있다. 한 번에 추가할 인스턴스 수나 원하는 비용을 지정할 수 없다.

204. A, B. Auto Scaling 그룹을 생성할 때 목표 용량, 조정 정책, 최소 및 최대 크기를 지정할 수 있다. 그룹을 늘리거나 줄이는 데 사용되는 트리거를 지정할 수는 있지만, 메모리 할당이나 최소 처리 임곗값(AWS에서 사용하는 용어가 아님)을 지정할 수는 없다.

205. B, C. 시작 구성에는 AMI ID, 키 페어, 인스턴스 유형, 보안 그룹, 블록 장치 연결 등이 있다.

206. B, C. 시작 구성에는 AMI ID, 키 페어, 인스턴스 유형, 보안 그룹, 블록 장치 연결 등이 있다. Auto Scaling 그룹에 추가할 최대 인스턴스 수는 지정할 수 있지만, 클러스터 크기는 시작 구성에 포함되지 않는다. 최대 메모리 사용률은 시작 구성에 포함되지는 않지만, 확장을 위한 트리거가 될 수 있다.

207. A, C. Auto Scaling에는 여러 가지 조정 정책이 있다. 일정한 수의 인스턴스 유지, 수동 조정, 예약된 조정 및 수요 기반 조정이 있다.

208. A, D. Auto Scaling에는 여러 가지 조정 정책이 있다. 일정한 수의 인스턴스 유지, 수동 조정, 일정 기반 조정 및 수요 기반 조정을 유지한다. 리소스 기반 조정과 인스턴스 기반 조정은 실제 조정 정책이 아니다.

209. D. 현재 인스턴스 수준을 항상 유지하도록 지정할 수 있다. 인스턴스의 상태 확인에 실패해서 다시 시작하거나 교체하는 경우가 아니면 인스턴스가 추가되지 않는다.

210. A. 수요 기반 조정을 통해 조정을 제어할 파라미터를 지정할 수 있다. 이러한 파라미터 중 하나는 CPU 사용률이므로 이 사용 사례에 사용할 수 있는 정책이다.

211. B. 상당히 쉬운 문제다. 일정 기반 조정을 사용하면 리소스가 확장 또는 축소되는 특정 기간을 지정할 수 있다.

212. C. 수동 확장을 통해 최소 및 최대 인스턴스 수와 목표 용량을 지정할 수 있다. 그런 다음 Auto Scaling 정책은 해당 용량을 유지하는 작업을 수행한다.

213. A. 수동 확장을 통해 최소 및 최대 인스턴스 수와 목표 용량을 지정할 수 있다. 일정 기반 정책으로 확장할 시간을 정하거나 수요 기반 정책으로 확장할 최대 CPU 사용률 조건을 지정한다.

214. A, C. CloudWatch 트리거의 일반적인 사용 예는 메모리나 CPU 사용률과 같이 AWS에 그룹을 확장 또는 축소하도록 경보하는 것이다. 그러나 AWS Management Console에서 수동으로 확장 또는 축소할 수도 있다.

215. C. 인스턴스를 모두 제거할 수는 있지만(B) 결국 그룹에 다시 추가하려고 하므로 별도의 작업이 필요하다. 가장 좋은 방법은 인스턴스를 Standby 모드로 설정하는 것이다. 이로써 필요할 때 그룹을 확장할 수 있으며 인스턴스 문제를 해결한 후 InService 상태로 되돌릴 수 있다.

216. C, D. 인스턴스 상태에는 InService와 Standby는 있으나, Deleted나 ReadyForService는 없다.

217. B. 시작 구성을 먼저 생성하고 Auto Scaling 그룹을 생성한 후, 구성 및 그룹을 검증할 수 있다.

218. B. 시작 구성에서는 모든 인스턴스에 하나의 AMI ID를 사용한다.

219. D. 보안 그룹은 인스턴스와 마찬가지로 시작 구성에도 적용한다. 몇 개든 사용할 수 있다.

220. D. 모두 Auto Scaling 그룹 생성에서 만들 수 있다.

221. B, C. 모든 보기가 가능하지만 가장 나은 선택은 기존 EC2 인스턴스를 새로운 Auto Scaling 그룹에 포함하고 수요 기반 조정으로 설정하는 것이다. 시작 구성과 설정을 반복하지 않고서도 실행 중인 기존 인스턴스에서 언제든지 작동시키면 된다. 수요 기반 조정은 수동으로 수평 확장/축소하거나 목표 용량을 설정하는 것보다 조건 변경으로도 잘 작동한다.

222. A, B. 예약된 조정을 적용해야 하는 반복적 성능 문제가 있는 사례다. 또한 미국 동부 리전에서 주요하게 접근되고 있다. C도 문제 해결에 도움이 될 수 있지만, 애플리케이션의 정보가 많지 않은 상황에서 콘텐츠를 캐싱하면 성능이

향상될지 알 수 없다.

223. C. 이 문제의 중요 포인트는 즉각적인 액세스가 필요하다는 것이다. S3 One Zone-IA는 S3 Standard나 S3-IA보다 비용은 저렴하지만 같은 속도로 액세스할 수 있다. AWS는 세 클래스 모두 파일에 처음 액세스할 때 같은 지연 시간을 제공한다고 한다.

224. D. Glacier는 파일에 처음 액세스하는 데 3~5시간이 걸린다.

225. D. 틀리기 쉬운, 자주 등장하는 문제다. 이 세 S3 스토리지 클래스는 액세스할 때 모두 같은 지연 속도를 제공한다.

226. D. 스팟 인스턴스는 프로세스 중지와 시작에 자유로운 애플리케이션에 상당한 비용 절감 효과를 제공한다.

영역 3: 안전한 애플리케이션 및 아키텍처 설명

1. B, D. A는 옳지 않고 B는 옳다. 기본 보안 그룹은 모든 수신 트래픽을 차단하고 모든 송신 트래픽을 허용한다. C와 D는 보안 그룹의 상태 저장 여부에 관한 것이다. 수신 트래픽을 자동으로 내보낼 수 있는지 확인하고 있다. 보안 그룹은 상태 저장이므로 D는 사실이다. 이 문제가 NACL에 관한 것이었다면 NACL은 상태 비저장이므로 C는 옳지 않을 것이다.

2. B. D는 그리 좋은 답이 아니다. S3 외부의 암호화에 의존하면 일관성 문제를 해결하기 어렵기 때문이다. 데이터 저장소에 같은 암호화를 적용하려는 경우 일반적으로 AWS가 암호화를 처리하게 하는 것이 좋다. SSE-C, SSE-KMS, SSE-C 모두 이 기능을 제공한다. 그러나 이 셋 중에서 KMS는 투명한 감사 추적을 제공하기에 최선의 답이 된다.

3. A, C. 배스천 호스트는 퍼블릭에서 접근하는 트래픽을 허용해서 연결할 수 있게 하는 호스트다. 그런 다음 배스천 호스트에서 프라이빗 서브넷의 호스트로 연결한다. 배스천 호스트는 퍼블릭상에 있는 클라이언트가 액세스하므로 인터넷에 노출돼 있어야 한다(A). 프라이빗 서브넷에 있으면 액세스할 수 없으므로 B는 옳지 않다. 배스천 호스트에서 프라이빗 서브넷으로의 라우팅도 명

시적으로 지정돼야 한다(C). 이것은 일반적으로 NACL에서 지정한다. 마지막으로 배스천 호스트의 보안은 프라이빗 서브넷에 있는 인스턴스의 보안과는 달라야 한다. 배스천 호스트는 퍼블릭으로 액세스할 수 있으므로 강화된 보안이 적용돼야 한다. 이는 프라이빗 서브넷의 호스트 보안 요구사항과 여러 면에서 다르다.

4. A, C. 루트 계정이 실제 루트 계정이며 액세스를 제한할 수 없다는 것을 이해하는지를 묻는 문제가 종종 출제된다. 루트 계정에 대한 액세스를 제거하는 것은 불가능하다.

5. B. 시험에서 자주 물어보는 쉬운 문제다. 애플리케이션 키는 인스턴스, AMI, 클라우드 어느 곳에라도 저장해서는 안 된다. B가 답이다. 애플리케이션 키는 AWS Management Console에 액세스하기 위한 것이 아니라 프로그래밍 방식 액세스를 위한 것이다. D는 옳지 않다.

6. A, C. Site-to-Site VPN 연결에는 가상 프라이빗 게이트웨이(AWS 측)와 고객 게이트웨이(로컬 측)가 필요하다. 프라이빗 서브넷은 NAT 인스턴스와 마찬가지로 필수사항은 아니다.

7. B, D. 각 상황에 맞는 2개의 정답을 골라야 한다. 프라이빗 서브넷 인스턴스에서는 NAT 게이트웨이로 라우팅해야 하며 그 NAT 게이트웨이는 퍼블릭 서브넷에 있어야 한다. 그렇지 않으면 인터넷으로 향하는 아웃바운드 트래픽이 작동하지 않는다. B와 D가 답이다. 0.0.0.0/0은 '인터넷의 다수를 대상으로 하는 트래픽'을 의미한다.

8. A, B. 이 문제를 푸는 가장 쉬운 방법은 NAT 게이트웨이는 기본적인 관리형 서비스로 생각하고 NAT 인스턴스는 (사용자가 직접 관리해야 하는) 네트워킹 인스턴스로 생각하는 것이다. 이러면 B는 옳지 않고(관리형 서비스는 인스턴스 유형 및 크기를 선택하지 않음), C는 옳다는 사실을 알 수 있다(AWS가 패치하는 관리형 서비스). 또한 NAT 게이트웨이는 AWS가 관리하므로 자동으로 고가용성을 유지하며 보안 그룹을 연결할 필요가 없다. NAT 인스턴스는 고가용성으로 구성할 수 있지만 직접 구성해야 한다. A는 옳지 않고 D는 옳다는 사실을 알 수 있다.

9. A. A는 사실이며, 이미 알고 있다면 이 문제는 풀기 쉽다. 하지만 사용자 지정 NACL을 만들면 모든 인바운드와 아웃바운드 트래픽을 허용하지 않기 때문에 헷갈릴 수 있다. '모두 허용' 정책이 있는 것은 VPC의 기본 NACL뿐이다. B와 C는 반대로 기술돼 있으며 옳지 않다. NACL은 상태 비저장이며(인바운드와 아웃바운드 트래픽을 각각 구성해서 허용해야 한다) 보안 그룹은 상태 저장이다. 따라서 D도 옳지 않다. NACL은 상태 비저장이다.

10. A. 역할의 권한 변경은 즉시 이뤄지며 모든 인스턴스에 즉시 적용된다.

11. C. 모든 트래픽이 허용되지 않으며, SSH에 관해서도 마찬가지다. 보안 그룹은 기본적으로 모든 트래픽을 차단한다. 명시적으로 인바운드 트래픽을 허용해야 한다(C). 그 밖의 보기는 모두 거짓이다. 보안 그룹은 상태 저장이라는 점을 기억해야 한다. 시험마다 관련 문제가 출제된다.

12. C. 기본적으로 VPC 인바운드 트래픽은 허용되지 않지만, VPC 외부로 나가는 트래픽은 허용한다.

13. C. EBS 볼륨을 만들 때 암호화할 수 있다. 일반적으로는 볼륨의 스냅샷에 영향을 주지만 볼륨 자체에는 영향을 주지 않는다.

14. A, D. 보안 그룹에는 허용 규칙만 있고, 거부 규칙은 없다(금지 규칙이라는 것은 없다). 그리고 인바운드와 아웃바운드 규칙을 생성할 수 있다.

15. B, C. 보안 그룹에는 허용 규칙을 지정하므로 A는 옳지 않다. B와 C가 답인데, 기본 보안 그룹은 모든 아웃바운드 트래픽을 허용하며 인바운드 및 아웃바운드 규칙을 각각 지정한다. 마지막으로, 보안 그룹은 상태 저장이므로 D는 옳지 않다.

16. A, D. 보안 그룹에는 거부 규칙이 없으므로 A는 옳지 않다. B와 C는 모두 사실이므로 정답이 될 수 없다. 특정 아웃바운드 규칙이 없으면 외부 송신할 수 없으므로 D는 옳지 않다(보안 그룹의 송신 트래픽은 기본으로 허용하도록 설정돼 있지만, 삭제할 수 있다).

17. B, C. 보안 그룹에서 인바운드나 아웃바운드 규칙을 반드시 지정할 필요는 없으므로 A와 D는 필수가 아니다. 하지만 보안 그룹에는 이름과 설명이 필수다.

18. B. 보안 그룹은 EC2 인스턴스 등 여러 서비스에 연결할 수 있지만, 궁극적으로는 개별 인스턴스의 네트워크 인터페이스에 연결할 수 있다. 이 문제는 꽤 어려운 편이며 시험에서 요구하는 가장 세부 사항에 해당한다.

19. A, C. 이 문제를 가장 쉽게 푸는 방법은 기본 보안 그룹이 인바운드 트래픽을 광범위하게 허용하지 않는다는 사실을 이해하는 것이다. 이로써 B와 D가 제외되고, IPv4(A)와 IPv6(C) 모두에 대한 모든 아웃바운드 트래픽을 허용하는 규칙이 남는다.

20. A, D. 보안 그룹 규칙에는 프로토콜과 설명이 포함된다. CIDR 블록이나 단일 IP 주소를 지정할 수도 있지만, 서브넷은 지정할 수 없다. 보안 그룹은 인스턴스와 연결할 수 있지만, 보안 그룹 자체 설정에 특정 인스턴스를 지정하지는 않는다.

21. B, C. 이 문제의 핵심은 엔드포인트가 아니라 엔드포인트에 액세스하는 데 사용되는 실제 프로토콜이다. 이 경우 HTTPS는 안전하지만 HTTP는 안전하지 않으므로 HTTPS(B, C)를 사용한 보기가 답이다.

22. A. 클라이언트 측 암호화는 클라이언트(예: 사용자)가 전체 암호화 및 암호 해독 프로세스를 관리한다. AWS는 스토리지만 제공한다.

23. C. 서버 측 암호화는 AWS가 모든 객체 암호화 및 암호 해독을 처리한다.

24. B, C. 클라이언트 측 암호화를 위해서는 클라이언트 측 마스터 키나 KMS 관리 키(B)가 될 수 있는 마스터 키가 필요하다. 또한 클라이언트 측 데이터를 암호화하기 위한 SDK가 필요하다(C).

25. C. 기억해야 할 문제다. SSE-S3, SSE-KMS, SSE-C는 모두 S3 암호화의 접근 방식이다. SSE-E라는 것은 없다.

26. B. 감사라는 단어에 주목해야 한다. 강력한 감사가 필요한 경우 항상 KMS를 선택한다. SSE-KMS는 매우 유용한 감사 추적 및 보안 기능을 제공하며 대부분의 사용 사례에 가장 적합하다.

27. D. SSE-C는 고객이 키를 관리하고 S3가 실제 데이터 암호화를 처리한다. SSE-C에서 C는 Customer(고객)를 의미한다.

28. C. 클라이언트 측 암호화를 통해 키는 고객이 관리하고 데이터를 암호화해서

S3에 데이터를 저장할 수 있다. 이 방법에는 많은 오버헤드가 있지만, 문제의 사용 사례에 이상적이다.

29. A. 일반적으로 SSE-S3는 암호화를 위한 기본 제공 기능이다. 보안 관점에서 단순하거나 기본적 기능이라는 것은 아니지만 KMS보다 비용이 저렴하고 클라이언트 측 또는 SSE-C 암호화 키보다 오버헤드가 훨씬 적다.

30. A, C. 여기서 EU West와 EU Central은 모두 EU 리전이고 다른 두 보기는 그렇지 않다는 사실을 알고 있어야 한다.

31. B, C. US West는 EU 리전이 아니므로 A는 답이 아니다. B와 C는 둘 다 EU 리전을 제공하므로 유효하고, S3와 S3-IA 모두 한 가용 영역의 장애에도 서비스를 유지할 수 있다. D는 가용 영역에 장애가 있으면 중단된다.

32. B. 다중 AZ RDS 인스턴스는 동기식 복제를 사용해 변경사항을 적용한다.

33. B. MFA Delete는 IAM 역할을 통한 삭제를 비활성화하지 않으면서 취할 수 있는 가장 강력한 삭제 방지 보호 기능이다. A는 객체 스토리지에 영향을 미치지 않는다. EBS는 블록 스토리지다. C와 D는 모두 도움이 되지 않는다. 삭제 요청은 Lambda에 의해 차단될 수 없으며, S3 API에는 'DELETE 엔드포인트'가 없다.

34. A, B. MFA Delete가 적합한 선택이다(B). A는 MFA Delete를 활성화하는 데 필요한 단계다. C는 실제로 의미가 없으며, D는 기술적으로 모든 삭제를 방지하지만 문제의 해결책이 될 수 없다. 실수로 삭제하는 경우를 방지하는 것이지 모두에게서 삭제 권한을 제거해야 한다는 것은 아니다.

35. D. MFA Delete를 활성화하려면 버전 관리를 활성화해야 한다. 버킷이 위치한 리전은 MFA Delete 활성화에 아무런 영향을 미치지 않으며(B, C), REST API를 비활성화할 수는 없다(A). 하지만 IAM의 프로그래밍 방식 액세스를 제거하거나 액세스 키를 제거할 수는 있다.

36. D. AWS Trusted Advisor는 성능 향상, 비용 절감, 보안 향상, 세 가지를 모두 수행한다.

37. D. AWS Trusted Advisor는 비용, 내결함성, 성능, 보안에 대해 권고하지만, 계정 구성은 다루지 않는다.

38. A, B. 7가지 핵심 AWS Trusted Advisor 검사 사항을 모두 암기하는 것은 합리적이지 않다. 대신, Trusted Advisor가 수행할 수 있는 개선사항은 염두에 두고 있어야 한다. A와 B는 보안 및 권한과 관련이 있으며, C와 D는 모두 비용, 보안, 성능과 거리가 멀다.

39. A, C. 까다로운 문제다. 먼저 루트 계정에 대한 MFA 활성화는 표준 권장사항이므로 선택할 수 있다. 나머지 세 답변 중에서 가장 '일반적 보안 권장사항'에 근접한 것은 쓰기 액세스 권한이 있는 S3 버킷이다.

40. B. IAM으로 불가능한 것은 루트 계정이 EC2 인스턴스에 액세스를 거부하는 것이다. IAM이든 다른 어떤 메커니즘으로든 불가능하다.

41. B, C. A와 D는 사실이다. 이것을 알고 있다면 B와 C를 선택하는 것은 간단하다. 그렇지 않다면, S3에 클라이언트 키를 제공하는 것만으로는 충분하지 않다는 사실을 알고 있어야 한다. 클라이언트 키를 사용하는 클라이언트 측 암호화 또는 서버 측 암호화가 활성화돼야 한다. EBS 볼륨 암호화는 S3 암호화와는 관계없다.

42. A, B. EBS 볼륨 암호화로 암호화되는 데이터 유형에는 볼륨에 저장된 데이터, 볼륨과 인스턴스 간에 이동하는 데이터, 볼륨에서 생성된 스냅샷과 해당 스냅샷에서 생성된 볼륨이 해당한다.

43. B, C. 암호화되지 않은 두 가지 데이터 유형을 답해야 하는 다소 까다로운 문제다. 우선, B는 암호화와 관련이 없다. 볼륨이 암호화돼 있지 않으면 자동으로 암호화되지 않는다. 그리고 C의 경우 데이터가 인스턴스에 있고 암호화된 볼륨으로 이동하지 않았으므로 자동으로 암호화되지 않는다.[1]

44. D. 모두 암호화된다. 볼륨으로 이동하거나 볼륨에서 저장 중인 데이터는 모두 암호화된다.

45. C. KMS가 암호화 서비스로 사용된다. 하지만 S3 암호화에만 해당하는 S3-KMS는 해당하지 않는다. 때때로 KMS가 AWS-KMS로 불리는 것을 볼 수 있다.

---

1 B, C 두 보기에서 인스턴스가 작동하는 주 볼륨의 암호화에 대한 언급이 없음을 주목하자. 이 문제는 주 볼륨은 암호화돼 있지 않고, 추가 볼륨만 암호화돼 있다는 전제가 있어야 이해될 것이다. – 옮긴이

46. C. 순수한 암기 문제다. URL은 항상 http://169.254.169.254이며 이 문제가 요구하는 메타 데이터는 /latest/meta-data/에 있다.

47. A, D. 볼륨을 암호화하면 볼륨의 스냅샷과 스냅샷으로 생성한 인스턴스도 암호화된다. 나머지는 옳지 않다.

48. A, D. 스냅샷을 (일반적으로 AWS Management Console을 통해) 다른 리전에 복사한 다음, 새 볼륨을 생성하면 된다.

49. D. 인스턴스는 실행 중에 암호화할 수 없다. 인스턴스를 만들 때 암호화를 활성화해야 한다.

50. D. 실행 중인 RDS 인스턴스는 암호화할 수 없으므로, B는 옳지 않다. RDS의 기반 인스턴스에는 액세스할 수 없으므로 C도 옳지 않다. A는 가능한 것처럼 보이지만, 데이터베이스가 생성한 데이터(예: 인덱스, 데이터베이스의 다른 데이터 참조 등)에는 적용되지 않는다. RDS 인스턴스를 암호화하는 유일한 방법은 인스턴스를 만들 때 암호화하는 것이다.

51. C. 여기서 유일한 방법은 수동 작업이다. 백지 상태에서 암호화를 설정한 새 인스턴스를 만들어야 한다(스냅샷은 작동하지 않는다). 그리고 데이터를 새 인스턴스로 옮기면 데이터는 암호화될 것이다.

52. A. 기존 볼륨은 '그대로' 암호화할 수 없다. 스냅샷을 생성하고, 그 스냅샷을 암호화한 복사본을 만든다. 암호화한 복사본으로 복원한다.

53. D. 이 중에는 해결 방법이 없다. 이와 같은 질문이 나올 때 기억해야 할 사항은 암호화를 적용하려면 암호화되지 않은 스냅샷의 사본을 만들어야 한다는 것이다. 볼륨 또는 스냅샷을 직접 암호화하는 메커니즘은 없다.

54. B. EBS 볼륨을 암호화하는 유일한 방법은 생성 시 암호화하는 것이다. 이것만 기억하면 이러한 유형의 질문에 도움이 될 것이다.

55. C, D. 기존 EBS 볼륨은 암호화할 수 없으므로 A는 옳지 않다. 암호화되지 않은 스냅샷은 암호화할 수 없으므로 B는 옳지 않다. 스냅샷 사본을 암호화하고 암호화된 스냅샷을 암호화된 볼륨으로 복원할 수 있다(C, D).

56. B, C. 암호화된 볼륨의 스냅샷은 복사(B, C)하거나 스냅샷에서 볼륨 생성(D) 등과 관계없이 암호화된 상태를 유지한다. A와 D는 사실이고, B와 C는 옳지 않다.

57. B. 여러 계정에 스냅샷을 복사할 수 있지만, 기본 권한으로는 허용되지 않는다. 따라서 해당 권한을 수정해야 계정 소유자와 관계없이 스냅샷을 다른 AWS 계정으로 복사할 수 있다.

58. B. 같은 리전의 스냅샷에서만 볼륨을 생성할 수 있다. US West 1에서 인스턴스가 필요하므로 먼저 스냅샷을 해당 리전에 복사해야 한다. B가 답이다.

59. C. 특별한 고려사항 없이 스냅샷은 다른 리전으로 복사될 수 있다.

60. A, C. 보안 그룹은 인스턴스의 송수신 트래픽을 제어한다.

61. C. 인스턴스에는 보안 그룹이 최소 1개 연결돼야 하며, 1개 이상도 연결할 수 있다.

62. A. 보안 그룹 외에도 NACL(네트워크 액세스 제어 목록)로 VPC의 인바운드 및 아웃바운드 라우팅을 더 강화할 수 있다. 보안 그룹은 인스턴스에 연결하고, NACL은 VPC에 연결해서 VPC와 인스턴스에 대한 완벽한 보안 환경을 구축한다.

63. C. NACL은 가상 방화벽이며 개별 인스턴스가 아닌 서브넷 및 VPC 수준에서 작동한다. 또한 사용자 정의, 사용자 생성이라는 말에 주의해야 한다. 기본 NACL은 모든 트래픽을 허용한다. 하지만 사용자 생성 NACL은 그렇지 않다.

64. D. IAM 역할 및 권한으로 NACL을 제어할 수 있게 한다.

65. B, C. 보안 그룹은 허용 규칙만 지원하므로 A는 사실이다. 모든 규칙을 평가하므로 B는 옳지 않다. 인스턴스 레벨에서 작동하므로 C는 사실이고, 보안 그룹은 서브넷과 연결되지 않으므로 D는 옳지 않다.

66. A, D. 보안 그룹은 상태 저장이며 인스턴스와 연결되므로 A와 D가 답이다. 상태 비저장이 아니며 규칙을 순서대로 처리하지 않고 모든 규칙을 처리한다.

67. B, C. NACL은 상태 비저장이다. 송수신 트래픽에 대해 규칙을 지정해야 하므로 A는 옳지 않고, B는 옳다. 또한 규칙을 순서대로 처리하므로 C는 사실이다. 인스턴스와 연결되지 않고 서브넷과 연결되므로 D는 옳지 않다.

68. A, C. NACL은 서브넷과 연결되며(A) 허용 및 거부 규칙을 모두 지원한다(C). NACL과 보안 그룹을 함께 사용할 수 있으므로 B는 옳지 않다. 규칙은 순서대로 처리되므로 D는 옳지 않다.

69. B. NACL이 서브넷의 경계에 있으므로 항상 먼저 평가된다. 보안 그룹은 인스턴스에 연결되면 서브넷의 NACL을 통한 트래픽이 인스턴스로 전달될 때까지 평가되지 않는다.

70. A, B. 보안 그룹과 NACL 모두 서브넷의 여러 인스턴스에 적용할 수 있다. NACL의 규칙은 연결된 서브넷의 모든 인스턴스에 적용되며 보안 그룹은 여러 개별 인스턴스와 연결될 수 있다.

71. B. NACL은 서브넷과 연결된다.

72. A, B. 기본 NACL은 모든 송수신 트래픽을 허용하며, 이는 보안상 다소 위험스러운 것으로 보인다. 하지만 기본 NACL이 수신 트래픽을 허용하더라도, 기본 보안 그룹에서 수신 트래픽을 허용하지 않는다는 사실을 기억하자.

73. C, D. 기본 VPC에 있는 기본 NACL과는 달리 사용자 지정 NACL은 기본적으로 모든 인바운드 및 아웃바운드 트래픽을 허용하지 않는다.

74. A. NACL의 각 규칙에는 번호가 있으며 낮은 규칙 번호에서부터 높은 번호로 평가가 수행된다.

75. B, D. A와 C는 사실이고, B는 옳지 않다. NACL은 상태 비저장이고, NACL은 여러 서브넷과 연결할 수 있으므로 D는 옳지 않다.

76. B. NACL은 인스턴스나 VPC가 아닌 서브넷과 연결되며, 하나 이상의 서브넷과 연결될 수 있다.

77. A. 서브넷은 NACL과 연결돼 있으며, 하나의 NACL에만 연결할 수 있다.

78. D. 서브넷은 하나의 NACL에만 연결될 수 있다.

79. B, D. NACL 규칙에는 규칙 번호, 프로토콜, ALLOW 또는 DENY 선택, 인바운드 및 아웃바운드 트래픽에 대한 CIDR 범위, 포트, 포트 범위가 있다.

80. A, B. NACL 규칙에는 규칙 번호, 프로토콜, ALLOW 또는 DENY 선택, 인바운드 및 아웃바운드 트래픽에 대한 CIDR 범위, 포트, 포트 범위가 있다.

81. B. 실제로 이 세부 사항은 거의 중요하지 않다. 유일한 주요 파라미터는 규칙 번호다. NACL은 가장 낮은 번호의 규칙을 먼저 평가하므로 규칙 #100이 우선한다(B).

82. D. SSH가 명시적으로 지정되지 않았으므로 사용자 정의 NACL에서는 허용되지 않는다. 모든 프로토콜은 명시적으로 지정해야 허용된다.

83. A. SSH가 명시적으로 지정되지 않았지만, 질문에서 기본 VPC의 기본 NACL에 대해 언급했으므로 명시적으로 거부되지 않는 한 모든 트래픽을 허용한다.

84. B. 여기서는 SSH가 허용되지만, 특정 CIDR 블록에서 접근할 때만 가능하다.

85. D. CIDR 블록 192.0.2.0/24에서 접근하는 SSH 허용 규칙이 있지만, 이 규칙은 더 낮은 번호의 규칙 110 이후에 평가된다. 110보다 낮은 번호에서 허용되지 않는다면 SSH 트래픽은 허용되지 않는다.

86. D. 기술적으로는 B와 C가 옳을 수도 있다. SSH는 TCP 트래픽의 한 유형이지만, 문제에서 묻는 가장 정확한 답변은 아니다. A도 일부 옳을 수 있지만, D와 같이 CIDR 블록을 제한하는 것은 아니다. 따라서 D가 가장 정확한 답이다.

87. B. 이 문제에서 NACL 규칙의 구성요소로는 TCP 트래픽 유형(HTTP), 허용 소스 CIDR 블록(전체 인터넷), IPv4 등이 있다. 이 규칙은 IPv6 트래픽을 명시적으로 허용하지 않는다. 또한 이 규칙을 무효화하는 낮은 번호의 규칙이 없는 경우에만 유효하다.

88. B. 0.0.0.0/0은 IPv4 주소, 그리고 전체 인터넷을 나타낸다. 그러나 CIDR 블록에서는 인바운드나 아웃바운드 트래픽 유형이 표현되지 않는다.

89. C. ::/0은 IPv6 주소, 그리고 전체 인터넷을 나타낸다. 그러나 CIDR 블록에서는 인바운드나 아웃바운드 트래픽 유형이 표현되지 않는다.

90. B. IPv6 주소 표기는 ::/0이므로 답은 B와 D 중 하나다. 모든 IPv6 주소는 NAT 게이트웨이의 ID(nat-123456789)로 향하도록 경로가 작성돼야 한다. 경로 중간에 ->NAT는 없다.

91. D. VPC는 한 리전의 모든 가용 영역에 걸칠 수 있다.

92. B, C. VPC를 생성하려면 항상 리전을 선택해야 하며 CIDR 블록을 제공해야 한다. VPC는 한 리전의 모든 AZ에 걸쳐 있으므로 필요하지 않으며, 보안 그룹은 VPC 수준이 아닌 인스턴스 수준에서 연결된다.

93. C. VPC가 하나일 경우, 각 가용 영역에 하나 이상의 서브넷을 추가할 수 있다.

94. B. 서브넷은 가용 영역에 걸칠 수 없으며, 단일 AZ에 추가된다.

95. B. 서브넷은 가용 영역에 걸칠 수 없다. 단일 AZ에 추가할 수 있으며 해당 단일 AZ 내에서만 존재할 수 있다.

96. B. VPC에는 IPv4 주소로 된 단일 기본 CIDR 블록이 있고, IPv6 CIDR을 할당할 수도 있다. 보조 IPv4 CIDR 블록은 추가할 수 있지만, 현재 IPv6 CIDR 블록을 추가할 수는 없다.

97. C. VPC에는 IPv4 주소인 단일 기본 CIDR 블록이 있고, IPv6 CIDR을 할당할 수도 있다. 보조 IPv4 CIDR 블록을 4개까지 추가할 수 있다.

98. D. 인터넷 게이트웨이를 통해 트래픽을 라우팅하는 서브넷은 퍼블릭 서브넷으로 정의한다.

99. B. 퍼블릭 서브넷의 인스턴스에 자동으로 연결할 수는 없다. 퍼블릭 IPv4 또는 IPv6 주소 또는 일래스틱 IP 주소가 있어야 한다(B).

100. D. 퍼블릭 서브넷에 있는 인스턴스가 인터넷에 액세스하려면 인터넷 게이트웨이를 향해야 하므로 C는 옳지 않다. A는 실제 AWS에 있는 기능이 아니며, B(Auto Scaling)는 퍼블릭 액세스와는 상관없다. 인터넷 액세스가 가능한 퍼블릭 서브넷의 인스턴스에는 퍼블릭 IP 주소 또는 일래스틱 IP 주소 연결이 필요하다.

101. A, C. VPC를 생성할 때 이름, IPv4 CIDR 블록을 필수적으로 지정해야 하고, IPv6 CIDR 블록을 지정할 수도 있다.

102. A, C. VPC를 생성할 때 이름, IPv4 CIDR 블록을 필수적으로 지정해야 하고, IPv6 CIDR 블록을 지정할 수도 있다. 생성 시 VPC 태그를 지정할 수는 없다.

103. B, D. 퍼블릭 서브넷은 라우팅 테이블(B)에서 트래픽을 인터넷 게이트웨이(D)로 향하게 하는 서브넷이다.

104. B, C. VPN 전용 서브넷은 인터넷 게이트웨이가 아닌 가상 프라이빗 게이트웨이를 통해 트래픽을 라우팅한다.

105. A, B. VPC 전용 서브넷에는 최소한 트래픽 경로를 지정한 라우팅 테이블과 대상에 지정할 가상 프라이빗 게이트웨이가 있어야 한다. 일래스틱 IP 주소나 인터넷 게이트웨이는 필수 요건이 아니다.

106. B. 기본적으로 리전당 5개의 VPC를 만들 수 있다. 더 만들려면 AWS에 요청해야 한다.

107. D. VPC당 200개의 서브넷을 만들 수 있다.

108. B. 매우 어려운 문제이지만 가끔 출제된다. 기본 CIDR 블록과 4개의 보조 CIDR 블록을 만들 수 있다.

109. B. AWS가 기본 할당량을 올리지 않는 한, 일래스틱 IP 주소는 리전당 5개다.

110. B, D. 서브넷에는 CIDR 블록이 있어야 하므로 D는 옳지 않고, 서브넷의 CIDR 블록은 기존 VPC의 CIDR 블록과 같거나 작아야 하므로 A와 C는 사실이며, B는 옳지 않다.

111. C. VPC 피어링 연결은 네트워킹 및 라우팅을 통해 한 VPC를 다른 VPC와 연결한다.

112. C. VPC VPN 연결은 온프레미스 네트워크를 AWS 클라우드 내의 VPC와 연결한다.

113. A, C. VPC VPN 연결에는 고객 게이트웨이, VPN 연결, 가상 프라이빗 게이트웨이가 필요하다.

114. B, D. 고객 게이트웨이 및 가상 프라이빗 게이트웨이는 VPN 연결에 사용된다 (A, C). 서브넷 수준에서 NACL을 사용하고(B) 인스턴스 수준에서 보안 그룹 (D)을 사용해 네트워크 보안을 설정할 수 있다.

115. B. NACL은 서브넷 수준에서 연결되므로 서브넷 또는 VPC 수준의 모든 트래픽을 처리하는 데 가장 유용하다.

116. D. 특정 인스턴스에 대한 트래픽을 차단하거나 제한할 때, 보안 그룹이 제일 나은 선택이다. 보안 그룹은 인스턴스와 연결되므로 트래픽을 일부 인스턴스로 제한하면서 (다른 보안 그룹이 연결된) 다른 인스턴스에 액세스를 유지할 수 있다.

117. A, C. 주의할 필요가 있는 문제다. 우선, 한 서브넷에 프라이빗 인스턴스와 퍼블릭 인스턴스를 혼합해서 포함하는 것은 손쉬운 접근이라 해도 좋은 방법은 아니다. 따라서 백엔드(프라이빗) 데이터베이스 인스턴스를 다른 서브넷으로 옮기는 것은 고려해볼 가치가 있다(C). 이 문제에서 D는 해결책을 제공하지

않는다. 하나의 프라이빗 서브넷과 하나의 퍼블릭 서브넷을 만든다면 A가 좋다. NACL로 프라이빗 서브넷을 보호하고, 다른 하나의 서브넷은 퍼블릭으로 운영할 수 있다. '하나의'라는 말 때문에 B는 옳지 않다. 한 인스턴스에는 트래픽을 허용하지만 다른 인스턴스에는 트래픽을 허용하지 않는 하나의 보안 그룹은 만들 수 없다. 따라서 A와 C가 최상의 조합이다.

118. C. 보안 그룹은 명시적으로 허용하지 않는 한 모든 트래픽을 거부한다. 이렇게 작동하는 것을 화이트리스트 방식이라고 한다. 규칙은 특정 트래픽만 허용하고 다른 모든 트래픽은 거부한다.

119. C, D. 보안 그룹은 인스턴스 수준에서 작동하고 NACL은 서브넷 수준에서 작동한다.

120. A. 보안 그룹은 상태 저장 기반 필터링을 수행한다. 즉, 명시적으로 아웃바운드 규칙을 지정하지 않아도 인바운드를 허용한 트래픽의 반송을 자동으로 허용한다.

121. D. 네트워크 ACL은 상태 비저장이다. 인바운드 트래픽은 자동으로 반송을 허용하지 않는다. 트래픽이 서브넷으로 수신된 후, 서브넷 외부로 송신되려면 명시적으로 규칙을 지정해야 한다.

122. D. VPC는 VPC 피어링을 통해 같은 리전, 다른 리전, 다른 계정에 있는 다른 VPC와 연결할 수 있다.

123. B, D. VPC 피어링으로 VPC를 다른 VPC와 연결할 수 있으므로 VPC와 관련 없는 B와 D는 맞지 않는다.

124. B, D. 원본 VPC에 (인터넷 또는 가상 프라이빗) 게이트웨이가 있고 해당 게이트웨이를 통해 라우팅되면, VPC의 인스턴스는 다른 인스턴스와 통신할 수 있다. 따라서 B와 D가 필요하다. 'VPC 간 통신'이라는 것은 없으며, 보안 그룹으로는 이 문제의 상황을 지원할 수 없다.

125. A, D. 다소 어려운 문제이지만 결론은 인스턴스에 접근하는 방법을 묻는 것이다. 대상 인스턴스에 도달할 방법은 보기 중 퍼블릭 IP와 VPN 연결이다.

126. D. VPC는 AWS 네트워킹의 기본이며 모든 AWS 리전에서 사용할 수 있다.

127. D. VPC는 한 리전 내 모든 가용 영역에 걸칠 수 있다.

128. B. 인스턴스를 시작할 때 가용 영역을 지정해야 한다. AWS의 기본값으로 시작해도 되나, 가용 영역은 선택할 수 있다.

129. B. EBS 볼륨은 시작할 때 암호화해야 한다(B).

130. D. VPC 엔드포인트는 AWS 서비스에 대한 연결이며 인터넷 게이트웨이, VPN 연결, NAT 디바이스를 명시적으로 사용하지 않는다.

131. B. VPC 엔드포인트는 물리적 장치가 아닌 가상 장치다.

132. C. VPC 엔드포인트는 AWS 서비스에 연결하기 위한 것이며 명시적으로 인터넷 게이트웨이가 필요 없다(C).

133. C. 기본적으로 IAM 사용자에게는 엔드포인트 작업 권한이 없다. IAM 역할을 생성해서 사용할 수 있다. VPC 엔드포인트를 사용하기 위해 NAT 장치(A, B) 또는 보안 그룹(D)이 필요하지 않다.

134. B. 배스천 호스트 등의 연결과 퍼블릭 인터넷에서 호스트로 연결해서 프라이빗 인스턴스로 경유하는 라우팅이 없으면 프라이빗 서브넷에는 액세스할 수 없다.

135. B. 배스천 호스트는 퍼블릭 인터넷을 통해 액세스할 수 있도록 퍼블릭 서브넷에 배포해야 한다. 그런 다음 프라이빗 서브넷으로 트래픽을 라우팅한다.

136. C. 배스천 호스트는 점프 서버라고도 한다. 배스천으로 연결한 다음 프라이빗 서브넷으로 연결하기 때문이다.

137. D. 배스천 호스트는 프라이빗 서브넷에 있는 프라이빗 인스턴스에 연결하기 위해 사용한다. 즉, 배스천 호스트는 퍼블릭 인터넷에서 직접 액세스할 수 없는 인스턴스다.

138. D. 배스천 호스트는 퍼블릭으로 액세스해서 프라이빗 호스트에 액세스할 수 있게 한다. 따라서 네트워크에서 가장 안전한 호스트여야 한다. 서브넷에 NACL, 인스턴스에 보안 그룹, 인스턴스 자체에 OS를 강화해야 한다.

139. B. 셸 액세스에는 SSH만 필요하므로 해당 프로토콜만 허용한다. 항상 배스천 호스트에 꼭 필요한 것만 허용해야 한다.

140. D. 인터넷 게이트웨이는 수직이 아닌 수평으로 확장된다. 또한 중복적이며 자동으로 고가용성이다.

141. C. 인터넷 게이트웨이는 VPC에 연결되며, (필요한 경우) 여러 서브넷과 작동한다.

142. B. 0.0.0.0/0 경로는 퍼블릭 인터넷으로 향하는 모든 IPv4 트래픽에 적용된다. ::/0은 IPv6용이며, 0.0.0.0/24는 특정 CIDR 블록의 트래픽에 적용된다. D는 내부 IP 주소다.

143. C. ::/0 경로는 퍼블릭 인터넷으로 향하는 모든 IPv6 트래픽에 적용된다. 0.0.0.0/0은 IPv6용이며, 0.0.0.0/24는 특정 CIDR 블록의 트래픽에 적용된다. D는 내부 IP 주소다.

144. D. 인스턴스는 IPv6의 VPC 내의 IPv6 서브넷에서 IPv6 주소로 인터넷 통신을 할 수 있어야 한다. 가상 프라이빗 게이트웨이는 이들 중 어느 것과도 연결되지 않는다.

145. A, B. 인스턴스가 퍼블릭 인터넷과 통신할 수 있으려면 퍼블릭 IP 주소나 일래스틱 IP 주소가 있어야 한다. IAM 역할로 퍼블릭 액세스가 가능하지 않으며, NACL은 인스턴스가 아닌 서브넷에 연결된다.

146. A, C. 퍼블릭 서브넷은 인터넷 게이트웨이가 연결된 서브넷이다. 기본 VPC에는 인터넷 게이트웨이가 자동으로 연결돼 있다.

147. B. ALB는 Application Load Balancer를 말한다.

148. B. Application Load Balancer는 OSI 모델의 7계층인 애플리케이션 계층에서 작동한다. ELB$^{\text{Classic Load Balancer}}$는 4계층인 전송 계층과 7계층에서 작동하고, Network Load Balancer는 4계층에서 작동한다.

149. A. Application Load Balancer는 OSI 모델의 7계층인 애플리케이션 계층에서 작동한다. ELB$^{\text{Classic Load Balancer}}$는 4계층인 전송 계층과 7계층에서 작동하고, Network Load Balancer는 4계층에서 작동한다.

150. C. Application Load Balancer는 OSI 모델의 7계층인 애플리케이션 계층에서 작동한다. ELB$^{\text{Classic Load Balancer}}$는 4계층인 전송 계층과 7계층에서 작동하고, Network Load Balancer는 4계층에서 작동한다.

151. D. Network 및 Classic Load Balancer는 전송 계층에서 작동한다. Classic Load Balancer는 7계층인 애플리케이션 계층에서도 작동한다. Application Load Balancer는 OSI 모델의 7계층인 애플리케이션 계층에서 작동한다.

152. D. Classic 및 Application Load Balancer는 모두 애플리케이션 계층에서 작동한다. Classic Load Balancer는 전송 계층인 4계층에서도 작동한다. Network Load Balancer는 OSI 모델의 4계층인 전송 계층에서 작동한다.

153. C. 기본적으로 기본 VPC의 서브넷은 퍼블릭이다. 기본 VPC에는 인터넷 게이트웨이가 연결돼 있으며 기본 서브넷은 퍼블릭이다.

154. A. 기본적으로 사용자 지정 VPC의 서브넷은 프라이빗이다. 기본 VPC가 아닌 사용자 지정 VPC에는 기본적으로 인터넷 게이트웨이가 연결돼 있지 않으며, 여기서 새로 생성한 서브넷에서는 퍼블릭 액세스가 불가능하다.

155. C. 기본 서브넷이 아닌 사용자 생성 서브넷에서 시작된 인스턴스는 프라이빗 IPv4 주소만 있으며 퍼블릭 주소가 없으므로 C가 답이다. 모든 인스턴스에는 보안 그룹이 생성 또는 연결돼 있으며, 기본적으로 인스턴스는 항상 서브넷 내의 다른 인스턴스와 통신할 수 있다.

156. C, D. 기본 서브넷이 아닌 서브넷에서 시작된 인스턴스는 프라이빗 IPv4 주소만 있으므로 퍼블릭 호스트가 아니며 보기 C의 퍼블릭 IP 주소 할당을 위한 일래스틱 IP 주소가 필요하다. 인스턴스가 인터넷에 액세스하기 위해서는 인터넷 게이트웨이도 필요하다(D).

157. D. 기본 VPC의 기본 서브넷에서 시작된 인스턴스 환경에는 VPC에 인터넷 게이트웨이가 있고 인스턴스에 퍼블릭 IPv4 주소가 있으므로 퍼블릭 인터넷에 자동으로 연결할 수 있다.

158. A. NAT는 인스턴스의 트래픽을 인터넷 게이트웨이로 전달하지만, 인바운드 트래픽을 차단할 수 있다.

159. D. NAT 장치를 통해 프라이빗 인스턴스가 인터넷에 액세스할 수 있다. 수신 트래픽이 아닌 송신 트래픽을 허용한다.

160. B, C. AWS는 NAT 인스턴스와 NAT 게이트웨이의 두 가지 NAT 디바이스를 제공한다.

161. A, D. 인스턴스에는 항상 AMI가 필요하다. 이 문제에서 인스턴스는 EC2 인스턴스(A)와 NAT 인스턴스(D)다.

162. B. NAT 게이트웨이는 AWS에서 완전히 관리하는 장치다. 다른 모든 보기는 사용자가 OS 수준 패치 및 업데이트를 유지 관리해야 한다.

163. B. NAT 인스턴스는 자동 확장 기능을 제공하지 않는다. DynamoDB 및 NAT 게이트웨이는 관리형 서비스 및 기능이다. 서비스로서의 SNS는 수요가 충족되도록 백그라운드에서 일부 조정을 수행하지만 SNS 주제에서 '확장'과 같은 것은 실제로 없다.

164. A. 보기 중 배스천 호스트와 NAT 인스턴스만 관리형 서비스가 아니므로 둘 중의 하나가 답이 될 수 있다. 배스천 호스트는 일반적으로 SSH 라우팅과 프라이빗 인스턴스에 대한 권한을 가지므로 적절히 보호해야 한다. NAT 인스턴스는 일반적으로 프라이빗 인스턴스가 사용할 수 있지만, 트래픽은 프라이빗 인스턴스로 수신되지 않고 NAT 인스턴스로부터 송신되기만 한다.

165. D. NAT 인스턴스로 배스천 서버로 사용할 수 있다. 그 밖의 보기는 모두 관리형 서비스다.

166. C, D. Site-to-Site VPN 연결에는 VPC에 가상 프라이빗 게이트웨이(C)와 사내 네트워크에 고객 게이트웨이(D)가 필요하다.

167. A, C. Site-to-Site 연결은 AWS 측에 프라이빗 인스턴스가 있는 프라이빗 서브넷에서 필요하다(C). 또한 트래픽을 라우팅하고 정적 IP를 가지고 트래픽을 라우팅하는 NAT 인스턴스(A) 또는 이와 유사한 장치가 필요하다.

168. B. 외부 전용 게이트웨이는 IPv6 트래픽에만 사용된다.

169. C. 외부 전용 게이트웨이는 IPv6 트래픽과 함께 사용되며 아웃바운드 트래픽만 허용한다. VPC 엔드포인트는 관리형 AWS 서비스에 연결하며, 인터넷 게이트웨이(외부 전용이 아님)는 인바운드 및 아웃바운드 트래픽을 모두 허용한다. NAT 게이트웨이는 퍼블릭 서브넷이 아닌 프라이빗 서브넷의 아웃바운드 트래픽을 허용하기 위한 것이다.

170. A, C. NAT 인스턴스는 퍼블릭 서브넷에 있어야 하고 인터넷에서 액세스할 수 있어야 한다. 또한 VPC의 프라이빗 서브넷에 있는 프라이빗 인스턴스에 액세스할 수 있어야 한다.

171. B, C. 외부 전용 인터넷 게이트웨이는 상태 저장이며 IPv6 트래픽을 지원한다. 꼭 기억해야 한다. NACL이 없는 상태에서 게이트웨이는 인스턴스가 퍼블릭 인터넷으로 요청했을 때, 회신하는 응답을 인스턴스에 전달해준다는 것을 생각해보자.

172. C. 여기서 가장 중요한 것은 외부 전용 인터넷 게이트웨이는 IPv6 주소에서만 작동한다는 점이다. 이렇게 하면 A와 B가 제외된다. C가 전체 퍼블릭 인터넷을 IPv6 형식으로 나타낸 것이다.

173. A, D. IPv6 주소는 글로벌하게 고유하므로 기본적으로 퍼블릭이다(D). 주소 범위가 매우 넓으므로 프라이빗 IPv6 주소가 함께 있을 필요 없다.

174. B, C. 일래스틱 네트워크 인터페이스는 가상이며 보안 그룹, MAC 주소, 원본/대상 확인 플래그뿐만 아니라 복수의 IPv4 및 IPv6 주소를 연결할 수 있다.

175. D. 일래스틱 네트워크 인터페이스는 가상이며 보안 그룹, MAC 주소, 원본/대상 확인 플래그뿐만 아니라 복수의 IPv4 및 IPv6 주소를 연결할 수 있다. NACL은 인스턴스의 네트워크 인터페이스가 아닌 서브넷에 연결된다.

176. C. 대부분 인스턴스에는 하나의 기본 네트워크 인터페이스만 있지만, 추가 네트워크 인터페이스를 연결할 수 있으므로 정답은 C, 1개 이상이다.

177. A. 트래픽은 특정 인스턴스에 고정되지 않고 네트워크 인터페이스를 따른다. 따라서 이 경우 트래픽은 새 인스턴스로 전송되며 일래스틱 네트워크 인터페이스가 그 대상이 된다(A).

178. C. 일래스틱 네트워크 인터페이스는 한 번에 한 개씩만 인스턴스에 연결할 수 있지만, 한 인스턴스에서 다른 인스턴스로 옮길 수 있다.

179. B. 여러 인터페이스를 사용해 네트워크 처리량을 늘리는 것은 사실상 불가능하므로 B는 옳지 않다. 다른 세 가지 보기 모두 여러 인터페이스를 인스턴스에 연결해야 하는 합당한 이유다.

180. C. 인스턴스에서 기본 네트워크 인터페이스를 분리할 수 없다(C). 보조 인터페이스를 분리하고(A) 여러 인터페이스를 연결하고(B) 네트워크 인터페이스를 옮길 수 있다(D).

181. D. 일래스틱 네트워크 인터페이스에는 라우팅 테이블이 없지만, IPv4 및 IPv6 주소와 원본/대상 확인 플래그는 있다.

182. C. 일래스틱 IP 주소는 특정 인스턴스에 연결이 고정되지 않도록 하기 위한 것이므로 A와 B는 답이 아니다. 보안 그룹은 일반적으로 특정 IP 주소와 연결되지 않는다(D). C가 남는다. 인스턴스에 장애가 발생한 경우 일래스틱 IP를 다른 인스턴스로 옮길 수 있다.

183. A. 일래스틱 IP 주소는 변경되지 않는 IP 주소이므로 A가 답이다. 사용 중인 IP 주소는 변경할 수 없다. VPC 간에도 일래스틱 IP를 옮길 수 있으며(A, B) 반드시 하나의 인스턴스와 연결해야 한다(D).

184. B, C. 일래스틱 IP는 다른 인스턴스로 트래픽을 전환해서 인스턴스 장애를 숨길 수 있다(B). 또한 모든 네트워크 인터페이스 속성을 한 번에 이동할 수 있다(C).

185. A, D. 일래스틱 IP를 사용하려면 먼저 VPC 내에서 사용할 IP를 할당한 다음, VPC에 있는 인스턴스와 연결해야 한다(A, D). Route 53은 이 절차와 관련 없고, 인스턴스에서 기본 네트워크 인터페이스를 분리할 수 없다.

186. D. AWS API, CLI, AWS Management Console은 맞고, 'EBS 관리 도구' 같은 것은 없다.

187. C. 인스턴스는 리전과 VPC에 위치하며 Auto Scaling 그룹에 포함될 수 있지만, 특정 가용 영역에 프로비저닝된다(C).

188. A. EBS 스냅샷은 S3에 증분 백업된다.

189. A. IAM 역할 변경은 즉시 적용된다.

190. A. 인스턴스에는 1개의 역할만 연결할 수 있다.

191. B, D. 인스턴스에는 1개의 역할만 할당할 수 있지만(D) 필요한 정책을 결합해서 새 역할을 생성할 수 있다(B).

192. A, D. 언제나 역할을 변경해야 한다(A). 그런 다음 인스턴스에 변경사항을 적용하기 위해 더 수행할 작업은 없다.

193. B, D. 먼저 필요한 권한으로 IAM 역할을 생성해야 한다(B). 그런 다음 실행 중

인 인스턴스에 역할을 연결하면 중단 시간 없이 작업을 수행할 수 있다(D). 이러한 절차는 비교적 새롭게 소개된 것이다. 이전 버전에서는 인스턴스를 다시 시작해야 했다.

194. A. 스냅샷을 등록해서 루트 디바이스의 AMI로 사용하는 경우 삭제할 수 없다.

195. A. 암호화는 생성 시 EBS 볼륨에만 적용할 수 있으므로 A가 답이다.

196. B. 기본적으로 인스턴스가 종료되면 루트 볼륨은 삭제된다. 그러나 AWS Management Console 또는 CLI를 사용해 볼륨을 유지하게 하면 삭제되지 않는다(B).

197. C. 기본값 사용은 Well-Architected 프레임워크에 해당되지 않으며, 안전하지 않을 수 있다.

198. A, C. Well-Architected 프레임워크에서는 보안 모범 사례와 보안 사고에 대한 대응을 자동화할 것을 권고한다.

199. A, B. AWS는 클라우드 자체의 보안을 담당하고 고객은 클라우드 리소스와 데이터를 보호해야 한다.

200. A, D. AWS는 클라우드 자체의 보안을 책임진다. 즉, 엣지 로케이션 및 가용 영역 같은 인프라의 보안을 책임진다.

201. D. AWS는 네트워크를 담당하지만 해당 네트워크를 통한 실제 트래픽에 대해서는 책임지지 않는다(D).

202. A. AWS는 DynamoDB를 관리형 서비스로 관리한다. 그 밖의 보기는 사용자의 책임이다.

203. C. Well-Architected 프레임워크에는 클라우드 보안의 네 가지 영역, 즉 데이터 보호, 인프라 보호, 권한 관리, 탐지 제어가 포함된다.

204. C. Well-Architected 프레임워크에서는 저장 중 데이터나 전송 중 데이터를 최대한 암호화할 것을 권장한다.

205. A, B. Well-Architected 프레임워크는 데이터가 저장 중이든 전송 중이든 가능한 모든 것을 암호화하도록 권장한다.

206. C. 데이터 보안에 대한 책임은 전적으로 사용자에게 있지만 AWS는 보안을 위한 도구를 제공할 책임이 있다.

207. B. S3 내구성은 99.999999999%이며 '일레븐 나인'이라고 한다.

208. C. AWS는 리전 간 데이터 이동을 개시하지 않는다. 리전 간에 콘텐츠를 이동할 때는 고객이 수행 또는 개시해야 한다.

209. D. MFA Delete 및 버전 관리를 통해 S3의 데이터를 보호할 수 있으며, 두 가지 모두 실수로 인한 삭제를 방지한다. 또한 IAM 역할을 통해 데이터를 삭제할 수 있는 사용자만 데이터를 삭제할 수 있다.

210. A, C. 보기 모두 가능하지만 루트 계정에서 MFA를 사용하도록 설정하고 암호 교체 정책을 설정하는 것 두 가지만 수행해야 한다. S3에 MFA Delete를 활성화하는 것이 좋지만 모든 상황에 맞는 것은 아니다. 또한 모든 사용자에게 IAM 역할이 필요한 것은 아니다. 예를 들어, 일부는 기본 역할에 적합하다.

211. C. AWS 인프라는 VPC 계층에서 대부분 가상으로 작동한다.

212. A, C. CloudWatch와 CloudTrail은 모두 모니터링 및 로깅 기능을 제공해 보안 침해를 식별할 수 있다. CloudFormation은 배포 메커니즘이며, Trusted Advisor는 실제 문제가 아닌 잠재적인 취약점을 식별할 수 있다.

213. C. IAM은 사용자, 역할 및 권한을 통해 액세스를 관리한다.

214. D. MFA는 권한 관리와 관련해 보호를 추가하는 멀티 팩터 인증이다.

215. A. Trusted Advisor는 시스템을 점검해 인프라에서 보안 취약점을 찾고 권고 사항을 제안하는 AWS 서비스다.

216. C. AWS Well-Architected 프레임워크는 운영 효율성, 보안, 안정성, 성능 효율성, 비용 최적화라는 다섯 가지 핵심 요소를 제공한다. 조직 문제는 이 프레임워크와는 별도로 고려된다(C).

217. B. AWS Well-Architected 프레임워크는 운영 효율성, 보안, 안정성, 성능 효율성, 비용 최적화라는 다섯 가지 핵심 요소를 제공한다. 클라우드 내에서 호스팅되는 애플리케이션은 중요하지만 사용 편의성은 클라우드의 주요 사항이 아니다(B).

218. C. C가 옳지 않다. 모든 계층에 보안을 적용한다. 보안은 최상위 계층뿐만 아니라 모든 계층에 존재해야 한다.

219. D. A와 C는 모두 좋은 아이디어이지만 Well-Architected 프레임워크의 원칙보다 더 구체적이다. B는 원칙의 일부이지만 데이터는 저장 및 전송 중 모두 보호돼야 한다. 사용자는 데이터에 직접 액세스하지 않아야 한다(D). 도구와 API로 사용자와 데이터 사이에 계층을 제공해야 한다.

220. A, D. 다섯 가지 영역은 자격 증명 및 액세스 관리(A), 탐지 제어, 인프라 보호, 데이터 보호, 인시던트 대응(D)이다.

221. A. AWS는 클라우드 인프라의 물리적 보안을 책임진다.

222. A, C. 루트 계정은 모든 계정 중에서 가장 처음 생성되며(A) 다른 사용자 및 그룹을 만드는 데만 사용해야 한다(C). 일상적인 작업을 위한 것이 아니며(B) 계정 설정이 완료되면 AWS는 액세스 키를 삭제하도록 권장한다(D).

223. C, D. 비밀번호 정책에는 최소 길이 및 복잡성 요구가 포함된다.

224. C. AWS Management Console에 액세스 권한이 있는 사용자는 더 많은 권한을 가진 사용자이므로 MFA를 사용해야 한다(C). 비밀번호 정책은 모든 사용자에게 적용되므로 A는 옳지 않다. 또한 암호는 AWS Management Console에 로그인하는 메커니즘이므로 액세스 키가 AWS Management Console 로그인에 사용되지 않는다는 점에서 B는 옳지 않다.

225. A, B. SAML 2.0 및 웹 자격 증명은 모두 기존 조직의 자격 증명 공급자와 작동할 수 있는 수단을 제공한다.

226. C. 최소 권한의 원칙은 사용자가 자신의 직무를 수행하기 위한 최소한의 권한을 부여하도록 권장한다.

227. B. AWS Organizations는 OU^{Organizational Unit}로 계정의 권한 및 역할을 그룹화할 수 있다.

228. A. AWS Organizations의 SCP는 서비스 제어 정책^{service control policy}이며 OU^{Organizational Unit}에 적용하면 해당 OU 내의 모든 사용자에게 적용된다. 사용자 수준에서 권한을 적용하는 그룹의 방식과 같이 조직 수준에 권한을 효과적으로 적용한다.

229. C. 서비스 제어 정책^{SCP, service control policy}은 AWS Organizations의 OU^{Organizational Unit}에 적용된다.

230. A. SCP^{service control policy}는 AWS 계정 전체에서 동작한다(A). OU는 계정 그룹이며 IAM 역할은 계정의 구조가 아니라 사용자 및 그룹에 적용된다.

231. C. AWS Organizations는 여러 AWS 계정의 정책을 구성하고 관리할 수 있는 수단을 제공한다.

232. D. AWS 환경의 보안을 위해 위의 모든 보기를 사용할 수 있다.

233. B. SSE-S3는 AWS에 키 관리를 맡기면서 저장 중 암호화를 수행할 수 있다. SSE-KMS는 같지만 비용이 많이 들고 엄격한 감사에 더 적합하다. 다른 두 보기는 클라이언트 측 작업과 관련이 있으며 문제와는 맞지 않는다.

234. C. SSE-KMS는 강력한 추적 감사가 필요한 모든 암호화에 가장 적합한 솔루션이다.

235. C. 새로운 사용자에게 새로운 IAM 사용자를 생성해주고, 각 사용자의 권한이 같으면 개별적으로 권한을 할당하지 않고 그룹을 사용해야 한다.

236. B. 보기 대부분은 지나치게 복잡하다. 기본적으로 S3는 고가용성이므로 EU 리전에서 버킷을 설정하기만 하면 된다.

237. D. 모든 S3 스토리지 클래스는 전송 중 데이터에 SSL과 저장 중 데이터에 암호화를 적용할 수 있다.

238. D. 모든 S3 스토리지 클래스는 전송 중 데이터에 SSL과 저장 중 데이터에 암호화를 적용할 수 있다.

239. A. 공유 책임 모델은 AWS가 보호하는 클라우드 부분과 AWS 사용자가 보호해야 하는 부분을 정의한다.

240. B. AWS 공유 책임 백서 및 FAQ를 읽지 않았다면 매우 어려운 문제다. AWS의 많은 영역에서 관리형 서비스라는 용어가 사용되지만 공유 책임 모델에서는 관리형 서비스라는 용어가 핵심 유형 서비스로 사용되지 않는다는 사실을 알아야 한다.

241. C. AWS가 가상화 인프라의 보안을 책임진다. 다른 모든 보기는 사용자의 책임이다. 이처럼 AWS 공유 책임 모델과 관련된 질문에 대한 힌트로, AWS는 인프라라는 단어가 있는 대부분을 책임진다. 단, 애플리케이션 인프라 같은 일부 인프라는 예외다.

242. A. IAM 역할은 EC2 인스턴스가 다른 AWS 서비스에 액세스해야 할 때 권한을 부여하기 위해 사용한다. 이러한 권한은 정책의 형식으로 정의하며(B) 실제 인스턴스가 서비스에 액세스하게 하는 것은 역할이다.

243. A, D. 컴퓨팅 인스턴스(EC2)의 경우와 마찬가지로 컨테이너의 작업에는 S3에 액세스하도록 허용하는 IAM 역할이 필요하며(A) ECS 작업에 S3에 액세스할 수 있는 권한을 지정하는 정책이 있어야 한다(D). 이 두 가지가 액세스를 위해 필요하다. 보안 그룹은 네트워크 트래픽에 적용되고 S3 액세스에 영향을 미치지 않으며 VPC 엔드포인트를 사용할 수 있지만 이 문제에서 필수사항은 아니다(C).

244. C. 기본적으로 새로 생성한 S3 버킷은 프라이빗이다. 명시적으로 액세스 권한이 부여된 사용자만 액세스할 수 있다.

영역 4: 비용에 최적화된 아키텍처 설계

1. A, B. 인스턴스 비용이 문제 되면 인스턴스 요금을 낮출 방법을 찾아야 한다. AWS는 이를 위해 예약 인스턴스와 스팟 인스턴스, 스팟 시장을 제공한다. 예약 인스턴스는 선결제로 낼 때 요금이 가장 저렴하다. 따라서 A와 B가 답이다. 더 작은 인스턴스를 선택해서 더 오래 실행하는 것이 큰 인스턴스로 더 짧은 시간 실행하는 것보다 비싸므로 C는 답이 될 수 없다. D는 가능할 수 있지만 AWS는 대개 예약 인스턴스 또는 스팟 시장을 제안할 것이다(A, B).

2. C, D. 예약 인스턴스는 선결제 없음, 부분 선결제, 전체 선결제 모델로 비용을 지불할 수 있다. 전체 선결제가 가장 저렴하고, 선결제 없음이 가장 비싸다.

3. D. 예약 인스턴스는 생성된 리전에 고정되므로 D가 답이다. 새로운 리전에서는 새로 예약 인스턴스를 생성해야 한다.

4. C. 쉽게 답할 수 있는 문제다. 스팟 시장에서 구매한 스팟 인스턴스는 필요한 컴퓨팅 요구가 시간이나 작업에 유연성이 있을 때 가장 저렴한 선택이 될 수 있다.

5. B, C. 워크로드가 급증하는 애플리케이션은 빠르게 확장 및 축소할 수 있어야 하므로 온디맨드를 사용해야 한다. 시작 및 종료 시간이 유연할 때는 스팟 인

스턴스를 선택할 수 있으며, 사용량이 일정한 상태로 유지될 때는 예약 인스턴스가 이상적이다. 새로운 애플리케이션을 테스트할 때는 항상 온디맨드를 선택하는 것이 좋다.

6. B, D. 워크로드가 급증하는 애플리케이션은 빠르게 확장 및 축소할 수 있어야 하므로 온디맨드를 사용해야 한다. 시작 및 종료 시간이 유연할 때는 스팟 인스턴스를 선택할 수 있으며, 사용량이 일정한 상태로 유지될 때는 예약 인스턴스가 이상적이다. 스팟 인스턴스는 다른 인스턴스 유형에서 불가능한 고성능 컴퓨팅을 저렴하게 수행하게 한다.

7. C, D. A는 보기에 예약이 문구로 들어가 있다. 사용량이 일정한 상태는 예약 인스턴스의 사용 사례이며, 비용을 절감할 수 있다. 스팟 인스턴스는 대규모 긴급 추가 용량 요구에 가장 적합하며, 선결제를 할 수 없는 사용자에게는 온디맨드 인스턴스가 가장 좋다.

8. A, B. 모든 S3 스토리지 클래스의 내구성은 일레븐 나인이라고 한다. 또한 모든 S3 스토리지 클래스는 최고의 가용성과 처리량을 제공한다. 자주 액세스하지 않을 때 S3-IA를 사용하고, 객체가 손실되더라도 재생성할 수 있다면 S3 One Zone-IA를 제안한다.

9. A, D. 문제는 인스턴스가 너무 빨리 축소된다는 점이다. 다시 확장되면 비용이 발생한다. 이를 해결하기 위해서는 인스턴스를 좀 더 오래 유지해 수요를 충족시켜야 한다. A와 D 모두 이 작업을 수행한다. 조정 휴지 시간은 그룹에서 조정 작업 완료를 확인하는 시간을 늘리고(A), 축소를 위한 CloudWatch 경보 기간도 늘려야 한다(D).

10. D. 이 문제는 이론상으로 만들어졌지만, S3-IA가 사용될 수 있는 정확한 사례다. 요청 빈도가 적은 신속 액세스는 S3-IA에 이상적이다.

11. A. S3-IA는 사용 사례와 관계없이 S3보다 저렴하다. 그렇지만 S3-IA는 바이트당 검색 비용이 낮아야 하는 사용 사례에는 적합하지 않을 수도 있다.

12. C. CloudFront는 자주 액세스하는 파일을 캐시할 수 있다. 이 문제의 사례에서는 실제 비용을 줄여야 한다. CloudFront 사용의 추가 비용은 요청을 처리하는 데 드는 EC2 인스턴스의 추가 컴퓨팅 비용과 EFS에서의 송신 비용을 줄여서 상쇄할 수 있다.

13. D. 문제의 요구사항은 Glacier의 대표적인 사용 사례다. 대용량 저장소에 있는 문서에는 거의 액세스되지 않는다. 그러나 요구사항 중에 빠른 검색이 필요하다고 한다. 신속 검색으로 Glacier를 사용하면 S3-IA보다 저렴할 수 있다.

14. B. 단일 인스턴스 애플리케이션의 경우 EFS보다 EBS가 훨씬 나은 선택이다. 데이터베이스에는 프로비저닝된 IOPS를 사용하는 것이 좋지만, 이 문제의 사례(급증하는 기간이 짧고, 전반적인 기간에는 사용량이 적음)에서는 범용 SSD로도 충분하다.

15. C. 대용량 데이터베이스 워크로드가 있는 경우 프로비저닝된 IOPS SSD가 이상적이다.

16. D. 콜드 HDD는 가장 저렴한 EBS 볼륨 유형이다.

17. A. 어려운 문제다. CloudWatch, Lambda, EC2 인스턴스를 추가해야 하므로 B와 C는 제외한다. EBS 스냅샷을 작성해서 S3로 이동하면 내구성이 자동으로 향상된다. 데이터 미러링은 내결함성을 높일 수 있지만 내구성과는 관계없다. 따라서 A가 가장 정답에 근접했다.

18. B. 이 문제는 어떤 저장 매체가 적절한지, 오래된 레코드를 어떻게 삭제해야 하는지에 관한 사항을 답해야 한다. 즉시 검색하고 수명주기 관리를 모두 수행하려면 B에서와 같이 S3가 필요하다. D에서 EBS는 수명주기를 관리할 수 없다.

19. A, C. RDS 읽기 전용 복제본은 ElastiCache와 마찬가지로 데이터베이스 인스턴스의 읽기 부하를 줄일 수 있다. 다른 인스턴스로 읽기를 옮기고, 이미 액세스된 데이터를 캐시한다.

20. B, D. 가장 오래된 데이터의 요구사항은 10시간 내의 검색 기간이므로, Glacier를 쉽게 선택할 수 있다. S3 RRS는 가용성이 낮으므로 고려 대상에서 제외한다. S3와 S3-IA가 남는데, S3-IA는 S3보다 저렴하므로 더 나은 선택이 될 수 있다.

21. B. 배치 그룹은 일반적으로 단일 가용 영역에 있지만, 분산형 배치 그룹은 여러 가용 영역에 걸쳐 만들 수 있다.

22. B. 분산형 배치 그룹은 가용 영역 전체에 분산된 그룹으로 생각하는 것이 일

반적이지만 이는 잘못 해석한 것이다. 분산형 배치 그룹의 분산은 인스턴스가 기반하고 있는 하드웨어가 분리돼 있음을 의미하며, 여러 가용 영역에 분산될 수 있지만 필수적으로 분리되는 것은 아니다.

23. C. 분산형 배치 그룹은 AZ당 최대 7개의 인스턴스를 실행할 수 있다.

24. A, C. 분산형 배치 그룹은 주로 인스턴스 간 네트워크 지연을 줄이기 위해 사용된다(C). 또한 인스턴스를 여러 VPC에 배포할 수 있다(A).

25. C. 이 문제에서 유일하게 옳지 않은 것은 C다. 분산형 배치 그룹은 여러 리전에 걸쳐 설정할 수 없으므로 옳지 않다.

26. B, C. AWS에서 송신할 때는 비용이 들지만(B) AWS로 수신은 항상 무료다. 리전 간 데이터 전송은 인터넷으로의 전송과 같이 취급된다(C). AZ 간 데이터 전송은 비용이 들지 않는다(D).

27. C. '무료'인 데이터 수신에 관한 것을 고른다. S3에 업로드하는 것은 수신이므로 무료이며 가장 저렴하다.

28. B. 항상 무료인 수신인 예가 보기 중에는 없다. 이 경우 같은 가용 영역 내에서 데이터를 이동시키는 것을 찾아야 한다. 가장 저렴하고(일반적으로 IP 주소에 따라 무료), 이 경우 B, 즉 AZ 간 인스턴스 사이에 데이터 전송이 가장 저렴하다.

29. A, B. CloudFront는 항상 좋은 선택이다. EC2에서 CloudFront로 데이터를 자유롭게 이동할 수 있으므로 데이터 이동 거리 및 관련 비용을 줄일 수 있다. 그런 다음 인터넷으로 라우팅하지 않는 통신에 프라이빗 IP를 사용한다. 일반적으로 AWS는 프라이빗 IP에서 프라이빗 IP로의 통신 요금이 더 적다.

30. B. 프리 티어는 실제 지원 플랜이 아니다. B가 답이다.

31. C. AWS는 대규모 자본 지출을 줄이고 대신 종량제 모델을 제공한다.

32. B. AWS는 모든 서비스에 종량제 모델을 사용한다.

33. D. D가 옳지 않다. 규모의 경제로 인해 AWS의 규모가 커짐에 따라 실제로 지불하는 비용이 줄어든다.

34. C. '마이그레이션 전용'은 인스턴스의 요금 모델이 아니다. 여기에 언급되지 않은 유일한 모델은 전용 호스트다.

35. B. 온프레미스 서버와 동일 항목으로 비교할 때 AWS는 TCO 계산에서 예약 인스턴스를 사용할 것을 권장한다.

36. A. 표준 예약 인스턴스는 온디맨드 인스턴스보다 최대 75% 할인을 제공한다.

37. C. '절반 선결제' 결제 방법은 없다. 선결제, 부분 선결제, 전체 선결제가 있다.

38. C. 전체 선결제는 다른 세 가지보다 저렴하며, 최대 절감 효과를 제공한다.

39. B, D. 예약 인스턴스는 1년 또는 3년 기간 동안 구매할 수 있다.

40. A, C. 스팟 인스턴스(A)는 요금 모델이지만 스팟 시장(B)은 아니다. 스팟 시장은 스팟 인스턴스를 구매하는 곳이다. 전용 호스트도 요금 모델이며, 전체 선결제는 결제 옵션이며, 인스턴스 요금 모델은 아니다.

41. A. 스팟 인스턴스는 시작 및 종료 시간이 유연하거나 낮은 컴퓨팅 요금으로 실행해야 하거나 대량의 추가 용량에 대한 긴급한 컴퓨팅 요구가 있는 애플리케이션에 권장된다.

42. B. 온디맨드 인스턴스는 사용 패턴이 심하게 변동하고 예측할 수 없는 경우에 가장 좋다.

43. B. 온디맨드 인스턴스는 특히 작업을 중단할 수 없고 예측할 수 없는 패턴으로 급격히 변화하는 사용 사례에 이상적이다. 사용량을 예측할 수 있는 장기 실행 작업에는 예약 인스턴스를 사용하는 것이 이익이나 작업을 중지할 수 있다면 스팟 인스턴스가 더 나을 수 있다.

44. A, D. 전용 호스트는 구매 및 결제 모두 다른 인스턴스 유형과 다르게 작동하므로 약간 까다롭다. 이 경우 문제는 결제가 아니라 구매에 관한 것이다(전체 선결제, 부분 선결제, 무 선결제). 전용 호스트는 온디맨드 인스턴스로 구매할 수 있고, 예약 인스턴스로 구매해서 상당한 비용을 절감할 수도 있다.

45. B, C. 예약 인스턴스는 사용량이 일정한 애플리케이션에 가장 적합하며, B, C 와 같이 최소 1년의 약정이 필요하다.

46. D. 스팟 인스턴스는 언제라도 종료될 수 있으므로 사용량이 급증하는 사례에 적합하지 않다.

47. B. 이 시나리오에서는 인스턴스를 계속 유지해야 하면서(스팟 시장 제외) 장기

약정이 없어야 한다(예약 인스턴스 제외). 전용 호스트는 의미가 없으므로 온디맨드 인스턴스만 남는다.

48. A, B. 스팟 시장은 언제든지 중지하고 시작할 수 있는 인스턴스에 적합하다. 인스턴스에서 애플리케이션을 중지했다가 다시 시작할 수 있다(A). 비용은 온디맨드 요금보다 훨씬 낮다(B). 그러나 하드웨어가 자주 변경되거나 사용량이 급증하는 시나리오에는 스팟 인스턴스가 적합하지 않다.

49. D. 단순하게 'GB당 스토리지'로 비교할 때 Amazon Glacier는 가장 저렴한 스토리지 클래스다.

50. A. S3-SSE는 암호화 솔루션이다. Standard-IA는 자주 액세스하지 않을 때 사용하고 RRS는 중복성이 낮으며, Glacier도 S3 스토리지 클래스의 일부다.

51. C. 데이터 업로드는 AWS에서 수신하는 방식의 전형적인 작업이며, 수신에는 요금이 부과되지 않는다.

52. A. CloudFront로 이동하는 데이터에는 요금이 부과되지 않는다. CloudFront에서 송신하는 데는 비용이 들지만, CloudFront가 수신하는 데이터에는 비용이 없다.

53. B. AWS 프리 티어는 AWS에 있는 개념이며 무료다. AWS 프리 티어가 적용되는 여러 서비스(데이터 전송, 컴퓨팅, 스토리지 등) 내에서 무료로 사용할 수 있다.

54. D. AWS 마켓플레이스는 무료 및 유료 소프트웨어 제품을 제공하며, 대부분 제품은 AWS 프리 티어에서 실행할 수 있다. AMI와 타사의 많은 평가판 서비스도 찾을 수 있다.

55. D. AWS 프리 티어에서는 제공되는 용량이 적을 뿐, AWS의 거의 모든 것이 제공된다.

56. D. AWS 지원 플랜에는 기본, 개발자, 비즈니스, 엔터프라이즈가 있다.

57. C, D. 바로 답할 수 있어야 한다. 비즈니스 이상의 지원 플랜은 24/7, 즉 연중무휴 지원을 제공한다. 이 경우 비즈니스와 엔터프라이즈다.

58. B. AWS Trusted Advisor는 비용 절감, 성능 및 보안 향상을 위한 온라인 리소스다. 그러나 로깅은 제공하지 않고(C) Auto Scaling 제한 또는 구성에 영향을 미치지 않는다.

59. C. Trusted Adviser에는 비용 최적화, 보안, 내결함성, 성능 및 서비스 할당량의 5개 검사 항목이 있다. 참고: AWS의 검사가 7개라고 하기도 하고 5개라고 하기도 한다. 최신 문서에는 검사 항목이 5개로 나와 있다.

60. A, B. AWS Trusted Advisor는 일반적으로 모든 환경의 사용 사례에 대해 필요한 권장사항을 제시한다. 보기에서 해당 기준을 충족하는 것은 루트 계정에 대한 MFA 설정과 S3 버킷에 대한 글로벌 인터넷 액세스 중지 두 가지다. 이러한 권장사항은 거의 모든 상황에 적용된다. C와 D는 사용 사례에 따라 다르므로 Trusted Advisor에서 제안하지 않는다.

61. D. AWS Trusted Advisor는 S3 버킷 사용, IAM 사용, 스냅샷(EBS와 RDS)에 대해서는 권장하지만 DNS에 대해서는 권장하지 않는다. D가 답이다.

62. B. AWS Trusted Advisor는 비용 최적화, 보안, 성능, 내결함성, 서비스 할당량의 다섯 가지 범주의 권장사항을 제시한다.

63. A, D. AWS Trusted Advisor는 비용 최적화, 보안, 성능, 내결함성, 서비스 할당량의 다섯 가지 범주의 권장사항을 제시한다.

64. A, C. 우선, C를 선택하기는 쉽다. 루트 계정의 MFA는 가장 일반적인 권장사항이다. 그런 다음 Trusted Advisor가 강력하게 권장하는 것을 검토한다. DNS 레코드를 사용하지 않는 것은 별로 의미가 없으며(DNS를 사용하지 않을 방법도 없다) '적합한' S3 스토리지 클래스를 선택하려면 Trusted Advisor가 하지 않는 사용 사례를 이해해야 한다. A 유휴 로드 밸런서가 남는다.

65. A, B. AWS는 다섯 가지 표준 권장사항을 제시한다. 최저 비용으로 용량 요구사항을 충족하도록 적절하게 서비스 용량을 정하고, 예약을 통해 비용을 절감하고, 스팟 시장을 사용하고, 서비스 사용량을 모니터링 및 추적하고, Cost Explorer를 사용해 비용을 최적화한다.

66. C. AWS는 다섯 가지 표준 권장사항을 제시한다. 최저 비용으로 용량 요구사항을 충족하도록 적절하게 서비스 용량을 정하고, 예약을 통해 비용을 절감하고, 스팟 시장을 사용하고, 서비스 사용량을 모니터링 및 추적하고, Cost Explorer를 사용해 비용을 최적화한다. 스팟 시장을 사용하는 것은 마지막, 비용 최적화에 해당한다. 다른 보기는 일반적인 비용 절약 권장사항에 맞지 않는다.

67. C. 기본적인 문제다. AWS Cost Explorer는 특정 기간 전체의 AWS 비용을 평가하는데 분석을 통한 레포트를 제공한다.

68. B. 이 문제에서는 적합한 AWS 도구(AWS Trusted Advisor와 AWS Cost Explorer)와 비용을 처리할 대상을 결정해야 한다. 이 경우 AWS Cost Explorer다.

69. B. Cost Explorer는 인스턴스 지출을 월별로 분석하는 데 도움이 되는 EC2 월별 비용 및 사용량 보고서를 제공한다.

70. C. AWS Cost Explorer에서 월별 스토리지 비용에 대한 정보를 제공하고 AWS Budgets에서는 알림을 설정해 사용자 지정 프로그래밍 추가를 통해 비용을 줄이거나 중단할 수 있다.

71. D. 중요한 질문이다. 열거된 도구 중 어느 것도 비용 임곗값에서 실제 '차단'할 수 있는 것은 없다. AWS Budgets를 사용하면 임곗값에 이르렀을 때 알림을 받을 수 있지만 특정 시점에 그 자체만으로 지출을 중단할 수는 없다.

72. C. Elastic Transcoder를 사용하면 다양한 장치에 맞는 최적화된 미디어 파일을 생성할 수 있다.

73. A. 이 문제에서는 다양한 AWS 서비스 약어를 알고 있는 것이 필요하다. RDS가 Relational Database Service임을 알면 AWS 관리형 서비스에서 Oracle을 사용할 수 있다는 사실도 쉽게 알 수 있다.

74. A. Elastic Beanstalk은 코드 배포, 용량 프로비저닝, 로드 밸런싱, Auto Scaling, 상태 확인 설정 등의 관리 작업을 최소화하면서 수행할 수 있다. 애플리케이션을 실행하는데 이와 같은 작업을 계속 수행하려면 인력이 필요하지만 Elastic Beanstalk은 애플리케이션 배포 초기에 필요한 리소스를 줄일 수 있다.

75. B. CloudFormation을 사용하면 프로비저닝을 자동화할 수 있다. 여러 애플리케이션이 공통 구조를 공유하고 전체 스택을 표준화된 JSON 스크립트를 작성해서 가벼운 수정을 통해 개별적으로 배포할 수 있다.

76. D. Snowball은 50TB에 가까운 데이터를 전송할 때 가장 비용 효율적이며 10TB 이상에서도 고려할 필요가 있다.

77. A. Storage Gateway는 하이브리드 스토리지 서비스이며 온프레미스 데이터 저장소가 S3와 상호작용할 수 있게 한다.

78. C. 대용량 데이터에는 항상 'Snowball'을 검토해야 한다. Snowball은 안정적이고 확장 가능한 페타바이트 규모의 데이터 전송 솔루션이다.

79. D. Redshift는 OLAP 및 비즈니스 인텔리전스를 위한 AWS의 관리형 서비스다.

80. A. EMR^{Elastic MapReduce}은 대량의 데이터 처리를 목표로 하는 웹 서비스다. 이러한 작업에 최적화돼 있으며, 유사한 프로세스를 실행하는 EC2 인스턴스보다 비용을 절약할 수 있다.

81. A, D. QuickSight는 비즈니스 분석 서비스이며, Redshift는 비즈니스 인텔리전스나 OLAP에 이상적이다. EC2 인스턴스와 프로비저닝된 IOPS EBS 볼륨을 사용해 고성능 애플리케이션을 구축할 수 있지만, QuickSight 및 Redshift 같은 관리형 서비스가 좀 더 비용 효율적이다.

82. D. A와 B 모두 상당한 비용과 사용자 정의 코드가 발생한다. C는 분석 측면에서 나쁜 선택은 아니지만 여러 데이터 원본에서 집계하는 데 여전히 사용자 지정 코드가 필요할 수 있다. 그러나 QuickSight는 데이터 소스를 결합한 다음 분석을 수행하고 통찰력을 추출하는 작업에 적합하게 설계됐다.

83. C. Glacier는 Amazon의 장기 데이터 보관 솔루션이다.

84. A. CloudFormation은 수동 개입 없이 배포를 자동화하는 데 이상적이지만, 실제로 리소스 프로비저닝을 처리하는 것은 Elastic Beanstalk이다.

85. C. Kinesis는 스트리밍 데이터를 처리하기 위한 서비스다. 이 스트리밍 원본에서 데이터를 실시간으로 수집하고 처리하므로 문제와 같은 프로세스를 담당하는 사용자 지정 코드를 대체하는 데 이상적이다.

86. A. Lambda를 사용하면 코드 실행에 기반 리소스(인스턴스 등)를 신경 쓸 필요 없다. Lambda에 실행할 코드를 제공하기만 하면 확장성 있고 비용 효율적으로 코드를 실행한다.

87. D. CloudWatch는 애플리케이션 모니터링을 제공하며 AWS 모니터링을 위한 저비용 솔루션이다.

88. A. CloudTrail은 로깅을 위한 AWS 서비스이며, 특히 감사와 규정 준수에 도움이 된다.

89. C. 보기 모두 불필요한 단계이며 여러 인스턴스 또는 Oracle, PostgreSQL을 포함하고 있다. 가장 쉽고 비용 효율적인 방법은 데이터베이스 마이그레이션 서비스인 DMS를 사용해 Oracle에서 PostgreSQL로 직접 마이그레이션하는 것이다.

90. A. S3는 일반 파일(비관계형 데이터) 스토리지를 위한 내구성 있는 AWS 스토리지다.

91. A. IAM은 AWS 내에서 사용자, 그룹 및 권한을 관리하기 위한 최상의 선택이다.

92. A, B. IAM은 AWS 내에서 사용자, 그룹 및 권한을 관리하기 위한 최상의 선택이다. Cognito를 추가해 애플리케이션에 Single Sign-On 기능을 제공할 수 있다.

93. B. Trusted Advisor는 AWS 환경에서 눈에 띄는 취약점이나 결함을 찾을 수 있는 좋은 도구다.

94. C. OpsWorks는 실제 Chef를 사용하는 구성 관리 도구이므로, 많은 기존 모듈을 바로 연결할 수 있고 기존 전문지식을 바로 활용할 수 있다.

영역 5: 운영 면에서 탁월한 아키텍처 정의

1. B. AWS는 SQS 메시지가 최소 한 번 배달되도록 보장한다. 한 번 이상 배달될 수도 있으며 A는 옳지 않다. 대기열 또는 대기열을 사용하는 애플리케이션에 대한 요청 수와 관련이 없으며 C와 D 모두 옳지 않다. 남는 B가 정답이다.

2. B, C. 이러한 문제는 RDS나 DynamoDB 같은 관리형 서비스가 실제로 완전한 관리형임을 이해하고 있는지 묻기 위해 자주 출제된다. 관리형 서비스에서는 기반하고 있는 운영체제에 액세스할 수 없다. EC2와 EMR이 남는다. EMR은 '기본적으로' 많은 기능을 제공하면서 EC2 인스턴스와 같이 루트 수준의 액세스를 허용한다.

3. C. SQS 대기열에는 처리 중에 대기열의 메시지가 'invisible'로 표시되는 시간을 설정하는 제한 시간이 있다. 메시지가 사라지는 것을 의미한다. 그런 다음 C에서와 같이 애플리케이션 처리에 실패하면 메시지가 표시되고 다시 처리할 수 있다. A는 이 제한 시간에 대해 맞게 설명하고 있지만, 제한 시간을 줄이면 메시지가 올바르게 처리되지 않는다. 메시지가 'invisible'인 시간만 줄일 뿐이다. B는 대기열 작동 방식이 아니다. 발신자에게 메시지를 다시 보내도록 요청할 수 없다. 메시지 및 시간 제한과 관련해 대기열이 목적한 대로 작동하므로 D도 옳지 않다.

4. D. 스냅샷은 사용자 이름/비밀번호를 통한 AWS Management Console을 사용하거나, 애플리케이션 키를 통해 AWS CLI나 API를 사용해 액세스할 수 있다.

5. B. SNS는 Simple Notification Service로, 메일 서비스와 같은 기능을 하며 다른 애플리케이션에서 구독할 수 있는 알림을 보낸다.

6. A. SNS는 구독 가입자에게 알림을 보내고, SWF는 알림이 도착하면 메시지를 전달한다. SQS만 대기열이 폴링될 때까지 메시지를 유지한다. Redshift는 메시징 서비스가 아니라 데이터 웨어하우징 솔루션이다.

7. B. SNS와 SWF는 푸시 방식으로 작동한다. SQS는 메시지를 대기열에서 내보낼 때까지 보관한다. S3는 메시지 저장소가 아니다.

8. D. SWF와 SQS는 메시지를 한 번 이상 전달하지만, SWF만 메시지 1회 전송을 보장한다.

9. B. SWF의 메시지는 작업이고, SQS의 메시지는 메시지이며, SNS의 메시지는 알림이다. S3는 메시지 솔루션이 아닌 스토리지 솔루션이다.

10. C. SWF의 메시지는 작업이고, SQS의 메시지는 메시지이며, SNS의 메시지는 알림이다. S3는 메시지 솔루션이 아니다.

11. D. SWF의 메시지는 작업이고, SQS의 메시지는 메시지이며, SNS의 메시지는 알림이다. S3는 메시지 솔루션이 아니다. SQS는 보기에 없으므로 답은 D다.

12. C. SWF는 단순한 대기열 이상의 기능을 제공한다. 워크플로우를 자동화해서 하나의 애플리케이션 구성요소에서 다음 애플리케이션 구성요소로 미리 정해

진 순서대로 작업(SWF에서 메시지라고 함)을 이동한다.

13. B. SWF는 Simple Workflow Service의 약어이고, SWS로 표기하지 않는다. 여기서 WF는 WorkFlow를 나타낸다.

14. A, D. EC2와 ECS는 모두 사용자 지정 코드를 실행할 수 있는 환경을 제공하며 둘 다 컴퓨팅 서비스다. S3는 스토리지 서비스이고, Redshift는 데이터 웨어하우징 솔루션이다. Redshift는 데이터 분석에 도움이 될 수 있지만 사용자 정의 스크립트 실행에는 적합하지 않다.

15. B. 보기 중에서 Amazon Lightsail이 간단한 애플리케이션을 빠르게 실행할 수 있는 가장 쉬운 솔루션이다. EC2와 ECS는 훨씬 더 복잡하다. S3 웹사이트 호스팅은 웹 호스팅 솔루션이지만, 상당히 많은 AWS 지식(보안, 권한 등)이 필요하다.

16. B, D. EBS 스냅샷으로 등록한 AMI를 루트 장치로 사용하는 동안 EBS 스냅샷은 삭제할 수 없다. AMI를 먼저 등록 취소한 다음(B), EBS 볼륨과 스냅샷을 삭제하고 AMI 사용을 중지할 수 있다.

17. A. EBS는 EC2 기능의 하위 집합이므로, `aws ec2` 명령을 사용해 작업할 수 있다. 예를 들어, `aws ec2 delete-snapshot`과 같이 실행할 수 있다.

18. C. 레코드는 특정 도메인이나 하위 도메인이 IP 주소로 향하게 하는 데 사용된다. CNAME은 다른 URL로 향하게 하는 데 사용하는데, DNS에서 이름 해석을 통해 수행된다. 이 문제에서는 applestoapples.com에 대한 CNAME 레코드를 생성하고 해당 레코드를 applestoapples.net으로 지정해서 DNS가 해당 도메인의 이름을 해석하게 한다. A 레코드를 사용하면 특정 IP만 레코드로 사용할 수 있고, applestoapples.net 도메인 이름은 사용할 수 없다. 또한 시간이 지나서 해당 도메인의 IP 주소가 변경되거나 다른 리소스가 사용되면 A 레코드 설정은 작동하지 않을 수 있다.

19. A. 레코드는 특정 도메인이나 하위 도메인이 IP 주소로 향하게 하는 데 사용된다. CNAME에는 URL이나 다른 도메인 이름을 지정한다. 이 문제에서는 ELB를 향하게 해야 하므로 ELB에 퍼블릭 IP 주소를 지정하지 않고 CNAME을 사용한다.

20. A. 정답을 고르기가 까다로운 문제다. CNAME을 설정하고 ALB의 URL을 지정할 수 있다(B). 그러나 AWS에서는 A 레코드의 별칭 레코드로 구성해 트래픽을 ALB로 보내게 할 수 있다. 이것은 표준 A 레코드에서 IP 주소만 지정하는 것과는 다른 방식이다. ALB의 IP 주소를 노출하지 않으므로 D와 C는 옳지 않다.

21. A. AWS는 모든 도메인의 Zone APEX 레코드를 지원한다. Zone APEX 레코드는 DNS에서 APEX(또는 루트, 네이키드)인 DNS 레코드다. 예를 들면, amazon.com은 APEX 레코드다. Route 53은 Zone APEX 레코드를 완벽하게 지원하고, 이 수준에서 A 레코드의 별칭 레코드도 지원한다.

22. A, D. Zone APEX 레코드는 DNS 영역의 루트 또는 APEX DNS 레코드이므로 A는 옳지 않다. amazon.com은 APEX 레코드이며, Naked Domain Record라고도 한다. Route 53은 영역 APEX 레코드를 완벽하게 지원하고, Zone APEX 레코드에서 A 유형의 별칭 레코드를 사용할 수 있으므로 D는 옳지 않다. Route 53은 AWS 또는 AWS 이외의 도메인 및 서비스에 대한 Zone APEX 레코드를 지원한다.

23. A, D. Route 53은 확장성 있게 설계돼서 고가용성을 위해 추가적인 조치가 필요 없으므로 D가 옳다. 또한 Auto Scaling을 포함한 모든 AWS 서비스를 지원하므로 A가 옳다.

24. D. 기본적으로 하나의 계정에서 Route 53은 50개의 도메인을 관리할 수 있다. 도메인을 더 관리하려면 AWS에 요청해서 할당량을 늘릴 수 있다.

25. D. RDS는 AWS에서 관리하는 시스템이며 기반 운영체제에 대한 액세스를 허용하지 않는다.

26. C, D. VPC 피어링은 두 VPC 간의 네트워킹 연결이며 단일 리전에 국한되지 않으므로 A는 옳지 않다. VPN이나 게이트웨이 기반이 아니므로 B는 옳지 않다. 따라서 C와 D가 남는다. VPC 간에 데이터를 공유할 수 있으며, 리전 간에도 피어링할 수 있다.

27. B. 두 리전에 있는 VPC 간에 피어링 연결돼 있으면 리전 간 VPC 피어링 연결이라고 한다.

28. C. VPC 피어링 연결이 설정되면 VPC 간에 통신되도록 각 VPC에 라우팅을 수동으로 설정해야 한다.

29. D. 다른 리전(A)과 다른 계정(B)에 있더라도 VPC는 피어링할 수 있으며, 두 VPC가 같은 계정에 있을 때 보안 그룹을 공유할 수 있다(C). 그러나 피어링된 두 VPC의 CIDR 블록은 중첩될 수 없다(D).

30. B. VPC 피어링은 두 VPC 사이의 일대일 연결이다(B).

31. C. 전이적 피어링 관계가 허용되지 않는 것은 사실이지만(A), VPC B와 VPC C를 피어링해서 두 VPC 간에 통신하게 할 수 있다.

32. B, C. CIDR 블록이 겹치면 VPC를 피어링할 수 없으므로(B) 중첩이 해소돼야 한다(C). VPC를 IPv6로 변경하는 것도 방법이 될 수 있지만(D), 문제가 요구하는 사항은 아니다.

33. A. 서브넷, NACL, 기타 네트워킹 상황과 관계없이 두 VPC 사이에는 1개의 피어링 연결만 만들 수 있다.

34. B. VPC는 AWS의 계정 할당량 내에서 무제한으로 서로 연결할 수 있다. 2개의 특정 VPC 간에는 하나의 피어링 연결만 가능하다. 예를 들어, VPC A와 VPC B 간에 연결은 하나다. 그러나 VPC A가 연결할 수 있는 피어링은 다른 VPC 수와 같다.

35. C. AWS에서는 전이적 VPC 피어링이 불가능하다. 나머지 보기는 근거가 없는 서술이다.

36. B, D. 우선 AWS는 리전 사이에 IPv6 통신을 지원하지 않는다. 즉, IPv6로 통신하려면 두 VPC가 같은 리전에 있어야 한다(D). 그런 다음 두 VPC 모두에 IPv6 주소가 있고 IPv6 주소를 사용하도록 라우팅이 설정돼 있는지 확인해야 한다(B).

37. A, C. EC2-Classic에는 단순 네트워크 기능만 있었다. VPC에서는 여러 IP 주소와 네트워크 인터페이스를 할당할 수 있다(A, C).

38. A, D. 기본 VPC에는 인터넷 게이트웨이와 퍼블릭 서브넷이 모두 제공된다. 이 점에서 두 가지 사항이 두 서브넷의 차이점과 밀접하게 연결돼 있다. 퍼블릭 서브넷에서는 인터넷 연결하기 위해 인터넷 게이트웨이가 필요하다.

39. A, D. 기본 VPC에는 퍼블릭 서브넷이 있다. 또한 퍼블릭 서브넷의 인스턴스가 인터넷에 액세스할 수 있게 하는 기본 라우팅 테이블이 있다. VPC에 인터넷 게이트웨이가 기본적으로 구성돼 있다(D).

40. C. 기본 서브넷이 아닌 서브넷에 있는 인스턴스는 기본적으로 인터넷에 액세스할 수 없다. 퍼블릭 주소가 아닌 프라이빗 IPv4 주소가 할당된다(C).

41. B, C. 기본 서브넷이 아닌 서브넷은 기본적으로 프라이빗 서브넷이다. 따라서 VPC에 인터넷 게이트웨이가 있어야 하고(C), 인스턴스에 퍼블릭 IP 주소가 있어야 한다(B). NAT 인스턴스도 방법이 될 수는 있지만, 인터넷에 연결하려는 인스턴스와 다른, 퍼블릭 서브넷에 있어야 한다(D).

42. D. SAML^Security Assertion Markup Language 을 통해 AWS Management Console에 연동하는 Single Sign-On 액세스를 구성할 수 있다.

43. C. AWS는 최소 권한의 원칙으로 항상 사용자(또는 서비스)에게 필요한 액세스만 허용한다. 따라서 IAM 사용자를 새로 생성하면 AWS 서비스에 대한 액세스 권한이 없다. 권한을 부여하려면 명시적으로 서비스에 대한 액세스 권한을 부여해야 한다.

44. B. IAM은 Identity and Access Management의 약어다.

45. A, C. AWS Management Console에 로그인하는 IAM 사용자에게는 사용자 이름, 비밀번호, 로그인 URL이 필요하다. 사용자가 AWS API 또는 SDK로 액세스해야 하는 경우 액세스 키 ID와 비밀 액세스 키가 필요하다. 이 자격 증명 쌍은 교체되지 않는다는 사실을 기억하자.

46. A. 보기의 그룹 중 Administrator 그룹만 모든 AWS 서비스에 관해 쓰기 권한이 있다. Power User 그룹은 개발자 관련 서비스에 액세스할 수 있지만, IAM 같은 일부 서비스에는 액세스할 수 없다. Support User 그룹은 지원 케이스를 생성하고 확인하는 데 사용된다.

47. D. 신규 사용자는 AWS Management Console에 액세스하기 위해 사용자 정의 로그인 링크가 필요하다(D). 이 링크로 접속한 다음, 사용자 이름과 비밀번호로 로그인한다.

48. B. 이 문제에는 중요한 두 가지 부분이 있다. 수백만 명의 사용자가 모바일 클라이언트에서 데이터를 전송할 수 있는 엔드포인트가 있어야 하고 대량의 데이터를 수신할 수 있어야 한다. 모바일 SDK는 모바일 구성에 도움이 되므로, 답변 선택 범위를 A와 B로 좁힐 수 있다. Kinesis는 대규모 데이터 스트림을 처리하는 데 사용되는 서비스다. 이론적으로 대량의 요청을 수신할 수 있는 API를 EC2 인스턴스 확장을 통해 구현할 수 있지만, 실제로는 의미가 약하다. Kinesis는 수신 데이터 스트림을 위해 만들어졌으므로 더 나은 선택이다.

49. B. 회사의 AWS 계정을 만들 때는 루트 계정 소유자의 회사 이메일(또는 계정 소유자 이메일)이나 회사 전체의 공통 이메일이 필요하다.

50. A, D. Administrator와 Power User의 기본 정책에서는 대부분의 AWS 서비스에 대해 읽기와 쓰기 액세스가 허용된다. Power User는 IAM에 액세스가 허용되지 않지만 S3나 EC2에 액세스할 수 있다.

51. C. 정책은 권한 집합을 기술한 AWS의 문서다.

52. B. ECS는 컨테이너에서 애플리케이션을 실행하고 해당 컨테이너의 시작, 중지 및 확장을 관리하기 위한 AWS의 서비스인 Elastic Container Service다.

53. C, D. 컨테이너는 이미 실행 중인 인스턴스에서 시작되므로 시작 시간을 줄일 수 있다(C). 또한 컨테이너가 실행될 인스턴스를 관리하고 프로비저닝하기 위해 AWS의 시설을 지정할 수 있다(D). 컨테이너에서 애플리케이션을 확장할 수 있지만(A), EC2 인스턴스에서도 애플리케이션을 쉽게 확장할 수 있으므로 B는 옳지 않다.

54. A. 우선 다양한 약어들을 알아둘 필요가 있다. ECR은 Elastic Container Registry, ECS는 Elastic Container Service, EC2는 Elastic Compute Cloud, EMR은 Elastic MapReduce, S3는 Simple Storage Service다. A가 필요한 모든 구성요소인 레지스트리(ECR), 관리형 서비스(ECS) 및 컨테이너를 실행할 인스턴스(EC2)를 포함하고 있다. 사용자가 직접 컨테이너에 EC2를 사용하지 않더라도 컨테이너 또는 Fargate는 AWS가 인스턴스를 일정 수준에서 관리하고 있다.

55. C. 약어를 알아야 한다. ECR은 Elastic Container Registry, ECS는 Elastic Container Service, EMR은 Elastic MapReduce, S3은 Simple Storage Service다. ECC는 AWS 약어가 아니다. 그중 ECR^{Elastic Container Registry}은 ECS와 가장 밀접한 관련이 있다.

56. B, C. 컨테이너를 사용하면 인스턴스에 여러 애플리케이션을 배포할 수 있으므로 큰 오버헤드 없이 인스턴스를 좀 더 효과적으로 사용할 수 있다. 따라서 B는 사실이다. C도 비슷한 맥락인데, 컨테이너는 인스턴스를 관리하는 오버헤드를 줄인다. 컨테이너로 비용 구조를 크게 변경되지 않기 때문에 A는 옳지 않으며, 컨테이너와 인스턴스는 수요에 대응하기 위해 확장이나 축소될 수 있으므로 D는 옳지 않다.

57. A, D. 컨테이너는 애플리케이션 부하에 따라 확장(A)되는 애플리케이션(D)이다. 반면 Lambda는 전체 애플리케이션 계층을 실행하지 않고 격리된 코드 조각을 실행한다. 또한 Lambda는 부하가 아닌 이벤트를 기반으로 시작한다(실제로 CloudWatch에서 부하 모니터를 설정하고 부하를 기반으로 Lambda를 트리거할 수 있지만 컨테이너처럼 자동은 아니다).

종합 문제

1. A, C. 우선, 가장 **빠른** 볼륨 유형(프로비저닝된 IOPS)을 연결한 더 큰 크기의 인스턴스를 사용하면 일반적으로 전체 성능이 향상되므로 A가 제일 나은 방법이다. 그런 다음 ElastiCache를 사용하면 응답이 더 빨라지고, 일정 시간이 지나면 데이터베이스 읽기가 줄어든다. A와 C가 타당한 해결 방법이다. 다중 AZ 설정은 재해 복구를 위한 것이며, 샤딩할 경우 오버헤드가 높으며 응답 시간이 늘어날 가능성이 있다. 오히려 문제를 악화시킬 수 있다.

2. B. ElastiCache에서 사용할 수 있는 엔진은 redis 및 memcached다. reddit은 온라인 정보 사이트이고, Redshift는 데이터 웨어하우징 및 OLAP 서비스다.

3. B, C. AWS에서는 저장 중 데이터를 다양한 방법으로 암호화할 수 있다. AWS KMS^{Key Management Service}는 데이터 암호화를 위한 AWS 관리형 솔루션이며 고객 제공 암호화 키도 사용할 수 있는데, 고객은 키를 제공하고 AWS는 해당

키를 사용해 데이터를 암호화한다. memcached용 ElastiCache는 데이터 암호화 솔루션이 아니라 캐싱 서비스이므로 암호화를 지원하지 않는다. AWS Encryptic이라는 것은 실제 AWS에 없다.

4. A, D. AWS Organizations를 사용하면 한 곳에서 여러 계정을 관리하고 개별 계정을 추적할 수 있다(D). 또한 대개 AWS는 각 계정에서 사용한 전체 서비스를 기준으로 할인을 적용한다(A).

5. B, C. 여기서 가장 큰 문제는 모든 사용자가 루트 계정을 사용하고 있다는 점이다. 즉, 루트 암호가 공유되고 있고, 사용자에게 필요 이상으로 많은 권한이 부여돼 있다. 각 사용자에 대해 새로운 IAM 사용자를 생성하고(B) 해당 사용자를 직무에 따라 사전 정의된 그룹에 포함해서(C) 이러한 문제를 해결할 수 있다. 개발자는 일반적으로 IAM에 액세스할 필요가 없으므로 D는 옳지 않으며, 루트 암호는 변경하는 것이 좋다. A에서 재무 관리자(및 지원 엔지니어)는 AWS CLI 액세스 권한이 필요하지 않을 수 있으므로 A도 옳지 않다.

6. D. I/O 집약적인 애플리케이션이나 데이터베이스에는 프로비저닝된 IOPS가 가장 적합하다(D). 처리량 최적화 HDD, B가 고민될 수 있다. 그러나 이것은 SSD 볼륨이 아니며, 집중적 I/O보다는 데이터 웨어하우징에 더 적합하다.

7. B, C. 네트워크 처리량과 전송이 실패했을 때 다시 전송되지 않는다는 두 가지 잠재적 문제가 있다. B는 여러 인스턴스의 데이터를 대량으로 처리할 수 있도록 NAT 인스턴스의 용량을 늘려 처리량 문제를 해결한다. C는 실패한 전송을 인스턴스에서 다시 시도할 수 있게 해서 문제를 해결한다.

8. A, B. 기존 EBS 볼륨은 암호화할 수 없다(A). 또한 스냅샷을 암호화하면 해당 스냅샷에서는 암호화되지 않은 복사본을 만들 수 없다(B). 암호화된 볼륨을 인스턴스에 연결할 수 있으며(C), 암호화되지 않은 스냅샷에서 암호화된 볼륨을 만드는 것은 가능하다(D).

9. C. 우선 S3 쓰기가 문제에 나오면, 정적 웹사이트 호스팅으로 설정되지 않은 URL이 필요하다는 사실을 알고 있어야 한다. 도메인 뒤에 슬래시와 버킷 이름이 표기된다. B와 C가 그에 따른다. 그런 다음 서비스(s3)와 리전(eu-west-2)이 구분되는 방식인데, 점(.)으로 구분되지 않고 대시(-)로 구분된다. C가 정답이다.

10. C. CloudWatch는 이벤트 모니터링을 위한 AWS 기본 솔루션이다. VPC 흐름 로그 데이터는 RDS에서 처리할 수 있고 Redshift에서 분석할 수도 있지만, CloudWatch 같은 모니터링 솔루션의 용도와는 다르다.

11. C. Lambda는 EC2 인스턴스를 프로비저닝할 필요 없이 사용자 지정 코드를 실행하는 데 가장 적합하므로 A와 C가 잠재적으로 가능한 답이다. SQS는 코드 대기열을 제공하고 SWF$^{Simple Workflow Service}$는 애플리케이션 수준 작업과 이벤트에 대한 추적 기능을 기본으로 제공한다. Lambda를 SWF에 연결하면 즉시 사용할 수 있는 이벤트 중심 서비스가 된다.

12. B, D. 기본 VPC가 아닌 사용자 정의 VPC에는 인터넷 게이트웨이가 없으므로 B가 적절한 방법이다. 인터넷 게이트웨이를 VPC에 연결하면 퍼블릭 인스턴스가 인터넷과 통신할 수 있는 라우팅을 설정할 수 있다. D도 답이다. 사용자 정의 VPC의 NACL은 HTTP 또는 HTTPS 트래픽을 허용하지 않으며(보안 그룹 동일함) HTTP/S 트래픽을 명시적으로 허용해야 한다.

13. D. 대부분은 문제 해결에 도움이 되지 않는다. NAT 인스턴스는 퍼블릭 서브넷에 있어야 하므로 A는 옳지 않다. NAT의 EBS 볼륨은 문제가 될 수 있지만 인스턴스가 인터넷에 연결하는 것과는 상관없다(B). NAT 인스턴스를 사용하는 EC2 인스턴스는 프라이빗 서브넷에 있으므로 C는 처음 설계 의도에 맞지 않는다. 결국 D가 남는다. NAT 인스턴스가 제대로 작동하려면 원본/대상 확인을 비활성화해야 한다.

14. D. 모든 S3 스토리지 클래스는 일레븐 나인(99.999999999%)의 내구성을 갖고 있다. 쉽게 기억하기 위해 모든 S3 클래스는 내구성이 같고, S3가 가용성이 제일 높으며, 그다음 S3-IA, 마지막으로 S3 One Zone-IA가 가장 낮다고 기억하면 좋다.

15. C. 이 문제의 핵심은 이미지 처리의 속도와 비용이다. 이미지가 처리된 후 손실돼도 시스템 비용에 영향 없이 재생산할 수 있다는 의미다. 그 결과, 이미지 처리 후 손상돼도 무방하며 요금이 저렴한 S3 클래스를 선택하면 될 것이다. 가져오는 시간이 오래 걸리는 Glacier를 제외하고 S3 클래스 중에서 가장 저렴한 S3 One Zone-IA를 선택할 수 있다. S3 One Zone-IA에서 처리한 이미지가 손상돼도 쉽게 다시 만들 수 있기 때문이다.

16. C. EFS^{Elastic File System}는 사실상 클라우드의 NAS이며, 여러 EC2 인스턴스가 동시에 액세스할 수 있는 스토리지를 제공한다.

17. C, D. 사용자 정의 VPC에는 인터넷 게이트웨이가 연결돼 있지 않으며, 퍼블릭 서브넷을 호스팅하기 위해 인터넷 게이트웨이가 필요하다(C). 그런 다음, 인터넷 게이트웨이가 연결된 상태에서 서브넷 내 인스턴스의 인터넷 트래픽을 인터넷 게이트웨이로 경유하게 하는 라우팅이 필요하다(D).

18. A, B. AWS에는 몇 가지 사용자 지정 요청 헤더가 있으며, 모두 x-aws가 아닌 x-amz로 시작한다. A는 옳고, C는 옳지 않다. 다른 요청 헤더는 Content-Length이며(C) Content-Size는 옳지 않다(D).

19. A, C. AWS의 네 가지 지원은 기본, 개발자, 비즈니스, 엔터프라이즈다. 전문가나 기업이라는 것은 없다.

20. B, D. RDS는 MariaDB, Aurora, PostgreSQL, MySQL, Oracle, SQL Server 등 다양한 데이터베이스를 지원한다. DynamoDB는 관계형 데이터베이스가 아니며 DB2는 지원하지 않는다.

21. B. 축소 조정은 Auto Scaling 그룹에서 인스턴스를 제거하는 프로세스다. '그룹의 최소 크기까지' 축소하고, '그룹의 최대 크기까지' 확장한다고 생각하면 된다. 가능한 선택지 중에서 축소 조정할 경우 최소의 수는 5개, B가 최소 인스턴스 수다.

22. B, D. CloudFormation 템플릿은 JSON 및 YAML로 작성할 수 있다.

23. C. 지리 위치 라우팅에서는 사용자의 위치가 기본 요소가 된다. 지연 시간 기반 라우팅은 위치 기반으로 라우팅되는 것으로 보이지만, 만약 근처의 리전에 네트워크 트래픽이 폭증하면 근처의 리전보다 다른 곳의 리전 지연 시간이 더 낮을 수도 있다. 따라서 지리 위치 라우팅만 사용하면 사용자 위치에 가장 가까운 리전에서 현지화된 콘텐츠를 제공할 수 있다.

24. C. CNAME 레코드를 사용하면 트래픽을 DNS 이름으로 보낼 수 있으며, 이 경우 해당 DNS 이름은 ELB가 된다. ELB에 IP 주소가 없을 수 있으므로 A 레코드가 작동하지 않을 수 있다. MX 레코드는 이메일용이며 AAAA 레코드는 IPv6 주소용이다.

25. A, C. 이 문제의 핵심은 새로운 사용자를 만들지 않고(B는 옳지 않음), 기존 Active Directory 설정을 사용해야 한다는 것이다. 이를 위해 자격 증명 공급자가 필요하다(A). 그런 다음 사용자에게 임시 토큰을 발행하고 업데이트할 수 있다.

26. D. 이 문제는 비교적 쉽지만, 보기 중에 함정도 있다. 트래픽이 특정 시간에 반복해서 급증하는 경우 예약된 조정이 간편한 해법이 될 수 있다(D). 다른 모든 보기는 훨씬 더 복잡하거나 문제가 전혀 해결되지 않을 수 있다.

27. D. DynamoDB는 AWS의 대표적인 관리형 서비스다. 자체적으로 리소스를 할당하며 사용자가 리소스를 제어하지 않는다(D). 선제적으로 리소스를 추가하는 경우 DynamoDB와 AWS가 확장 조정을 처리한다. 또한 DynamoDB에서는 사용자가 지정하지 않더라도 이미 SSD와 다중 인스턴스를 사용한다.

28. B. CloudWatch의 지표 수집 기본 설정은 5분 간격이다.

29. B, C. 문제는 CPU로, 본질적으로 '동시에 데이터베이스에 요청이 너무 많다'로 생각해볼 수 있다. 어떤 데이터베이스에서든 CPU 사용량을 줄이는 가장 쉬운 방법은 요청과 읽기를 줄이는 것이다. ElastiCache 인스턴스와 읽기 전용 복제본은 기본 데이터베이스의 부하를 줄인다.

30. A. Simple Workflow Service는 애플리케이션 내에서 단계별로 실행하는 작업에 이상적이다. 또한 SWF에는 애플리케이션에 내장하는 후크가 자동으로 제공되며, 사용자 정의 인프라 코드를 작성할 필요가 없다.

31. B. 표준 구성의 SQS 대기열은 FIFO이지만 순서를 보장하지는 않는다. 순서를 유지해야 하는 경우, 대기열을 FIFO 대기열로 설정해야 한다(B). LIFO 대기열을 사용하면 순서가 바뀌어서 문제의 요구사항을 충족하지 못한다(D).

32. C. Route 53에는 단순, 장애 조치, 지리적, 지리 근접, 지연 시간 기반, 다중값 응답, 가중치 기반 같은 라우팅 정책이 있다. 로드 밸런싱 라우팅 정책이라는 것은 없다.

33. D. 여기서 잠정적으로 가능한 답은 B와 D다. 요청을 처리하기 위해 처리 용량이 더 많이 필요하며 인스턴스가 응답이 없는 상황을 해결해야 한다. 스팟 시장은 도움이 되지 않으며, 로드 밸런서의 사전 경고로는 트래픽이 급증해서

대량의 폭증을 처리할 수 없다. B와 D 중에서 D가 무응답 현상을 해결한다. 요청을 대기열로 보내면 사용자는 애플리케이션 무응답 상황을 경험하지 않아도 된다. SQS 대기열은 필요에 따라 확장하며, 대기열에 있다가 여유가 생기면 요청을 처리할 수 있다.

34. A, B. 프로세스를 언제라도 실행할 수 있어야 스팟 시장을 사용할 수 있다(B). 스팟 시장은 인스턴스가 언제든 중지될 수 있으므로 프로세스를 중지, 재시작할 수 있어야 한다(A).

35. D. 모든 S3 스토리지 클래스는 일레븐 나인(99.999999999%)의 내구성을 제공한다.

36. A, C. EBS는 블록 수준의 저장소를 사용하고 S3는 객체 기반 저장소를 사용한다(A). 또한 인스턴스가 중지되면 기본적으로 연결된 EBS 볼륨이 삭제된다. 이를 변경할 수는 있지만, S3에서는 기본적으로 삭제되지 않는다.

37. B. 여기서 핵심은 비용 관리 요구사항이다. C는 비싼 Oracle 라이선스가 필요하므로 비용 효율적이지 않다. D는 더 큰 인스턴스를 필요로 하므로 추가 비용이 발생한다. A는 효과적일 수 있지만 사용자 정의 데이터베이스 설치를 실행하면 RDS보다 큰 비용이 들며 상당한 오버헤드 비용이 발생할 수 있다. B만 '현 상황'의 비용을 유지할 수 있다. MySQL에서 Aurora로 마이그레이션하는 데 약간의 오버헤드가 있지만, Aurora는 일반적으로 항목별 비교에서 MySQL보다 성능이 뛰어나다.

38. C, D. ELB^Elastic Load Balancer 와 DynamoDB는 모두 내결함성이 있고, ELB는 로드 밸런싱을 제공한다. 또한 두 서비스 모두 사용자가 설정하지 않아도 자동으로 중복 기능이 있다. Lightsail과 AWS Organizations는 중복성과 고가용성을 제공하기보다는 AWS의 배포 및 관리에 사용되는 서비스다.

39. A, D. EC2 인스턴스는 자동으로 중복되지 않는다. EC2 인스턴스의 애플리케이션이 AZ에 걸쳐 중복할 수 있게 해야 한다. 서비스로서 RDS는 내결함성이 있지만 자동으로 고가용성은 아니다. 예를 들어, 다중 AZ 설정은 이러한 요구를 해결한다. 반대로 S3(B) 및 SQS(C)는 가용 영역 전체에서 자동으로 고가용성을 제공한다.

40. D. AWS에 사전 통지하지 않고 취약성 검사를 수행할 수 없다. AWS 승인 도구를 사용해 사전 승인된 검사를 수행할 수 있으며, 일반적으로 취약성 검사를 실행하기 전에 AWS 계정 관리자 또는 지원 팀에 문의해야 한다.

41. A, D. 비용은 중요한 요소이지만 여기서는 명시적으로 언급되지 않았으므로, 같다고 간주한다. 첫째, SQS 대기열은 실행 중인 쿼리와 관계없이 수행해야 할 목표에 이상적이다. 쿼리를 수행할 EC2 인스턴스에서 대기열에 액세스할 수 있어야 한다. 또한 중단돼도 다시 시작할 수 있는 장기 실행 쿼리에 스팟 인스턴스를 사용하는 것이 좋다. 스팟 시장은 문제에서 거론하고 있는 비용에 대한 해답이 될 수 있다.

42. D. 최대 설정된 입찰 요금에 도달하면 스팟 인스턴스가 종료된다. 입찰 요금을 높이면 종료 기준 금액이 높아져 더 오래 운영될 수 있다. 비용이 더 들기는 하지만 전반적으로 애플리케이션 설계를 손대지 않을 수 있다.

43. B. 캐싱 볼륨 게이트웨이는 자주 액세스하는 데이터를 캐싱하면서 데이터를 S3에 저장한다. 저장 볼륨 게이트웨이는 모든 데이터를 로컬에 유지하지만 문제에서 언급한 온프레미스 스토리지 비용은 절감할 수 없다.

44. C. NACL^{network access control list}, 보안 그룹은 기존 방화벽 개념의 AWS 기본 메커니즘이다.

44. C. NACL[network access control list], 보안 그룹은 기존 방화벽 개념의 AWS 기본 메커니즘이다.

45. A, C. AWS는 퍼블릭 서브넷이 있는 VPC를 기본으로 생성한다. 당연히 퍼블릭 서브넷에는 인터넷 게이트웨이가 있어야 한다. NAT 디바이스(인스턴스 및 게이트웨이)와 가상 프라이빗 게이트웨이는 직접 구성해야 하며 AWS가 생성하지 않는다.

46. B. Auto Scaling 그룹은 매우 구체적인 기준을 사용해 축소 조정된다. 최우선 순위는 인스턴스가 가장 많은 가용 영역, 인스턴스의 시작 구성 기간, 마지막으로 다음 청구 시간에 가까운 인스턴스다.

47. B. 시험에 나올 수 있는 가장 세부 사항에 관한 어려운 문제다. 하드웨어 가상화는 부분적인 가상화인 반가상화와 비교하면 완전한 가상화이므로 모든 인스턴스 유형과 모든 하드웨어 장비에서 작동하므로 B는 사실이고, C는 옳지 않다. B는 하드웨어 가상화의 장점이므로 정답이다.

48. A. 프로비저닝된 IOPS는 고성능을 위한 가장 빠른 드라이브 유형이다. SSD를 기반으로 하며 미션 크리티컬한 짧은 지연 시간 워크로드를 제공한다.

49. A. 보안 그룹의 변경은 즉시 적용된다. 인스턴스, ELB, 기타 AWS 구성이 변경 사항 적용 시간에 영향을 미치지 않는다.

50. C. 읽기 전용 복제본은 쿼리 처리를 위한 데이터베이스 인스턴스를 추가한다 (C). 다중 AZ 설정은 장애 조치를 처리하며 보조 인스턴스로는 이 문제가 해결 되지 않는다(B). 메모리를 추가해도 CPU 문제는 해결되지 않는다(A). 여기서 가정은 매일 밤 요청 및 처리되는 데이터가 새로운 데이터이므로 ElastiCache 인스턴스에서 캐싱할 것이 거의 없어 성능에 영향이 거의 없다(D).

51. C. 버전 관리가 활성화되면 S3 버킷 소유자만 파일을 완전히 삭제할 수 있다.

52. B. 대개 SSE-S3가 적합하지만(C), 감사와 규정 준수 요구사항이 추가됨에 따라 SSE-KMS가 더 나은 선택이 될 것이다(B). 감사 추적이 필요하다고 하면 KMS를 떠올려야 한다. 이러한 문제가 자주 나오는데, 감사와 KMS를 연결해서 기억하면 아주 쉽게 정답을 맞힐 수 있다.

53. B. 읽기 전용 복제본은 비동기식으로 업데이트되며(B), 사용자가 직접 구성할 수 없다(C는 옳지 않음). 네트워크 지연 시간은 문제일 수 있지만(D), 비동기식 복제로 인해 때때로 변경사항에 대한 지연 시간은 피할 수 없다.

54. C. AWS 지원 팀에 연락해 할당량을 올리기 전에 하나의 AWS 계정에서 만들 수 있는 버킷은 100개다.

55. B. 퍼블릭 서브넷을 생성할 때 일래스틱 IP를 반드시 사용할 필요가 없다. 일래스틱 IP를 사용하지 않더라도 서브넷의 인스턴스에 퍼블릭 IP 주소를 할당 받을 수 있다. 인터넷 게이트웨이는 필요하며, 인터넷 트래픽은 인터넷 게이트웨이로 라우팅된다.

56. C. SSD 볼륨 유형, 최적화된 HDD, 콜드 HDD 모두 최대 16TiB다.

57. A. 여러 EC2 인스턴스를 단일 EBS 볼륨에 연결할 수 없으므로 A는 옳지 않다.

58. D. 간단한 문제다. RDS는 관계형 데이터베이스 서비스이며 키-값 페어를 사용하지 않는다.

59. A, B. EBS에서 HDD는 SSD보다 요금이 저렴하므로, 비용을 낮추는 것이 우선이면 HDD를 사용하는 것이 적합하다. 따라서 A가 답이다. 처리량 최적화 HDD의 데이터 처리량은 실제로 일반용 SSD의 데이터 처리량보다 크므로(범용 SSD는 160MiB/s이지만 HDD는 최대 500MiB/s) B도 답이다. 성능이 중요한 워크로드에서는 프로비저닝된 IOPS SSD가 사용되고(C) 환경은 이 경우 요인이 아니다(D).

60. D. 보기 중 InnoDB만 RDS에서 지원하지 않는다.

61. A, C. AWS에서 계정을 새로 만들면 퍼블릭 서브넷을 자동으로 생성한다. 이 퍼블릭 서브넷에서 인스턴스를 만들면 퍼블릭 IP 주소가 기본적으로 할당되므로 A는 사실이다. 하지만 해당 IP는 일래스틱 IP가 아니므로 B는 옳지 않다. 인스턴스는 모두 인터넷 게이트웨이를 통해 인터넷에 액세스하지만(C), 기본 VPC에는 가상 프라이빗 게이트웨이가 연결돼 있지 않으므로 D는 옳지 않다.

62. A, D. Classic Load Balancer는 HTTP와 HTTPS를 지원하지만, HTTP(또는 HTTPS)를 기본 프로토콜로 사용하지 않는 SSH 또는 FTP를 지원하지 않는다.

63. C. RRS^{reduced redundancy storage}는 One Zone-IA의 전신이지만 내구성이 떨어지고 현재 사용되지 않는다. 그러나 시험에서는 계속 나올 수 있다. 내구성과 가용성은 모두 99.99%다. 이것을 기억하는 또 다른 방법은 현재의 모든 S3 클래스 스토리지의 내구성이 일레븐 나인라는 점을 기억하는 것이다. 여기서 S3-RRS만 가능하다.

64. B, C. 삭제 방지는 버전 관리와 MFA Delete를 통해 가장 잘 수행된다. 또한 암호화가 문제에서 논의되지 않기 때문에 감사라는 단어가 KMS와 쌍을 이루지 않는 드문 경우다.

65. B. 인스턴스를 오랜 기간 사용한다면 예약 인스턴스가 온디맨드보다 저렴하다. 그러나 스팟 인스턴스는 시작과 중지가 자주 발생하며, 안정된 장기 사용 사례에는 적합하지 않다.

찾아보기

AWS 공인 솔루션스 아키텍트 연습문제-어소시에이트

발 행 | 2021년 3월 31일

지은이 | 브렛 맥러플린
옮긴이 | 홍 순 태

펴낸이 | 권 성 준
편집장 | 황 영 주
편 집 | 이 지 은
디자인 | 송 서 연

에이콘출판주식회사
서울특별시 양천구 국회대로 287 (목동)
전화 02-2653-7600, 팩스 02-2653-0433
www.acornpub.co.kr / editor@acornpub.co.kr

책값은 뒤표지에 있습니다.